사진으로 보는
삼국의 근현대사

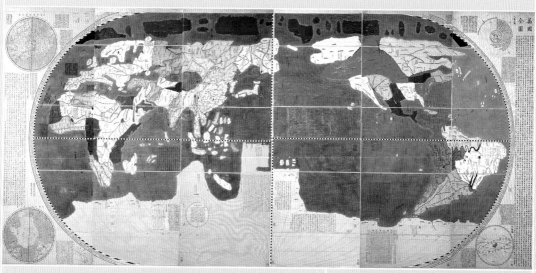

17세기 초, 기독교 선교사 마테오 리치가 만든 「곤여만국전도」. 지도의 중앙에 중국이 그려져 있다(미야자키 현립 도서관 소장).

18세기 후반, 조선에서 만들어진 「천하도」. 지도 가운데 중국이 있고 오른쪽에 조선이 있다(영남대학교 박물관 소장).

1900년 중국에서 일어난 의화단 운동에 대해, 미국·영국·독일·러시아·프랑스·일본·이탈리아·오스트리아의 열강 8개국은 연합군을 편성하여 베이징을 점령하고, 청 조정을 압박하여 베이징 의정서에 조인하도록 하였다. 조약에 따라 중국은 열강에 4억 5,000만 냥의 배상금을 지불하고, 열강이 군대를 파견하여 보호할 수 있는 외국 공사관 구역을 베이징에 설정하는 것을 인정하였다. 또한 각 열강이 중국의 많은 지역에 군대를 주둔시킬 권리도 인정하였다. 사진은 베이징 의정서에 조인할 당시, 11개국 주중 공사들과 청 조정 대표 이홍장(앞줄 오른쪽에서 두 번째). 왼쪽에서 두 번째는 일본 대표 고무라 주타로(小村壽太郎).

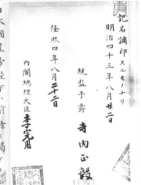

1910년 일본은 한국을 '병합'하여 식민지로 삼았다. '통감 데라우치 마사타케(寺内正毅)'와 '내각 총리대신 이완용'이 서명한 '한국 병합 조약' 원문(일본 외무성 외교 사료관 소장).

1895년, 청·일 전쟁에서 청을 물리친 일본은 타이완을 할양받아 일본의 식민지로 삼았다. 그러나 타이완 주민은 이를 인정하지 않고, 5개월에 걸쳐 격렬한 게릴라전을 펼치며 저항했다. 사진은 타이완 옌랴오 항일기념비.

1894~1895년의 청·일 전쟁에서 청을 물리치고 농민군을 진압한 일본은, 한국에 영향력을 확대했다. 한국에는 진정한 독립과 개혁을 요구하는 독립 협회 운동이 일어났으며 독립문(사진)을 세우고 〈독립신문〉을 발행하였다.

1905년 러·일 전쟁에서 승리한 일본은, 한국에 대한 지배권을 급속히 강화하였다. 민중은 의병이 되어 무장 투쟁에 나섰다. 그림은 일본군에 체포되어 총살을 당하는 의병의 모습.

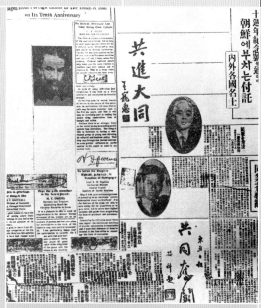

1910년의 한국 '병합' 후 일본은 혹독한 헌병 경찰 통치를 하였지만, 1919년 조선 전역에 3·1 운동이 일어나자 통치의 방침을 '문화 정치'로 바꿨다. 그러나 언론 통제를 강화하는 등 감시와 탄압이 느슨해진 것은 아니었다. 사진은 검열하여 기사를 삭제한 신문.

1931년의 만주 사변을 거쳐 1937년 중·일 전쟁으로 전선을 확대한 일본은 1941년 마침내 미국·영국과 전쟁에 돌입했다. 헌법에 의해 전군을 지휘·통솔한 천황 아래에, 육·해군의 최고 간부로 구성된 대본영이 전쟁을 지휘하였다. 사진은 히로 히토 천황(가운데 위)이 출석한 1943년 4월 27일의 대본영 어전 회의.

미국·영국과 전쟁에 돌입한 일본은 '대동아 공영권' 의 건설을 내세웠다. 아시아 태평양의 전역을 점령한 일본은 각지에 괴뢰 정권을 만들었고 1943년 11월 '대동아 공영권' 을 과시하기 위해 도쿄에서 대동아 회의를 열었다. 사진은 왼쪽부터 바 모 수상(버마), 장징후이 국무총리(만주국), 왕징웨이 행정원 원장(난징 국민 정부), 도조 히데키 수상(일본), 왕와이다 야콘 수상 대리(타이), 라우렐 대통령(필리핀), 찬드라 보스 수반(자유 인도 임시 정부).

궁성요배. 궁성이란 현재의 황거(皇居), 즉 천황이 사는 곳을 말한다. 일본의 식민지가 된 한국과 타이완에서는 1940년부터 '황민화' 정책이 강력하게 추진되었다. 이는 사람들을 '황국의 신민'으로 일체화하여, 전쟁에 협력하게 하기 위한 것이었다. 조선에서는 정오가 되면, 어디에 있더라도 일을 멈추고, 천황이 있는 도쿄를 향해 머리를 깊이 숙여야 했다.

전쟁이 장기화되자 물자가 부족해졌는데 특히 무기 때문에 금속 제품을 강제 공출하였다. 사진은 한국에서 거둬들인 금속 제품을 앞에 두고 기념 촬영을 하고 있는 일본인.

금속 제품의 공출은 일본에서도 이루어져, 국민은 모든 것을 희생하고 전쟁에 협력할 것을 요구받았다. 사진은 '국채는 싸우는 조국의 혈액'이라고 선전하며, 전시 우체국 저금을 장려하는 이동 우편차(1942년 6월).

핑딩산 참사 기념관. 일본이 중국 동북 지역을 점령한 후, 1932년 9월 16일 항일 게릴라에게 푸순 탄광 사무소를 습격당하자 이에 대해 보복으로 푸순 근처의 핑딩산 마을을 포위, 3,000명에 이르는 주민을 한 곳에 모아 놓고 기관총으로 전원 살해했다. 그 유골들은 이곳에 그대로 보존되어 있다.

1936년, 일본군은 하얼빈에 세균전 부대를 정식으로 창설하고, 이시이 시로를 부대장으로 임명했다. 그 후 '만주 731부대'로 이름을 바꾸고 각지에 분대를 설립했다. 731부대는 체포된 항일 운동의 활동가 등을 비밀 감옥에 가두고 이들을 대상으로 페스트, 장티푸스, 파라티푸스, 콜레라 등 세균 실험과 비인도적인 인체 실험을 하였다. 731부대 요원의 증언에 따르면, 적어도 3,000명 이상이 이 실험으로 희생되었다. 사진은 731부대 건물의 보일러실 잔해.

1949년 10월 1일, 오랜 항일 전쟁과 내전이 종식되고, 마침내 중화 인민 공화국이 수립되었다. 그림은 톈안먼(天安門) 위에서 신중국의 수립을 선포하는 마오쩌둥과 지도자들(중국 국립 박물관 소장).

15년에 걸친 일본의 아시아 태평양 전쟁은 히로시마·나가사키 원폭 투하로 끝이 났다. 사진은 단 한 발의 원자 폭탄으로 폐허가 된 히로시마 시가지. 원폭 투하 후 미군이 촬영했다.

일본 히로시마 원폭 자료관(원폭 돔 뒤쪽의 기다란 건물).

한국 독립 기념관.

중국 인민 항일 전쟁 기념관.

동아시아의 새로운 미래를 열어 가는 것은 청소년들의 몫이다. 제3회 한중일 청소년 역사 체험 캠프(2004년 8월).

한중일이 함께 만든 **동아시아 3국의 근현대사**

미래를 여는
역사

한중일3국공동역사편찬위원회 지음

한겨레출판

아름다운 세상을 만들자

우주에서 바라본 지구는 푸른빛을 띤 아름다운 모습입니다. 태양계에서 생명체가 살고 있는 유일한 별이지요. 이 아름다운 별에서 사람들은 자연을 개조하여 문명을 일구어 왔습니다. 사람이 문명을 발전시킬 수 있었던 가장 큰 힘은 문자에서 왔습니다. 사람의 기억력에 한계가 있다고 해도 문자가 있기에, 앞 세대의 지식을 다음 세대가 이어받아 그 위에 또 새로운 지식을 쌓을 수 있었던 것입니다.

그러나 사람들은 앞 세대의 경험을 소중히 기억하기만 하지는 않습니다. 때로는 과거의 기억을 감추고 기록에서 없애 버리기도 합니다. 누구나 즐겁지 않은 기억은 빨리 없애려는 경향이 있습니다. 그래야 어깨를 펴고 기쁜 마음으로 살아갈 수 있으니까요. 그렇지만 주의하세요. 나쁜 기억을 없앤다고 무조건 좋기만 할까요? 누군가 등교하다가 돌부리에 걸려 넘어졌다고 합시다. '오늘은 참 운이 없네'라고 생각하며 그 일을 까맣게 잊어버렸다가는, 하굣길에 또 그 돌부리에 걸려 넘어질 수도 있지 않겠어요? 과거의 잘못을 기억해 두어야 같은 잘못을 다시 범하는 어리석음을 피할 수 있는 것이죠. 우리가 역사를 배우는 것은 바로 과거를 교훈 삼아 미래를 개척하기 위해서입니다.

『미래를 여는 역사』는 한국·중국·일본 세 나라를 중심으로 동아시아의 근현대사를 다룬 책입니다. 지난 19~20세기에 동아시아의 역사는 침략과 전쟁, 인권 억압 등 씻기 어려운 상처로 얼룩져 왔습니다. 물론 동아시아의 과거가 항상 어두운 것만은 아니었습니다. 동아시아는 교류와 친선의 오랜 전통을 지니고 있으며, 국가의 울타리를 넘어서서 밝은 미래를 위해 함께 노력한 사람들도 많이 있습니다. 지나간 시대의 긍정적인 면은 계승하면서도, 잘못된 점은 철저히 반성해야만 우리는 이 아름다운 지구에서 더욱더 평화롭고 밝은 미래를 개척할 수 있겠지요. 평화와 민주주의, 인권이 보장되는 동아시아의 미래를 개척하기 위해서, 우리가 역사를 통해 얻을 수 있는 교훈은 무엇일까요? 이 책을 읽으면서 다같이 생각해 봅시다.

이 책의 집필에는 한중일 삼국의 학자와 교사, 시민 들이 함께 참여했습니다. 4년의 준비 기간 동안 서로 의견이 다른 경우도 많이 있었지만 대화와 토론을 통해 역사 의식을 공유함으로써 이제 이 책을 삼국에서 동시에 출판하게 되었습니다. 삼국은 지리적으로나 역사적으로나 서로 뗄 수 없는 깊은 연관을 맺고 있습니다. 날로 가까워지는 지구촌 시대에, 이 책을 통해 이웃 나라의 역사와 상호 관계를 조금이나마 더 깊이 알게 되기를 바라는 마음에서 이 책을 준비했습니다. 기성세대가 풀지 못한 숙제를 삼국의 청소년들이 서로 협력하며 해결하여 새로운 동아시아의 미래를 열게 되기를 바라는 마음입니다. 삼국의 근현대사를 두루 다룬 책이다 보니 때로는 어렵거나 이해되지 않는 부분이 있을지 모릅니다. 그렇다고 실망하지는 마세요. 서로를 이해하려는 마음을 갖는 것만으로도 동아시아, 나아가 세계의 미래는 벌써 밝아지고 있을 테니까요.

2005년 5월 | 한중일3국공동역사편찬위원회

친구끼리도 가끔씩 싸웁니다

하지만 친한 친구일수록 금방 화해를 합니다. 이런 과정을 거치면서 우정은 더욱 깊어지지요. 한국과 일본, 그리고 중국도 마찬가지입니다. 세 나라는 오랜 역사를 통해 때로는 다투고, 때로는 화해하면서 돈독한 우호를 다져 왔습니다. 그러나 안타깝게도 일본의 한국 식민지화와 중국 침략으로 세 나라 모두 씻지 못할 상처를 갖게 되었습니다.

2005년은 한국이 식민지에서 해방되고 중국이 일본과의 전쟁에서 승리한 지 60주년, 한국과 일본이 정식 수교를 맺은 지 40주년이 되는 해입니다. 60년이라는 긴 세월이 지났는데도 세 나라 사이에는 아직 해결해야 할 일들이 많이 남아 있습니다. 우리가 과거 식민지 시절의 아픔을 제대로 치유하지 못한다면, 한중일 삼국간의 화해와 평화의 실현 역시 어려울 것입니다. '과거'는 '망각'이 아닌 '극복'의 대상입니다. '과거'를 극복하기 위해서 먼저 세 나라 사이의 아픈 과거를 바라보는 눈을 살펴야 할 것입니다. 무엇이 다르고 무엇이 같은지 서로 머리를 맞대고 생각해야 하지 않을까요? 이럴 때 비로소 역사 인식의 공유가 가능해질 것입니다. 『미래를 여는 역사』는 한국의 청소년들이 평화와 인권이라는 잣대로 '과거'에 대해 진지하게 고민할 수 있는 길잡이 역할을 하게 될 것입니다. 그리고 한국만이 아니라 일본과 중국의 근현대사를 이해하는 동시에 삼국이 함께 엮어 온 동아시아의 역사를 한눈에 바라보면서 역사 인식의 공유를 모색하는 데 안내자가 될 것입니다.

한국 • 한중일공동역사교재개발특별위원회

사랑하는 한국의 청소년 여러분

60년 전 우리는 일본 군국주의의 침략과 억압을 당한 역사를 같이 끝내고 또한 선조들에게 재난을 가져다 준 전쟁을 함께 이겨 냈습니다. 근대 이후 중국과 한국은 비슷한 역사 과정을 겪었고 자본주의와 제국주의의 침략과 억압을 당했습니다.

여러분도 알다시피 한국과 중국은 깊은 역사적 연원이 있습니다. 양국이 공동으로 겪은 역사의 흐름 속에는 비슷한 문명 발전의 흔적들이 많습니다. 1910년부터 일본은 한국을 35년간 식민 지배하였고 아울러 일본 군대는 중국 동북 지역을 점령하고 점차 세력을 확장하여 이 지역을 통제했습니다. 그때 우리의 선조들은 똑같은 운명을 겪었고 동고동락하며 침략자와 어렵고 고달픈 투쟁을 했습니다.

전쟁이 이미 다 끝난, 60년 후의 오늘, 한·중 양국 민중들은 평화와 미래에 대한 공동의 꿈과 희망을 갖고 있습니다. 그러나 우리는 서로 다른 나라에 살기 때문에 역사와 문화의 측면에 많은 차이가 있습니다. 우리는 다같이 21세기 새로운 국제 사회를 만들고 동아시아의 평화를 촉진하기 위하여 서로를 알아보고 이해해야 합니다. 이것은 미래를 위해 우리가 반드시 공동으로 노력해야 할 일입니다.

역사를 인식하고 역사 속에서 배우는 것은 우리의 꿈과 희망이 이루어질 수 있는가의 문제와 관련이 있습니다. 그렇기 때문에 중국 학자와 한국 학자 및 교사는 양국의 학생들이 모두 역사 지식을 얻을 수 있도록 이 책을 쓰기로 결정하였습니다.

이 책을 편집하여 출판하기 위해 한국, 중국과 일본의 학자들은 10여 차례나 토론회를 열었습니다. 삼국의 청소년들에게 가장 진실하게 역사를 보여 주기 위해 한국과 중국의 학자들은 토론회에서 격렬한 논쟁도 하였습니다. 하지만 한국 학자든 중국 학자든 논쟁 때문에 이 사업에 대한 열정이 흔들리지는 않았습니다. 이 책의 출간은 한중일 삼국, 특히 청소년 간의 상호 이해를 촉진하는 데 중요한 의미가 있습니다. 여러분이 이 책을 통해 유익한 역사 지식을 얻어 삼국 공동의 미래를 생각하게 된다면, 매우 기쁘고 위안을 느낄 것입니다.

중국 • 중일한3국공동역사독본편찬위원회

여러분, 반갑습니다

1998년 10월 한·일 두 나라 정상은 21세기를 향한 새로운 한·일 파트너십 구축과 발전을 위해 '한·일 공동 선언'을 하였습니다. 이 선언에서 일본은 "과거 한때 한국 국민에게 식민지 지배로 많은 손해와 고통을 준 역사적 사실을 겸허하게 받아들이고, 이 사실을 통절히 반성하며 진심으로 사죄한다"고 하였습니다.

우리 일본 편집위원들은 '한·일 공동 선언'에서 말한 대로 일본이 한국을 식민지로 지배하였음을 사실 그대로 서술했습니다. 일본 청소년들에게 일본이 한국을 식민지로 지배하면서 한국 국민에게 어떤 손해와 고통을 주었는지 확실히 알게 되기를 바랐기 때문입니다. 특히 1910년부터 1945년까지의 역사를 '일제 시대'라는 이름으로 배워야 하는 한국 학생들의 슬픔과 분노를 일본 학생들에게도 꼭 이해시키고 싶었습니다.

한편으로 한국 청소년 여러분들에게 침략 전쟁이나 식민지 지배에 협력한 일본 국민도 여러 상황에서 피해를 입었고 희생당했다는 사실을 알려 주고 싶었습니다.

21세기가 되면서 한·일 두 나라는 갈수록 많은 사람들이 상대(이웃) 나라를 찾아 교류를 하고 있습니다. 고등학생이 서로 상대 나라로 수학여행을 하고 토론도 할 수 있게 되었습니다. 두 나라 청소년들은 역사 문제에 관해서도 토론과 대화를 하고 싶을 것이라고 생각합니다. 『미래를 여는 역사』는 토론과 대화를 위한 텍스트가 될 수 있도록 편집했습니다.

한국 속담에 "시작이 반이다"라는 말이 있습니다. 모자란 점이 많겠지만 함께 손잡고 평화로운 동아시아를 만들어 가는 데 이 공동 교재가 활용되기를 바랍니다.

일본 • 일중한3국공통역사교재위원회

차례

서장

서장

개항 이전의 삼국

삼국의 상호 관계

한국, 중국, 일본 삼국은 각자 고유한 전통과 문화를 가지고 있습니다. 세 나라 사람들은 오래 전부터 가까운 이웃으로 잘 지냈습니다. 그러나 때로는 다투거나 전쟁을 하는 경우도 있었습니다. 19세기 서양 여러 나라들이 무력을 앞세워 몰려오기 전까지 세 나라가 어떤 관계였는지 알아봅시다.

삼 국 의 관 계

근대 이전 한중일 세 나라 사이에는 공식적인 외교와 더불어 민간 차원의 교류가 전개되고 있었습니다. 중국과 주변 나라의 외교 관계는 흔히 조공 관계라고 불립니다. 주변 나라들이 중국에 사절을 보내 공물을 바치면, 중국은 그 나라 왕의 권위를 인정하고 답례품을 주었습니다. 그렇다고 중국이 다른 나라의 내정이나 외교에 특별히 간섭한 것은 아니었습니다. 일본은 16세기 후반 이후 중국과 조공 관계를 맺지 않고 교역 관계만을 유지하고 있었습니다. 이런 큰 틀 속에서 한중일 세 나라는 밀접한 관계를 유지하였습니다.

일 본 도 요 토 미 정 권 의 한 반 도 침 략 과 통 신 사

일본에서는 16세기 말 도요토미 히데요시가 오랜 전란을 끝내고 권력을 장악했습니다. 당시 중국에는 '명', 한반도에는 '조선'이 있었습니다.

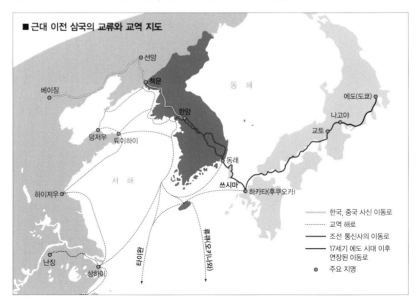

■ 근대 이전 삼국의 교류와 교역 지도

도요토미 히데요시는 중국 대륙을 정복하려는 야망을 갖고 그에 앞서 조선을 두 차례나 침략했습니다. 그러나 일본의 침략은 조선 민중의 저항과 수군의 반격으로 성공하지 못했습니다. 명나라 원군도 일본군을 물리치는 데 도움을 주었습니다. 도요토미 히데요시가 죽은 뒤 일본과 조선은 외교 관계를 다시 맺었습니다.

조선이 일본에 보낸 사절을 통신사*라고 불렀습니다. 통신사는 에도 막부의 권위를 높이는 정치적 효과를 가져왔으며, 두 나라가 문화를 교류하고 서로 이해하는 데 적지 않은 구실을 하였습니다.

동래 부사가 일본 사신을 맞이하는 그림 | 왜관 안에는 관청과 집, 상점, 창고 등이 있었다. 일본 상인들은 왜관 안에서만 무역을 할 수 있었고 허가받지 않은 조선 사람들은 들어오지 못하였다.

중국의 변화와 한국의 대응

중국의 동북 지역에서는 만주족의 전신으로 차츰 세력을 강화하고 있던 여진족이 후금을 세웠습니다. 후금의 군대는 명과 전쟁을 벌이는 한편, 조선을 침입하였습니다. 이 때문에 조선 민중은 커다란 피해를 보았습니다. 후금을 계승한 청은 명을 대신하여 중국 전체를 통치하게 되었습니다. 그러나 조선에서는 명과의 관계를 중시하여 청을 정벌하자는 북벌론이 나오기도 했습니다.

무역을 통한 교류

일본의 에도 막부는 초기에는 서양 여러 나라와의 무역을 허용했으나, 기독교 세력이 커지자 이를 제한했습니다. 1641년부터는 나가사키에서만 네덜란드인과 중국인에게 무역하는 것을 인정했습니다.

조선은 부산에 왜관을 설치하여 일본과 무역을 계속했습니다. 왜관에는 쓰시마 번 관리와 상인들이 머물렀습니다.

17세기 중엽부터 조선은 청의 수도 베이징과 국경 부근에서 청과 무역을 하였으며, 청과 일본 사이에서 중계 무역을 하기도 했습니다. 청은 처음에는 국내 세력이 외세와 결탁하는 것을 막기 위해 무역을 금지했습니다. 하지만 국내 정치가 안정되자 무역 금지를 풀고 주변 나라와 활발하게 교류했습니다.

19세기 전반 서양 열강이 압박을 가해 오자 세 나라는 여기에 맞서 통상을 거부했습니다. 중국은 광저우에서 제한적으로 통상을 허용했지만, 다른 항구는 개항하지 않았습니다.

●통신사 조선이 일본 막부(幕府)의 장군에게 보낸 사절단. 1607년부터 1811년까지 12회 파견되었다. 일정은 대개 한양-동래-쓰시마-에도였으며, 보통 5~8개월이 걸렸다. 사절단의 일본 체재 비용은 일본 측이 부담하였다.

'세계'를 어떻게 보았는가 – 삼국의 지도

예로부터 동아시아 사람들은 세계의 중심에 중국이 있고 문명이 뒤처진 작은 나라들이 그 주위를 둘러싸고 있다고 생각했습니다. 조선과 일본도 이러한 관점을 받아들였습니다. 그러나 다른 한편으로는 자신들도 중국에 뒤떨어지지 않는 문화 국가라고 여기면서, 자기 나라를 상세히 나타낸 지도를 만들었습니다.

15세기 초에 조선 왕조는 대단히 완성도 높은 지도를 만들었습니다. 「혼일강리역대국도지도」는 거대한 중국을 중심으로 동쪽에 한반도와 일본 등 동아시아를 크게 그리고, 서쪽에 아라비아 반도, 아프리카, 유럽을 축소하여 그린 지도였습니다. 중국과 일본 등지에서 최신 지도를 입수해 만들었다고 합니다.

일본에서는 불교가 들어온 뒤에 세계가 일본·중국·인도 등의 삼국으로 이루어졌다고 보는 시각이 있었습니다. 그래서 세계 지도에도 인도를 중심으로 하여 중국과 일본을 그렸습니다. 그러다가 16세기 후반에 스페인·포르투갈 등과 교류하면서 유럽에서 만들어진 세계 지도를 갖게 되었습니다.

동아시아의 세계 지도에 큰 변화를 초래한 것은 16세기 말에 중국을 찾아온 기독교 선교사 마테오 리치가 만든 「곤여만국전도」입니다. 세계는 타원형으로 그려졌고 유럽, 리비아(아프리카), 아시아, 남북 아메리카와 마젤라니카(남극 일대)의 5대주로 나뉘어 있습니다. 견본이 된 유럽의 지도와 달리 중국이 지도의 중앙에 놓여 있었으므로 중국 중심의 세계에 익숙하던 동아시아 사람이 받아들이기 수월한 것이었습니다. 또 세계 지명이 한자로 표기되었다는 점도 이 지도를 친숙하게 하는 데 한몫했습니다. 아시아를 '아세야', 유럽을 '구라파'라는 한자로 쓴 것도 이 지도에서 시작되었습니다.

「곤여만국전도」는 17세기 초 조선과 일본에 전해졌으며, 이를 견본으로 하

「혼일강리역대국도지도」(왼쪽)와 기독교 선교사 마테오 리치가 만든 「곤여만국전도」(오른쪽)

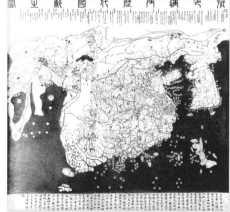
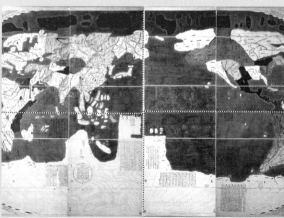

여 다양한 지도가 만들어졌습니다. 17세기 후반에는 중국에 와 있던 선교사 페르비스트가 「곤여전도」를 만들었습니다. 세계를 동서 두 개의 원으로 나눈 지도입니다. 이윽고 조선과 일본의 세계 지도도 「곤여만국전도」와 같은 타원형으로 바뀌고, 동서 두 개의 원으로 세계를 나타내는 지도가 보급되어 갔습니다.

그러나 조선에서는 17세기 후반에 서구식 세계 지도에 대한 반발도 일어나 전통적인 인식을 강조하는 지도가 다시 등장했습니다. 「원형 천하도」가 바로 그것입니다. 중국은 변함없이 큰 원의 형태로 한가운데 놓여 강조되고, 조선이 그 옆에 있으며, 나머지 나라들은 여러 곳에 표기되어 있습니다. 19세기에도 천하도는 계속 유행하며 민간에 널리 유포되었습니다.

한편 일본은 쇄국 후에도 네덜란드와 교역을 계속했으므로 유럽의 새로운 지도가 들어왔습니다. 그래서 그러한 지도들을 기초로 세계 지도도 만들어졌습니다. 19세기 초에는 「신정만국전도」라는 지도가 완성되었습니다. 영국인이 만든 최신 세계 지도에 일본인의 사할린 탐험 성과를 반영하여 수정한 것으로, 사할린이 섬이라는 것을 나타낸 세계 최초의 지도입니다.

이렇게 동아시아 사람들은 세계의 지역과 나라 들의 배치를 지도라는 형태로 그려 내는 시도를 거듭했습니다.

경위도가 표시된 「원형 천하도」(18세기 후반 제작) | ㉠중국 ㉡조선 ㉢일본

표류 조선인의 그림 족자 | 1819년 일본에 표류한 안의기 선장이 돗토리 현에 보낸 감사문이 적혀 있다. 1991년에 발견되었다.

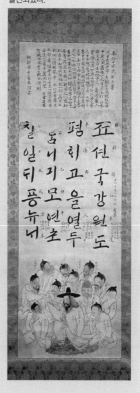

삼국의 표류민

다른 나라에 가기를 바란 것도 아닌데 우연히 바다에서 조난당해 다른 나라로 흘러 들어간 사람들이 있습니다. 표류민입니다. 오른쪽 그림은 19세기 초, 일본 해안을 표류한 조선인 12명을 일본인이 그린 것입니다.

일본으로 흘러 들어간 조선인 표류민은 16세기 말부터 270년 동안 1만 명에 달했습니다. 조선에서 표류한 일본인과, 중국에서 일본으로 흘러든 표류민도 있었습니다. 조선과 중국 사이에도 표류민이 있었습니다.

표류민은 정해진 약속에 따라 본국으로 송환되었습니다. 앞에서 말한 표류민 12명도 그 후 조선으로 송환되었습니다. 근대 이전에 조선과 일본, 중국 사이에는 표류민을 둘러싼 교류가 있었던 것입니다.

1. 일본 – 무사와 민중

서양 열강이 밀려오기 전 일본은 어떤 상황이었을까요? 17세기에서 19세기 중반까지 일본의 정치 조직과 경제, 사회 상황을 살펴봅시다.

정 치 의 중 심 과 나 라 의 경 계

아래 지도는 개항 이전의 일본과 그 주변을 그린 것입니다. 정치 중심지는 에도(현재의 도쿄)입니다. 에도에는 도쿠가와 가문 대대로 이어지는 쇼군*이 있었으며, 막부라 불리는 정부가 세워져 전국을 통치했습니다. 한편 오랫동안 일본의 수도였던 교토에는 천황이 있었습니다. 그러나 이미 오래 전부터 천황에게 정치적 권한은 없었습니다.

지도의 가장 북쪽은 현재의 홋카이도입니다. 당시에는 에조치라고 불렸으며 아이누 인들이 살고 있었습니다. 남쪽의 오키나와에는 류큐 왕국이라는 다른 나라가 있었습니다. 쇼군이 지배하는 곳은 북쪽의 마쓰마에부터 남쪽의 가고시마(아마미 제도 포함)까지였습니다.

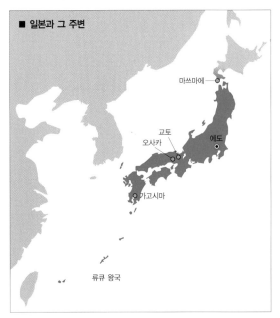

■ 일본과 그 주변

마쓰마에

교토
오사카
에도

가고시마

류큐 왕국

지 배 구 조

영토는 쇼군이 직접 지배하는 지역과 그 밖의 지역으로 이루어졌습니다. 쇼군이 직접 지배하지 않는 지역은 약 260개로 분할되었으며, 그곳에는 각각의 영지를 통치하는 다이묘**가 있었습니다. 다이묘는 쇼군에게 영지를 보장받고 가신인 무사를 거느렸으며, 영지에 관한 정치, 법률, 경제 등의 권한을 장악했고 서민을 지배하였습니다.

인구의 80%를 차지한 것은 농촌에 사는 농민입니다. 농민의 농업 생산은 사회를 유지하는 기초였습니다. 쇼군과 다이묘는 농민에게 징수하는 연공(해마다 거두는 세)을 기반으로 정치와 사회를 운영하는 동시에, 이 연공으로 무사들의 생계를 이어가도록 했습니다. 쇼군과 다이묘는 연공으로 받은 쌀의 일부를 화폐로 바꾸어 생활에 필요한 물품을 구입했습니다. 도시에서는 무사와 함께 상인과 장인이 살았습니다.

무사는 성(가문의 이름)을 가졌으며 칼을 찰 수 있는 특권이 인정되었습니다. 무사와 서민은 신분 차이가 확실해서 서로 결혼할 수 없고 사는 곳이나 생활도 달랐습니다.

19세기 초 직물 공장 | 농민들을 고용하여 공장에서 분업 노동을 통해 상품을 생산하는 새로운 생산 방식이 생겨났다. 여성들이 직물을 짜고 있는 그림.

동요하기 시작한 사회의 토대

농민은 농업 기술 개량 등에 힘을 쏟았고 점차 생산력을 높여 갔습니다. 또한 면화, 유채, 담배 등 판매를 목적으로 하는 작물 재배도 늘어났습니다. 한편 술, 간장, 종이 등의 생산이 각지로 확대되었습니다. 18세기 후반이 되자 유력한 상인이나 농민 중에는 다른 농민에게 원료나 자금을 빌려 주고 제품을 만들게 하거나 작업장을 설치하고 다른 사람을 고용하여 생산을 하는 사람들이 생겨났습니다.

경제가 발전하고 생활 수준이 높아져 지출이 늘어남에 따라 막부와 다이묘의 재정은 점차 어려워졌습니다. 그래서 다이묘들은 연공을 늘리거나 부유한 상인에게 돈을 빌리게 되었습니다. 또한 18세기 중엽부터 쇼군이나 다이묘는 재정을 재건하기 위해 여러 가지 개혁을 시도했지만, 대부분 실패로 끝났습니다.

농민들 중에도 쌓인 빚을 갚지 못해 토지를 잃게 되는 사람들이 늘어 갔습니다. 더구나 다이묘가 연공을 무겁게 매겼기 때문에 농민들은 각지에서 '잇키'라고 일컬어지는 봉기를 일으켜 집단적으로 연공을 줄여 달라고 요구하기도 했습니다. 잇키 건수는 18세기 중엽부터 늘어 갔습니다. 마을들이 함께 잇키를 일으키기도 했습니다.

이렇게 사회의 토대가 크게 흔들리고 있던 18세기 말, 서양 각국이 개국을 요구하며 압박하기 시작했습니다. 일본은 나라 안팎으로 큰 시련을 맞게 된 것입니다.

● 쇼군(將軍) 도쿠가와 막부의 우두머리.
●● 다이묘(大名) 일본 헤이안 시대 말기부터 나타난, 많은 영지를 가진 봉건 영주. 무사 계급으로서 그 지방의 행정권, 사법권, 징세권을 가졌으며 군사 사무도 관할하였다.

2. 한국 – 양반과 민중

19세기 후반 조선은 서양 열강과 외교 관계를 맺기 시작했습니다. 그때까지 조선 사회는 어떤 모습이었는지 알아봅시다.

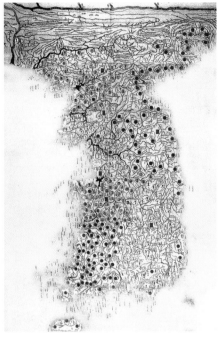

「조선팔도지도」

양반 중심의 사회

조선은 한양을 도읍으로 하고 전국을 크게 8개 행정 구역으로 나누어 다스렸습니다. 모든 지방에는 왕이 임명한 관리를 파견했습니다.

조선의 사회 계층은 지배층인 양반, 기술과 행정 사무를 맡는 중인, 피지배층인 평민과 노비로 나뉘어 있었습니다.

양반(兩班)은 문반(文班)과 무반(武班)으로 구분되었는데, 이들은 서울과 지방에서 행정과 군사 업무를 담당했습니다. 관리가 되려면 보통 과거* 시험을 거쳐야 했습니다. 양반은 각지에 많은 토지를 갖고 노비를 부리며 백성에게 영향력을 행사하는 유력자로, 대대로 관직을 독점하고 경제적 특권을 누리는 신분이었습니다. 반면 평민들은 여러 가지 조세를 부담해야 했으며, 국방의 의무를 지거나 건설 공사에 동원되기도 했습니다.

사회의 변화

조선 시대 민중은 대부분 농촌에서 농사를 지었으며, 일부는 상공업에 종사했습니다. 농민은 자기 땅에서 농사를 짓거나 지주의 땅을 빌려서 농사를 지었습니다. 17세기 이후에는 농사짓는 방법이 발달하여 생산량이 크게 늘어났습니다. 이에 힘입어 상공업이 활기를 띠면서 채소, 인삼, 담배 등 상업 작물들이 많이 재배되고 수공업 생산도 활발해졌습니다. 5일이나 7일에 한 번씩 열리는 정기 시장인 장시가 전국으로 확대되어 1,000곳을 넘어섰습니다. 상업이나 교통의 중심지에는 여관이 생겨나고, 서울을 비롯한 주요 도시에 상설 상점들이 점점 늘어났습니다. 18세기에 서울 인구는 30만 명을 넘어섰습니다.

일부 농민과 상인 들은 이와 같은 경제적 변화를 이용하여 부자가 되었습니다. 돈을 주고 양반의 지위를 사기도 했습니다. 그래서 양반의 수가 크게 늘어났습니다. 그 결과 신분 질서에 대한 의식은 약화되고 신분 못지않게 경제력이 사회적 지위에 중요하게 되었습니다.

민중의 개혁 요구

19세기에 들어 정치 기강이 무너지고 몇몇 가문에서 권력을 독차지함에 따라 매관매직 등이 성행하고 부정부패가 갈수록 심해졌습니다. 사회 변화를 주도하며 변화를 갈망하던 민중은 이제 더는 참고만 있지 않았습니다. 민중은 공정한 세금 징수와 불법 수탈 금지를 요구하며 지방 관청에 항의했습니다. 그래도 해결되지 않자 곳곳에서 봉기를 일으켰습니다. 1811~1812년에는 한반도 서북부 지방에서 대규모 봉기가 있었습니다. 1862년에는 전국 각지에서 농민 봉기가 일어났습니다. 당시 봉기는 한 곳에서 일어나면, 이웃 고을로 확산되었습니다. 농민들이 얼마나 개혁을 바라고 있었는지 잘 보여 주는 현상이었습니다.

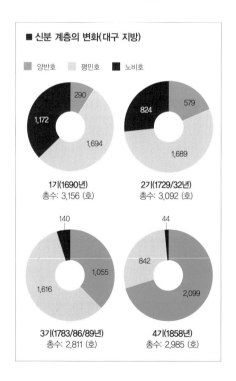

■ 신분 계층의 변화(대구 지방)

■ 양반호 ■ 평민호 ■ 노비호

290
1,172
1,694

1기(1690년)
총수: 3,156 (호)

579
824
1,689

2기(1729/32년)
총수: 3,092 (호)

140
1,616
1,055

3기(1783/86/89년)
총수: 2,811 (호)

44
842
2,099

4기(1858년)
총수: 2,985 (호)

● 과거 고려 초부터 실시된 문무 관료의 선발 시험. 조선 시대에는 3년에 1회씩 시험을 치르는 것이 원칙이었으나, 실제로는 필요에 따라 수시로 실시되었다. 과거는 양반만이 아니라 평민도 응시할 수 있었다. 그러나 실제로는 소수의 양반 가문에서 합격자를 다수 배출하였다.

3. 중국 – 향신과 민중

19세기 이전 중국은 기본적으로 해금 정책˚을 시행하고 있었습니다. 서양 열강의 침공을 받기 이전 중국의 사회 구조와 민중 생활은 어떠했을까요?

관복을 입은 청의 관리

청조의 통치

1644년부터 1911년까지 250여 년 동안 중국은 마지막 봉건 왕조인 청의 통치 아래 있었습니다. 청은 전국을 25개의 행정 구역으로 나누었습니다. 만주족 귀족들이 중앙과 지방 정부의 중요한 관직을 맡았으며, 한족을 비롯한 다른 민족의 지식인들은 과거 시험을 통과해야 관리가 될 수 있었습니다. 신분의 구별이 엄격하여, 황제와 황족, 세습 귀족, 관료, 향신˚˚ 등이 상층을 이루고, 상인, 장인, 농민 등의 평민이 하층에 속하는 피라미드식 사회 계층 구조를 이루고 있었습니다.

17세기 후반에서 18세기까지 청은 번영을 누려서, 강희·옹정·건륭제 3대(130여 년)에 걸친 태평성세라는 의미로 '강건성세' 라고 불렸습니다. 그러나 지배 계층이 점차 부패하고, 통치 기구가 방대해지면서 조정의 씀씀이가 커져 재정은 적자에 빠지게 되었습니다. 이를 메우고자 조정은 온갖 수단을 사용하여 하층민을 수탈했습니다. 심지어 관직을 팔아서 재정의 부족을 메우기도 했습니다. 관리의 부패는 더욱 심해져, 당시 민중에게 "3년 동안 청렴한 지방관으로만 있어도 눈처럼 흰 은 10만 냥을 갖게 된다"는 말이 나돌 정도였습니다.

민중의 생활

건국 초기에는 사람들의 생활이 상당히 안정되면서 청의 인구가 크게 늘어났습니다. 1741년에서 1840년까지 전국의 인구는 3배로 증가하여 4억 1,000만 명이 되었습니다. 전체 인구의 거의 대부분은 농촌에서 농업과 수공업에 종사했습니다. 그러

●해금(海禁)정책 외국인의 왕래, 중국인의 해외 도항과 외국과의 무역을 제한하는, 일종의 쇄국 정책.

나 빈부의 양극화가 심해지면서 토지는 점점 관료, 귀족, 지주에게 집중되었습니다. 시간이 갈수록 토지를 잃은 농민들이 많아지고, 그들의 생활은 더욱 어려워졌습니다. 그 결과 민중은 비밀 결사 조직에 가담하여 청조와 지주에 대한 투쟁에 나섰습니다. 이리하여 청조의 통치는 위기를 맞았습니다.

집에서 수공업 방직에 종사하는 아낙네

대 외 무 역

명·청 시대 중국의 경제는 이미 상당히 큰 발전을 이루었습니다. 모든 경제 부문들이 갖추어지고 국내 시장도 넓게 형성되었습니다. 따라서 필요한 물품들은 기본적으로 중국 안에서 해결할 수 있었고, 외부에서 들어오는 상품에 별로 의존하지 않았습니다. 청의 통치자들은 오랫동안 중국은 생산물이 풍부하여 없는 것이 없다고 여겼으며, 적극적으로 외국과 무역을 하려는 생각이 없었습니다. 1757년부터 서양과 무역을 광저우 한 곳에서만 하도록 엄격히 제한한 것도 이 때문이었습니다.

서양 각국에서는 중국의 비단, 자기, 차 등에 대한 수요가 많아, 1780년대까지 중국의 대외 무역은 줄곧 흑자를 유지했으며, 해마다 대량의 은이 중국으로 들어왔습니다. 그러나 영국이 인도의 아편 생산지를 점령한 후 중국으로 아편을 수출하기 시작했습니다. 19세기 초 영국의 아편 수출 지역은 중국 연해의 각 성으로 확대되었습니다. 이때 미국도 중국으로 아편을 밀수출하기 시작했습니다. 아편은 흡연자들의 정신과 신체를 갉아먹었고 중국의 무역 흑자 상황을 바꾸어 중국의 은 유출을 초래했습니다. 1833년 이후 중국의 은 유출액은 해마다 1,000만 냥을 넘어 당시 청 조정은 은이 고갈되는 위기가 닥칠까 봐 이에 대한 해결책을 모색하지 않을 수 없었습니다.

아편 흡입 | 아편에 중독되면 건강뿐만 아니라 재산도 잃게 된다.

●● 향신(鄕紳) 과거 합격자, 관료 경험이 있는 사람 등 지방 사회의 실력자.

서장 개항 이전의 삼국

삼국의 수도

베이징, 도쿄, 서울은 현재 중국, 일본, 한국의 수도입니다. 각 나라 수도의 역사를 살펴보기로 합시다.

베이징

베이징은 중국에서 가장 유명하고 유서 깊은 도시입니다. 1153년부터 금, 원, 명, 청은 잇따라 베이징을 수도로 삼았습니다. 특히 명은 베이징을 수도로 정한 다음 대규모로 개축을 하였습니다. 청은 베이징을 수도로 정한 뒤에 명나라 때 만들어진 건축물을 그대로 보존하였고, 서쪽 외곽에는 새롭게 황실 정원을 만들었습니다.

톈안먼 | 원래 쯔진청의 청톈먼이었는데, 1651년 수리하여 톈안먼(天安門)이라고 하였다. 높이는 33.7미터이고 베이징의 전통을 상징한다.

베이징의 중심은 황제가 거주하고 업무를 처리하던 곳으로, 황궁 또는 쯔진청(자금성)이라고 불렀습니다. 황궁을 둘러싸고 있는 곳이 내성인데 정부 기관, 귀족들의 거주지가 분포해 있고 병사들이 지키고 있었습니다. 외성은 대개 신사와 평민 들이 살면서 수공업과 상업에 종사하던 곳이었습니다. 청조 때 베이징 인구는 100만 명 이상으로 증가하였고, 세 곳의 큰 상업 중심지가 형성되었습니다. 베이징을 중심으로 전국으로 통하는 교통 도로망이 있었고, 양식은 주로 대운하를 통해 남부 지역에서 베이징으로 운반되었습니다.

에도

개항 이전 일본에는 큰 도시가 세 곳 있었습니다. 정치 중심지 에도(현재의 도쿄), 천황이 사는 전통의 도시 교토, 경제 중심지 오사카입니다. 이 중 수도 역할을 맡고 있었던 것은 최대 도시 에도였습니다. 에도에서 본격적인 도시 만들기가 추진된 것은 17세기 초반의 일입니다. 중심에는 쇼군이 정치를 행한 에도 성이 있고 그 주변에는 전국 다이묘 봉건 영주들의 저택이 줄줄이 늘어서 있었습니다. 에도에는 각지에서 모여든 많은 무

에도 성 | 쇼군이 살고 막부가 있었던 에도 성은 메이지 유신 이후 교토에서 이주해 온 천황이 사는 궁성으로 되었다. 현재는 고쿄(皇居)라고 불린다.

사들과 다양한 종류의 상인 및 장인들이 생활하고 있었습니다. 18세기 전반에 에도는 인구 100만 명을 넘어서 당시 세계에서 몇 안 되는 거대 도시가 되었습니다. 이에 따라 300개 정도였던 에도의 조(행정 단위)가 18세기 중엽에는 1,700개 가까이로 늘어났습니다. 연극이나 그 밖의 공연 등 서민 문화가 확대되고, 벚꽃놀이나 마쓰리(축제) 같은 오락도 성행하였습니다.

서울

　서울은 조선 왕조 성립 직후인 1394년부터 오늘
날까지 600년이 넘은 수도입니다. 서울은 성곽으로
둘러싸여 있는데 성문 8개로 안과 밖이 연결되어 있습
니다. 그림에서 보는 것처럼, 궁궐 5개와 관청, 상가
및 주택 들은 산과 평지를 자연스럽게 이용하여 건축
되었기 때문에 정연한 모양은 아니었습니다. 중심 궁
궐인 경복궁 남쪽 양편(㉠)에는 관청 건물이 배치되었
고, 동쪽과 서쪽으로 난 길 양편(㉡)에는 일상생활 용

광화문과 육조 거리 | 경복궁의 정문인
광화문 앞에는 관청 건물이 늘어서 있
었다.

품을 공급하던 시전이 설치되었습니다. 대체로 신분에 따라 주거지도 갈라졌습
니다. 고위 관료 중심의 세력 있는 양반들은 경복궁 동쪽(㉢) 북촌에, 세력 잃은
가난한 양반들은 남산(목멱산) 근처(㉣)의 남촌에 살았습니다. 서울 한복판을 흐
르는 청계천 남북쪽(㉤)의 중촌은 관아와 가까운 거리여서 주로 중인들이 살았습
니다. 조선 후기에는 남대문 근방(㉥)과 동대문 주변(㉦)에 시장이 들어서면서
상업이 활발해졌습니다. 성 밖으로는 전국으로 연결되는 도로망과 통신 시설을
갖추고 있었고, 가까운 거리에 있는 한강으로 조세미와 공물을 실어 날라 운송도
편리했습니다.

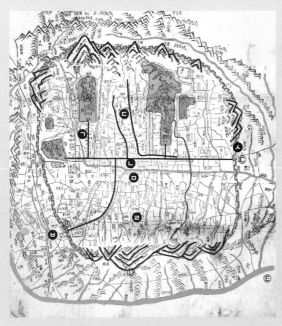

「수선전도」 | Ⓐ경복
궁 Ⓑ남대문 Ⓒ동대
문 Ⓓ남산 Ⓔ한강

유교와 삼국

유학은 복잡한 도덕 이론 또는 관념 체계로, 그 기초는 교육가이면서 사상가인 공자가 창안하였습니다. 이 체계는 사람들의 전통 문화와 일상생활 속의 도덕 규범, 그리고 사회 풍속이나 관습과 밀접한 관계를 가지고 있습니다. 유학은 공자가 죽은 뒤 맹자와 순자를 비롯한 여러 사상가에 의해 학파가 나뉘어졌습니다. 유학은 한나라 이후 통치자에 의해 떠받들어지고 지식인들에 의해 체계화되었으며 송 이후에도 발전했습니다. 특히 주희는 유학을 주자학으로 발전시켰습니다.

유교 문화는 민족과 지역의 경계를 뛰어넘어 일본, 조선 등에 전파되었습니다. 주자학이 한반도에 미친 영향은 중국 못지않습니다. 15세기 조선에서는 주자학을 통치 이념으로 삼았습니다. 16세기 중엽에는 저명한 유학자 이황(퇴계)과 이이(율곡) 등이 조선의 주자학을 발전시켰습니다. 그중 퇴계학은 일본의 사상계에 커다란 영향을 미쳤습니다. 오늘날에도 일부 사람들은 주자가례를 존중하고 있습니다.

일본도 에도 막부 시대에 주자학을 관학으로 삼아 학교 교육에 포함시켰으며, 각 학교에서 유학을 가르쳤습니다. 그 결과 전문적으로 주자학을 연구하는 유교 학파가 형성되었습니다. 일부 무사와 관리는 유교 교양을 갖고 있음을 긍지로 여겼습니다.

중국 산둥 성 취푸의 공자를 모신 사당

제1장

개항과 근대화

| 1862 농민 항쟁 | 1866 병인양요 | 1871 신미양요 | 1876 강화도 조약 | 1882 임오군란 |

18세기 말부터 19세기에 걸쳐 자본주의화를 추진한 서양 열강은 상품을 팔거나 원료를 손에 넣기 위해 아시아 각지로 진출했습니다. 영국은 인도를 식민지로 삼고, 이어서 동남아시아와 중국을 압박했습니다. 프랑스는 동남아시아에 침입했으며, 러시아는 북쪽에서 압력을 가했습니다. 미국도 태평양 쪽으로 세력을 확대했습니다. 이렇게 동아시아의 역사는 서양 열강의 강한 압력을 받으면서 전개될 수밖에 없었습니다. 그럼 중국, 일본, 조선 세 나라는 그 압력에 어떻게 대응했을까요?

영국의 침공을 받은 중국은 전쟁에 패하여 불평등한 관계로 서양과 교류할 수밖에 없었습니다. 이후 중국에서는 서양의 기술과 문화를 받아들여 근대화를 도모하려는 움직임이 강해졌지만, 청의 지배 체제는 바뀌지 않았습니다.

일본에서는 개국 후 서양과 어떻게 교류할 것인지를 둘러싼 극심한 내부 대립을

1884 갑신정변 | 1894 갑오 농민 전쟁, 갑오개혁, 청·일 전쟁 | 1895 을미사변(명성 황후 시해 사건) | 1904 러·일 전쟁

거쳐 신정부가 수립되었습니다. 신정부는 급격한 근대화를 추진하면서 조선으로 세력을 확대하려는 움직임을 강화해 나갔습니다.

조선은 처음에는 서양 세력을 격퇴한다는 방침을 내세웠습니다. 그러나 결국 서양 열강을 방패로 삼은 일본의 압력을 받고 개항을 했습니다.

그럼 왜 일본은 동아시아로 세력을 팽창하려고 한 것일까요? 이러한 일본의 움직임은 동아시아에 어떠한 갈등을 불러일으켰을까요?

국제 관계의 변동과 맞물리면서 세 나라 내부에서는 정치, 사회의 근대화를 향한 개혁 운동이 일어났습니다. 삼국에서는 어떠한 개혁 운동이 벌어졌으며, 이런 운동과 정치의 관계는 어떠했을까요? 그 특징에 대해 생각해 봅시다. 각국의 근대화는 민중의 생활에도 큰 변화를 초래했습니다. 교육, 철도, 신문, 달력을 중심으로 삼국의 민중 생활이 어떻게 바뀌었는지도 살펴보도록 하겠습니다.

서양 열강의 압력과 삼국의 대응

1. 중국 – 아편 전쟁과 양무 운동

19세기 중반, 중국은 굳게 닫혔던 문을 열었습니다. 중국의 문호 개방은 어떻게 이루어졌으며, 이런 변화에 대해 중국 정부는 어떠한 대책을 세웠을까요? 또한 중국 사회의 각 계층은 갑작스럽게 다가온 충격을 어떻게 받아들였을까요?

아편 전쟁과 난징 조약

서양 상인들이 대량의 아편을 중국에 들여오면서, 중국은 사회 경제적으로 심각한 영향을 받게 되었습니다. 1838년 청 도광 황제는 아편을 단속하기 위해 임칙서를 흠차대신으로 임명하여 광저우로 파견하였습니다. 그는 다음 해 6월 후먼에서 아편 118만여 근을 폐기했습니다.

영국 정부는 중국의 아편 단속에 대해 군사적 보복 수단을 채택하였고 전함을 보내 광둥 성 연해를 침략했습니다. 임칙서는 병사와 주민 들을 이끌고 용감하게 대항했습니다. 그러나 청은 대신을 파견하여 영국과 담판을 짓도록 명령하였고 임칙서 등 저항을 주장하는 장수들을 면직했습니다. 하지만 영국군의 침입을 막을 수는 없었습니다. 1842년 8월, 영국 군함이 난징으로 진입하였고 청을 위협하여 난징 조약을 체결하였습니다. 난징 조약으로 중국은 영국에 홍콩을 할양하는 동시에 광저우, 푸저우, 샤먼, 닝보, 상하이 등 다섯 항구를 개방하였습니다. 중국은 자주적으로 관세를 매기지 못하고 영국과 협상을 거쳐야 했습니다. 이처럼 난징 조약은 중국 근대사에서 최초의 불평등 조약이었습니다.

개항과 열강의 세력 범위

그러나 난징 조약은 서구 열강의 중국에 대한 권익 요구를 만족시키지 못했습니다. 난징 조약 이후에도 열강은 제2차 아편 전쟁, 청·불 전쟁 등을 일으켜 많은 영토를 빼앗고 배상금을 받아 냈습니다. 중국은 저항했지만 번번히 실패로 끝나 거대한 면적의 영토를 할양해야만 했고 전쟁 배상금도 지불했습니다. 중국은 개방 범위를 더욱 확대하고 열강에 더 많은 이권을 제공해야 했습니다.

외국과 무역할 수 있는 항구는 계속해서 늘어나고, 선교사들이 중국 내륙까지 들어와서 포교할 수 있게 되었지만, 서양인들은 중국 법률의 제약을 받지 않는 치외 법권을 누렸습

임칙서가 아편을 폐기하고 있는 그림

니다. 한 나라가 중국에게 이권을 얻으면, 다른 나라들도 이를 함께 누리는 원칙도 적용되었습니다. 열강은 중국에서 차츰 각자의 세력 범위를 형성했습니다. 영국은 양쯔 강 유역, 독일은 산둥 반도, 프랑스는 광둥 성 연해 지역, 러시아는 동북 지역 등을 각각 자국의 세력 범위로 삼았습니다. 미국은 자기 나라에도 동등하게 문호를 개방할 것을 요구했습니다.

사회 모순의 격화와 반항

서양 상품이 대량으로 중국에 들어오면서 중국 농촌의 자급자족적인 자연 경제는 파괴되었습니다. 청은 열강에게 배상금을 지불하기 위하여 농민들의 부담을 가중시켰습니다. 이 때문에 사회 모순은 더욱 심해지고 혼란이 발생하였습니다. 그중에서 규모가 가장 컸던 것은 1851년에 일어난 태평천국의 농민 봉기였습니다. 홍수전, 양수청 등은 광시 성 구이핑 현 일대에서 종교 조직을 만들고 민중을 동원하여 청의 통치에 반대하는 폭동을 일으켰습니다. 국호를 '태평천국'이라고 하고, 14년 동안이나 그 세력을 유지하면서 청에 대항하였습니다. 태평천국은 토지의 균등한 분배를 주장하며 자급자족적인 이상 사회를 건설하려 했습니다. 하지만 내부 분란으로 세력이 약화되었습니다.

청은 병력을 모으고 서양 열강과 연합하여 태평천국을 대대적으로 진압했습니다. 농민 봉기는 실패했습니다. 그 후 사회의 모순은 한층 심각했습니다.

양무 운동

서양 열강의 끊임없는 침략은 청에 큰 타격을 주었습니다. 청의 관리들은 서양 '군함과 대포'의 위력을 알게 되었습니다. 이에 서양의 군사와 과학 기술을 배우고 받아들여 국력을 키움으로써 강대국이 되고자 노력했습니다. 일부 관리들은 서양의 전문가를 초빙하고 그들의 선진 기술을 이용하여 근대적인 군수 공장의 설립, 철도 건설, 광산 개발, 신식 학교 설립, 유학생 선발과 파견 등을 추진하였습니다. 또한 이홍장과 같은 관리들은 서양의 군사 교관을 초빙하여 군대를 훈련시켰고 근대화된 해군을 창설했습니다.

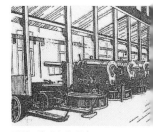

장난(江南) 기기 제조국 | 1865년 설립. 2,000여 명의 인부들과 잘 갖추어진 설비가 있었다. 제조국 아래에는 기기, 주조, 화약, 탄약 등의 여러 분국들이 설치되었고, 번역관과 기술 학교도 설립되었다. 1892년 이후 모제르총, 대포, 화약 등도 제조할 수 있었다.

이러한 일련의 자강 정책은 1890년대에 이르러 어느 정도 성과를 거두어 중국 근대 공업의 기초를 마련하고 중국인의 시야도 넓혔습니다. 이러한 활동을 양무 운동, 이를 추진한 사람들을 양무파라고 합니다. 그러나 양무파는 중국이 서양에 패한 주요 원인이 정치적 부패에 있다는 것을 깨닫지 못했습니다. 이 때문에 양무 운동의 성과는 제한적일 수밖에 없었으며, 청은 열강의 침략을 저지하지 못하고 계속 패했습니다.

2. 일본 – 개국과 메이지 유신

19세기 중엽, 드디어 일본은 나라의 문을 열고 외국과 교류 및 무역을 시작했으며, 이윽고 새 정부가 탄생하였습니다. 신정부 아래에서 일본은 세계와 어떻게 교류하려 했을까요? 또 어떤 길을 걷고자 했을까요?

개 국 후 의 대 변 동 과 신 정 부 수 립

아편 전쟁에서 청이 영국에 패배했다는 정보는 일본 막부에 큰 충격을 주었습니다. 청이 개항하고 약 10년 후인 1853년, 일본에 미국 군함이 나타나 개국을 하라고 요구했습니다. 막부는 이듬해에 200년 이상 지속된 쇄국을 포기하고 개국하였습니다. 이어서 영국, 러시아, 프랑스, 네덜란드와 조약을 맺고 정식으로 서양 열강과 교류·무역을 하게 되었습니다. 그러나 이러한 조약은 중국이 서양 열강들과 체결한 것과 마찬가지로 불평등 조약이었습니다.

막부가 개국한 후 외국을 쫓아내야 한다는 주장과 운동이 커졌습니다. 외국인이나 외국 배를 습격하는 사건이 일어나고, 일부에서는 외국과 군사 충돌도 생겨났습니다. 국내의 대립은 깊어졌고, 막부에 대항하는 세력은 그 중심에 천황을 끌어들였습니다.

무역으로 생사(生絲) 등 일본 국내 물자가 외국으로 흘러 나가면서 물건이 부족해졌습니다. 이 때문에 물가가 급등하는 등 경제적 혼란이 일어나고 민중의 생활은 어려워졌습니다. 농민들은 각지에서 '새 세상'을 만들자는 민란을 일으켰으며, 도시의 민중도 쌀가게 등을 부수며 쌀을 싸게 팔 것을 요구하였습니다.

이렇게 혼란이 지속되는 가운데 막부에 반대하는 무사들의 세력이 점차 강해져 쇼군의 권력을 타도하고 1868년 신정부를 만들었습니다. 막부가 쓰러지고 새

■ 서양에 파견된 일본 사절단이 밟은 경로

이와쿠라 사절단은 1871년 11월 요코하마를 출발하여 처음으로 미국을 방문하고 대서양을 건너 유럽 여러 나라를 시찰하였다. 아시아를 거쳐 1873년 9월에 귀국했다.

로운 국가가 탄생하게 된 정치·사회의 대변동을 메이지 유신이라고 합니다.

이와쿠라 사절단 대표들 | 맨 왼쪽이 기도 다카요시, 그 옆이 야마구치 나오요시, 중앙에 일본 전통 옷을 입은 사람이 특명 전권 대사 이와쿠라 도모미, 그 오른쪽이 이토 히로부미, 맨 오른쪽이 오쿠보 도시미치이다.

신정부가 추진한 근대화

신정부는 구 막부군과 싸우는 한편, 에도를 도쿄로 개칭하여 일본의 수도로 삼았습니다. 쇼군과 다이묘를 중심으로 하는 이전의 정치 구조를 없애고 천황이 중심인 정부에 권한을 집중시켰습니다. 그리고 서양 열강들과 적극적으로 교류한다는 방침을 세우고 서양을 모방한 근대화를 잇따라 추진해 나갔습니다. 이를 위해 많은 외국인 교사를 고용하고 유학생들을 서양으로 파견했습니다.

신정부는 신분 제도를 개혁하고 제도적인 국민 평등을 이루었습니다. 무사의 역할을 부정하고 농민이 중심인 국민을 군대로 조직하는 징병 제도를 시행했으며, 모든 국민에게 교육을 의무화했습니다.

이러한 급격한 개혁에 대해 민중 사이에서는 강한 반발심이 생겨나고 반대 행동도 일어났으나, 정부는 이를 탄압하고 개혁을 추진해 나갔습니다. 특권을 빼앗긴 무사들도 각지에서 반란을 일으켰지만, 정부에 의해 철저히 진압되었습니다.

정부는 각지에 공장을 만들고 철도를 부설하고 우편과 전신을 확대하고 새로운 화폐 제도와 은행 제도를 만들었습니다. 정부의 힘으로 경제의 근대화를 강력히 추진한 것입니다.

서양을 배워라 – 부국강병의 길

위 사진은 신정부가 수립되고 4년 후 서양으로 파견된 사절단의 핵심 구성원들을 촬영한 것입니다. 모두 신정부의 중심인물입니다.

그들을 포함해 46명의 사절단은 유학생 약 60명과 함께 1871년 11월에 요코하마를 출발했습니다. 이후 1년 10개월 동안 미국·영국·프랑스·프러시아(독일)·러시아 등 12개국을 돌며 정치·법률·경제·사회 상황을 시찰하고 귀국했습니다. 신정부가 생기고 얼마 지나지 않았지만 중심인물들이 2년 가까이 나라를 비우고 서양 국가들을 열심히 보고 돌아다닌 것입니다.

이 사절단에는 근대 일본이 걷고자 한 길이 잘 나타나 있습니다. 바로 아시아를 벗어나 서양 강대국의 일원이 된다는 것입니다. 그것은 아시아가 서양보다 '뒤처졌다'고 생각하고, '앞선' 일본이 아시아를 이끌어야 한다는 주장으로 이어집니다.

3. 한국 – 문호 개방을 둘러싼 갈등

중국이 아편 전쟁에서 패했다는 소식이 전해지자 한국에서는 서양 열강에 대한 경계심이 한층 높아졌습니다. 서양 열강과 일본의 개방 요구에 한국은 어떻게 대응했을까요?

프랑스와 미국의 강화도 침략

19세기 중반에 조선 정부는 서양 열강과 통상을 거부하고 있었습니다. 1866년에는 외국 세력의 침탈을 방지하고 국내의 정치적 안정을 꾀하기 위해 천주교도와 프랑스 선교사 들을 박해하기 시작했습니다. 이를 구실로 프랑스는 강화도를 무력으로 침공했습니다. 같은 해 조선의 북쪽 도시 평양에서는 미국 배인 제너럴 서면호가 대포를 쏘며 약탈을 벌이다가 분노한 조선 민중에 의해 불태워지는 사건이 일어났습니다. 이를 빌미 삼아 미국도 1871년 함대를 보내 강화도를 침략했습니다. 두 차례 전쟁에서 많은 건물이 불타고 사람들이 죽었습니다. 귀중한 문화재도 약탈당했습니다.

이처럼 두 나라가 무력을 앞세우며 통상을 요구했지만, 조선 정부는 이를 받아들이면 나라가 위태로워질 수 있다고 생각하여 맞서 싸웠습니다. 전국 각지에 세운 척화비는 열강과의 통상을 거부하겠다는 단호한 의지를 표현한 것입니다.

척화비 | "서양 오랑캐가 침범하는데 싸우지 않음은 화의를 뜻하는 것이고, 화의를 주장함은 나라를 파는 것이다"라고 새겨져 있다.

일본의 개항 요구와 강화도 조약

1873년 조선에서는 정치적으로 큰 변화가 일어났습니다. 국왕의 친아버지로 정국을 주도하며 통상을 거부하던 흥선 대원군이 물러나고 국왕 고종이 정치를 담당하게 된 것입니다. 1875년 일본은 이를 틈타 군함 운요호를 강화도에 보내 의도적으로 충돌을 일으켰습니다. 그래서 격렬한 포격전 끝에 조선 측의 포대를 점령하고, 전리품으로 30문 정도의 대포를 빼앗아 갔습니다. 당시 열강들은 일본이 조선을 개항시킬 것을 은근히 바라고 있었고, 중국도 조선 정부에 될 수 있으면 일본과 무력 충돌을 피하라고 권고하고 있었습니다. 국제적인 문제가 되지는 않았습니다.

당시 조선의 여론은 일본의 개항 요구에 강경하게 대처하자는 사람들과 이를 받아들이자는 사람들로 나뉘었습니다. 문호 개방 반대론자들은 개항이 되면 천주

초지진 | 프랑스, 미국, 일본 함대가 쳐들어올 때마다 전투를 벌인 강화도의 포대. 오른쪽은 당시 초지진에서 사용한 대포이다.

교가 마음대로 유포되고 일본이 경제적으로 침탈하여 나라가 멸망할 수 있다고 비판했습니다. 이에 반해 찬성론자들은 일본과 전쟁을 피해야 하며 더는 문호 개방을 미룰 수 없다고 판단했습니다. 마침내 조선 정부는 개항을 하기로 결정하고 1876년 일본과 강화도 조약(조일 수호 조약)을 맺었습니다. 그러나 사전 준비 없이 서둘러 조약을 맺는 과정에서 그 내용이 가지고 있는 문제점과 위험성을 충분히 알지 못했습니다.

제1조. 조선국은 자주국으로 일본국과 평등한 권리를 갖는다.
제5조. 조선의 두 항구를 무역항으로 추가 지정한다.
제7조. 일본 항해자가 조선의 해안을 자유롭게 측량한다.
제10조. 일본 사람이 조선의 개항장에서 저지른 범죄 행위는 일본 관원만이 다스릴 수 있다.

강화도 조약은 일본을 비롯한 여러 나라의 침략과 간섭을 불러오는 계기가 되었습니다. 조약에 따라 개항장을 확대할 수밖에 없었고, 개항장에서 일본인들이 저지르는 범죄를 처벌할 수도 없었습니다. 강화도 조약 및 그 부속 조약에서 일본이 별다른 제약 없이 조선에서 마음대로 경제 침탈 행위를 할 수 있도록 허용했기 때문입니다. 그런데 조약 제1조를 보면, '조선국은 자주국'이라고 하였습니다. 왜 그랬을까요? 이전부터 조공 관계를 배경으로 청나라가 조선에 대하여 지속하고 있던 영향력을 배제하기 위해서 한 것이었습니다.

조선은 1880년대 들어 미국, 영국, 독일, 프랑스, 러시아 등 서양 여러 나라들과 외교 관계를 맺었습니다. 그러나 이들 나라와 맺은 통상 조약도 강화도 조약과 마찬가지로 불평등한 것이었습니다.

삼국의 개항장

서양의 강요로 개항을 한 삼국에는 커다란 항구 도시들이 형성되었습니다. 상하이, 요코하마, 인천 등이 전형적인 사례입니다.

상하이

상하이 항

상하이는 난징 조약에 따라 1843년에 개방된 후 여러 활동에 종사하는 외국인들이 급속하게 증가했습니다. 2년 뒤, 영국은 자국민들이 집중적으로 거주하는 곳을 따로 지정하였고, 독자적으로 그곳의 사회, 정치, 경제, 치안 등을 직접 관할했습니다. 이것이 바로 조계입니다. 영국의 뒤를 이어 서양 각국도 차례로 상하이에 조계지를 만들었습니다. 가스, 전기, 수도, 전화 등이 조계지에 먼저 설치되고, 그 뒤 차츰 상하이 전역으로 확대되었습니다. 상업이 발달하고 공장이 증가하면서 상하이는 차츰 도시화되었습니다. 1915년, 상하이의 인구는 200만에 이르러 중국 최대 도시가 되었습니다. 또한 상하이와 외국의 교류도 갈수록 빈번해져서, 1940년대에는 상하이 거주 외국인이 15만 명이나 되었는데, 홍커우에는 일본 교민들이 집중적으로 거주했습니다. 1919년에는 대한민국 임시 정부가 상하이에 수립되었으며, 1930년대에는 유대인 3만 명이 상하이로 피난을 왔습니다. 상업 문화가 발달한 상하이는 근대의 도시, 유행의 도시로 불리는, 모험가들의 낙원이었습니다.

요코하마

요코하마 항 | 1863년 시모노세키 공격을 위해 출항을 앞둔 영국·프랑스·네덜란드·미국 4개국 연합 함대가 정박하고 있다.

1858년에 체결한 조약에 따라 일본은 외국에 5개의 항구를 열게 되었습니다. 그중 하나가 요코하마입니다. 이곳은 원래 가옥이 100채 정도밖에 없는 작은 어촌이었습니다. 1859년 개항한 요코하마의 항구에는 부두, 창고, 세관 등이 만들어졌습니다. 일본 상인들은 항구의 거류지에 있는 외국 상인들을 찾아와 견사 등의 일본 상품을 팔거나 항구로 들어온 외국 상품을 사들였습니다. 서양을 향해 열린 이 창구를 통해 신문, 경마, 공원, 양식, 맥주 등 다양한 서양 문화가 일본으로 들어왔습니다. 요코하마는 에도(도쿄)에서 가장 가까운 항구로 크게 발전하며 일본 최대의 무역항으로 성장해 갔습니다.

인천

1876년 강화도 조약을 체결한 일본은 부산과 원산에 이어 수도인 서울과 가까운 인천의 개항을 요구하여, 1883년 이를 관철시켰습니다. 개항 당시 '제물포'란 이름으로 불리던 인천은 인구 3,000명의 한적한 어촌 포구였습니다. 개항 이후 인천에는 외국인들이 거주하는 조계가 설치되고 서양식 공원과 호텔, 교회

등이 들어섰습니다. 거주하는 외국인 수가 늘면서 해안가를 새로 매립하기까지 했습니다. 인천에서 서울까지 조선 최초로 철도, 전화, 전신이 개통되었습니다. 일본인 미곡 상인들이 일본으로 쌀을 반출하기 시작하면서 인천은 한때 전국의 쌀이 모여드는 곳이기도 했습니다. 또한 청, 일본, 러시아가 조선을 두고 다툴 때 마다 각국의 전함이 집결하고 군대가 상륙한 곳도 인천입니다. 이렇듯 인천은 서울의 관문으로서 교역의 중심지이자 군사적 통로였습니다.

인천 조계지 | 산 언덕까지 별장, 교회, 서양식 집들이 들어차 있다.

근대 일본의 천황제

일본에서는 7세기 무렵부터 군주를 '천황'이라 부르게 되었습니다. 천황이라는 용어는 원래 중국에서 사용하던 말로 하늘의 최고신이라는 의미라고 합니다.

고대에는 실제로 천황 중심의 정치가 이루어졌지만, 그 후 귀족이나 무사가 정치의 실권을 장악하여 천황은 정치에 직접 관여하는 일이 거의 없게 되었습니다. 정치적인 다툼과 거리를 둠으로써 오히려 천황은 단절되지 않았고 권위와 위엄의 중심으로 존재할 수 있었습니다.

그러나 개항 후 천황은 막부를 타도하려는 세력의 중심에 자리하게 되었습니다. 막부를 대신한 신정부는 천황을 중심으로 하는 정치 조직을 만들어 갔습니다. 신정부는 수립과 동시에 앞으로 천황 중심의 정치를 추진하겠다고 선언했습니다. 천황은 신 앞에서 향후 정책의 기본을 서약하는 의식을 거행했습니다. 천황의 재위 기간에는 하나의 연호를 사용하도록 제도를 바꾸었습니다. 경축일도 천황과 천황가를 중심으로 정해졌습니다.

이러한 천황 중심의 구조를 법률·제도의 측면에서 명확히 한 것이 대일본 제국 헌법입니다. 대일본 제국 헌법에서 천황은 태초부터 하나의 혈통이며 신성 불가침하다고 규정되었습니다. 입법권과 행정권, 사법권을 모두 천황 아래에 두었으며, 천황은 군대를 지휘·명령하는 최고 책임자인 대원수를 겸했습니다. 또한 천황 중심의 교육을 추진하기 위해 교육 칙어를 제정했습니다.

이렇게 해서 영국과 프랑스가 혁명을 통해 국왕의 권력을 빼앗거나 제한했던 것과 반대로 일본의 메이지 유신은 천황을 중심으로 하는 관료 정부의 권력을 한층 더 강화했습니다. 이 천황 정부 아래서 근대 일본은 근대화를 위한 정책과 아시아 다른 지역을 향한 팽창 정책을 추진해 나간 것입니다.

전통 의상을 입은 청년 시대 메이지 천황(왼쪽)과 처음으로 군복을 입은 메이지 천황(오른쪽)

제2장 개항과 근대화

43

동아시아를 휩쓴 전쟁

1. 삼국의 분쟁

19세기 후반 삼국 사이에 갈등과 긴장이 높아졌습니다. 왜 삼국은 사이좋게 지내지 못하고 서로 대립하게 되었을까요?

정한론과 타이완 출병

일본은 1868년 메이지 유신 이후 신정부 수립을 알리기 위해 조선에 사절을 파견했습니다. 그런데 일본이 보낸 외교 문서에는 '황(皇)'이나 '칙(勅)'이라는 문자가 포함되어 황제가 내려보내는 형식을 취하고 있었습니다. 문서의 내용과 전달 경로가 기존의 외교 관례에 어긋났기 때문에 조선 정부는 이를 받아들이지 않았습니다. 일본 정부에서는 이것을 구실 삼아 조선을 치자는 정한론이 일어났습니다.

> 속히 천하의 방향을 일정하게 정하고, 사절을 조선에 파견하여 저들 조선의 무례함을 물어야 한다. 만일 저들이 불복할 때는 그 죄를 물어 그 나라의 국토를 공격하여 신의 나라 일본의 권위를 크게 떨치기 바란다.
>
> —신정부의 중심인물인 기도 다카요시의 일기(1869년 1월 26일)

1873년 일본 정부에서는 정한론이 높아졌습니다. 그렇지만 국내 문제를 먼저 해결하는 것이 필요하다고 주장하는 사람들이 주도권을 장악하고 있었기 때문에 정한론은 실행에 옮겨지지 않았습니다.

당시 일본은 류큐를 자기 영토에 편입시키려 하고 있었습니다. 그때까지 류큐 왕국은 한편으로 청과 조공 관계를 맺으면서, 다른 한편으로 일본 사쓰마 번의 지배를 받고 있었습니다. 1871년 타이완인이 류큐의 표류민을 살해한 사건이 일어났습니다. 일본 신정부는 살해 사건의 보복을 구실로 1874년 타이완을 침공했습니다. 청과 교섭한 결과, 류큐가 일본에게 속한다는 것을 청이 인정했다고 하여, 이듬해 류큐가 청에 조공하는 것을 금지시키고 1879년에는 일본 영토에 포함시켜 오키나와 현으로 만들었습니다.

조선을 둘러싼 일본과 청의 갈등

1876년 강화도 조약이 체결되자 조선을 둘러싸고 일본과 청 사이에 갈등이 싹텄습니다. 1882년 조선에서는 구식 군대 병사들과 하층 민중이 근대화 정책에 반발하여 군란을 일으켰습니다. 일본 공사관도 습격을 받았지만, 공사는 스스로 공사관에 불을 지르고 그 틈에 탈출하였습니다. 청은 조선 정부의 요청을 받고 군대를 파견하여 사태를 진압했습니다. 이후에도 청 군대는 물러나지 않은 채 계속 주둔하면서 조선 내정에 간섭했습니다. 일본도 자기 나라 외교관을 보호한다는 명분으로 서울에 군대를 주둔시켰습니다.

갑신정변의 주역들 | 왼쪽부터 박영효, 서광범, 서재필, 김옥균이다.

청의 내정 간섭이 심해지고 개혁이 지지부진하자, 김옥균, 박영효 등 조선의 개화파 관료들은 점차 위기를 느꼈습니다. 이들은 무력을 사용해서라도 정권을 장악하고 개혁을 추진하려고 했습니다. 마침내 1884년에 일본 공사관과 일본 군대의 도움을 받아 정권을 잡았습니다. 그러나 청군의 개입으로 3일 만에 실패로 끝났습니다. 이 사건을 갑신정변이라고 합니다. 이 정변은 14개조 개혁 정강에서 알 수 있듯이, 조선의 근대적 개혁을 시도한 운동이었습니다.

1조. 대원군을 즉시 돌아오게 하고 청에 조공하는 허례의 행사를 폐지할 것.
2조. 인민 평등의 권리를 제정하고 능력에 따라 관리를 등용할 것.
14조. 정부 6조 이외에 불필요한 관청을 모두 없애고 대신들과 협의해서 처리할 것.

－갑신정변 정강 일부 요약 (『갑신일록』에서)

일본과 청은 아직 조선에서 전면적으로 충돌할 때가 아니라고 생각하여 일단 조약을 맺고 군대를 철수시켰습니다. 그러나 청은 여전히 조선에 대한 내정 간섭을 강화하며 경제적 영향력을 확대했습니다. 일본도 자국의 이익을 지키고 장차 조선을 차지하기 위해 청과 싸울 것에 대비하여 군사력을 키워 나갔습니다. 마침내 일본은 1894년 청·일 전쟁을 일으켰습니다.

2. 청·일 전쟁

일본은 메이지 유신 이후 시야를 해외로 돌려, 얼마 뒤 청·일 전쟁을 일으켰습니다. 청·일 전쟁은 어떻게 일어났고, 어떠한 과정을 거쳤으며, 어떻게 끝났을까요?

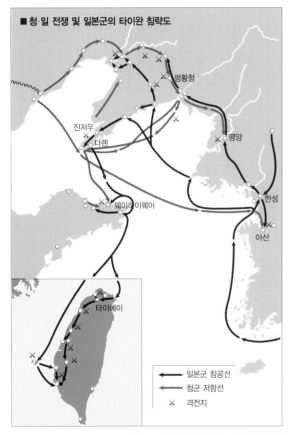

■ 청·일 전쟁 및 일본군의 타이완 침략도

일본군 침공선
청군 저항선
× 격전지

청·일 전쟁의 발발과 조선

1894년 봄, 조선에서는 관리들의 부패와 가혹한 세금에 반발한 농민 봉기가 일어났습니다. 봉기한 농민들은 신속하게 조선 각지로 세력을 확대하였습니다. 진압하기 어려웠던 조선 조정은 청에 군대를 파병하여 봉기를 진압해 달라고 긴급하게 요청했습니다. 일찍부터 전쟁 준비를 하고 있던 일본은 이 기회를 이용해 군대를 조선에 파병했습니다. 청과 충돌을 일으켜 한반도에서 청 세력을 몰아내고 조선을 지배하기 위해서였습니다. 이러한 의도가 있었기 때문에 조선의 상황이 안정된 뒤에도 일본 군대는 철수를 거부했습니다.

일본은 오히려 7월 23일 새벽 조선의 왕궁을 공격해서 점령하고, 국왕인 고종과 왕비를 구금했습니다. 일본은 새로이 구성된 친일 정부에게 조선의 '자주독립'을 선포하여, 청에서 벗어나도록 위협하고, 청과 조선이 과거에 맺은 조약을 폐기하도록 강요했습니다.

7월 25일 일본 함대는 서해에서 운항 중이던 청의 함대와 병사 수송선을 공격하여 청·일 전쟁을 일으켰습니다. 곧이어 일본 육군이 평양을 지키고 있던 청군을 공격하여 지상전도 시작되었습니다. 전쟁의 불길은 중국의 랴오둥 반도까지 미쳤습니다. 청군은 전쟁 준비가 부족하였고 전의 저하 등이 겹치면서, 지상과 바다에서 모두 패했습니다.

뤼순의 참사와 시모노세키 조약

청·일 전쟁이 진행되는 동안, 일본군은 다롄과 뤼순을 공격하여 전쟁에 참가하지 않은 민간인들에게 끔찍한 살육 행위를 저질렀습니다. 일본군의 잔혹한 행위는 국제적으로 지탄을 받았습니다.

1895년 1월, 일본군은 산둥 성으로 진격하여 웨이하이웨이의 군항을 함락시켰고, 청의 베이양 함대를 완전히 궤멸했습니다. 청 조정은 이홍장을 대표로 일본에 파견하여 강화 조약을 논의하도록 했습니다. 1895년 4월 17일, 청과 일본은 시모노세키 조약을 체결했습니다. 조약의 내용은 다음과 같았습니다.

- 중국은 조선이 자주 독립국임을 확인한다.
- 중국은 랴오둥 반도, 타이완, 펑후 열도를 일본에 할양한다.
- 일본에 은 2억 냥(약 3억 1,000만 엔)의 전쟁 배상금을 지불한다.
- 사스, 충칭, 쑤저우, 항저우를 추가로 개방한다. 일본 배의 입항을 허락한다.

청 · 일 전쟁 후의 삼국 관계

러시아, 프랑스, 독일 세 나라는 청·일 전쟁에서 일본이 너무 많은 이권을 얻는 것을 바라지 않았습니다. 그래서 청이 랴오둥 반도를 일본에게 할양하는 것을 반대했습니다. 세 나라의 간섭으로 청은 랴오둥 반도를 되찾았지만, 은 3,000만 냥을 더 지급했습니다. 청이 전쟁에 패했기 때문에 타이완은 일본에 넘어가고 더 많은 항구들이 강제로 개방되었습니다. 청이 부담하는 전쟁 배상금은 연 재정 수입의 3배에 상당했고, 거액의 배상금을 치르기 위하여 청 조정은 많은 차관을 외국에서 빌려 무거운 부담을 지게 되었습니다. 그리고 청을 둘러싼 열강의 쟁탈전은 더욱 격렬해졌습니다.

청·일 전쟁 후 일본은 일약 아시아의 강대국으로 발돋움하여 열강의 대열에 합류하게 되었습니다. 그러나 대외 침략의 발걸음을 재촉하였기 때문에, 서양 열강들의 불안감을 불러일으켰습니다. 일본은 삼국 간섭으로 인하여 줄어든 영향력을 만회하기 위해 다시금 한국에 개입했습니다.

1895년 10월, 조선 주재 일본 공사는 민비(명성 황후)를 살해하는 사건을 저질렀습니다. 민중은 잇따라 반일 봉기를 일으켜 일본 침략자에게 많은 타격을 주었습니다. 그러나 봉기 후 조선 정부의 회유 정책에 의해 와해되거나 정부군과 일본군에게 진압되기도 했습니다. 국왕은 러시아 공사관으로 몸을 피했고, 조선에 대한 러시아의 영향력은 확대되었습니다.

뤼순 해군 본부를 점령한 일본군

3. 러·일 전쟁

1904년 2월부터 이듬해 7월에 걸쳐 일본은 러시아와 전쟁을 벌였습니다. 이 전쟁의 목적은 무엇이었을까요? 동아시아 삼국에게 전쟁은 어떤 의미를 가졌을까요?

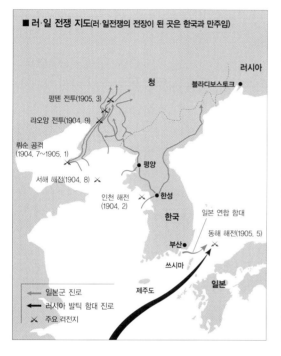

■ 러·일 전쟁 지도(러·일전쟁의 전장이 된 곳은 한국과 만주임)

러시아
청
블라디보스토크
펑톈 전투(1905. 3)
랴오양 전투(1904. 9)
뤼순 공격
(1904. 7~1905. 1)
서해 해전(1904. 8)
평양
인천 해전
(1904. 2)
한성
한국
일본 연합 함대
동해 해전(1905. 5)
부산
쓰시마
제주도
일본

← 일본군 진로
← 러시아 발틱 함대 진로
✕ 주요 격전지

전쟁의 진정한 목적은 무엇이었는가

왼쪽 지도는 러·일 전쟁 지도입니다. 전장이 된 곳은 어디일까요? 전쟁을 한 장소는 일본도 러시아도 아닌 한국과 만주(중국 동북 지방)였습니다. 여기에 이 전쟁의 성격이 잘 드러나 있습니다.

그럼 왜 일본은 러시아와 전쟁에 뛰어들었을까요? 외무대신 고무라 주타로가 전쟁이 일어나기 직전인 1903년에 쓴 의견서로 알아봅시다.

한국은 마치 날카로운 칼처럼 대륙으로부터 일본의 중심부를 향해 돌출되어 있는 반도이며, 그 끝은 쓰시마와 아주 조금밖에 떨어져 있지 않다. 만일 다른 강국이 이 반도를 점령한다면 일본의 안전이 위협받는다. 일본은 이런 것을 결단코 인정할 수 없다. 이를 예방하는 것이 일본의 오랜 정책이다.

당시 일본이 러시아의 공격을 받을 위험은 없었습니다. 그러나 고무라는 러시아가 한국을 점령하게 되면 위험하니까 그전에 한국을 지배해야 한다고 주장했던 것입니다. 고무라에게 이 전쟁은 한국의 지배와 깊은 연관성을 지닙니다.

일본은 한국을 어떻게 하고자 했던 것인가

전쟁의 와중인 1904년 5월 일본 정부는 다음과 같이 결정하였습니다.

일본은 한국에 대해 정치·군사적으로 보호의 실권을 장악하고, 경제적으로 더욱 이권의 발전을 꾀한다.　　　　　　　　　　　　　　 – '일본 내각의 결정' 요약

'일본 군대를 한국 내에 주둔하게 할 것', '한국의 외교 및 재정을 일본의 감독 아래 둘 것', '철도와 항만 등 교통 기관을 틀어쥐고 우편·전신·전화 등 통신

기관을 장악할 것', '농업·임업·광업·어업 등에 일본인을 진출시키고 권한을 확대해 나갈 것' 등을 방침으로 굳힌 것입니다. 일본은 러시아와 전쟁을 벌이는 한편, 한국에 대한 지배 정책을 추진해 나갔습니다.

러·일 전쟁하의 한국과 중국

일본군은 한국의 토지를 철도 용지나 군용지로 징발하고 사람·말·식량 등을 전쟁을 위해 공출했습니다. 한국인들이 강하게 반발한 것은 당연한 일이었습니다. 1904년 9월에는 경부선(서울—부산)과 경의선(서울—신의주) 건설에 인부를 징발하는 건을 둘러싸고 각각 수천 명이 궐기하여 일본 측과 충돌했습니다. 또한 전신선을 끊거나 철도 건설을 방해하는 사건이 각지에서 빈번히 일어났습니다. 이에 대해 일본군은 단속을 강화하고 저항 운동을 탄압했습니다.

한편 러·일 양국 군은 중국 현지에서 금이나 식량을 징발하면서 전쟁을 계속했습니다. 전쟁으로 마을의 인가가 불타고 가축이나 농작물이 손실을 입었습니다. 이를 피해 각지에서 펑톈(지금의 선양)으로 들어간 피난민이 수만 명에 달했다고 합니다.

제국주의를 강화하는 일본

전쟁은 일본 민중에게도 큰 부담을 지웠습니다. 그러나 전쟁에서 러시아에게 이긴 일본은 영토와 세력을 확대하려는 제국주의 색채를 한층 강화해 나갔습니다. 일본의 한국 지배를 러시아가 인정하도록 했을 뿐 아니라, 미국·영국과 거래하여 한국 지배를 승인받는 등 한국을 식민지로 만들기 위한 발판을 다져 나갔습니다. 러시아를 대신하여 만주의 뤼순과 다롄에 대한 지배권을 손에 넣고, 남만주 철도를 경영하여 중국 동북 지방으로 진출했습니다. 일본인 사이에 세계 '1등국' 이라는 의식도 높아졌습니다.

후쿠자와 유키치 - 침략을 합리화한 '문명론'

근대 초 일본인들에게 세계의 모습을 전달한 사람은 사절단의 일원이나 유학생으로 서양을 체험하고 온 지식인들이었습니다. 그 대표적 인물이 후쿠자와 유키치(1834~1901)입니다. 그는 1875년에 간행한 『문명론의 개략』에서 서양은 문명, 아시아는 반문명(半文明), 아프리카는 야만이라 간주하고, 문명은 야만에서 반문명, 반문명에서 문명으로 나아가므로, 일본은 서양을 모범으로 삼아 문명화를 꾀해야 한다고 강조했습니다. 1881년에는 일본이 아시아 문명의 중심이자 동양의 지도자이므로 아시아를 보호해야 하며, 조선이 이를 받아들이지 않는다면 강제로 문명화해서 서양의 진출을 저지해야 한다고 주장했습니다. 그러나 갑신정변으로 개화파의 쿠데타가 실패로 돌아가자 1885년 「탈아론」이라는 유명한 논설을 주장합니다. 앞으로는 아시아의 문명화를 추진하지 않고 아시아와 관계를 끊으며, 서양 열강과 같은 방법으로 아시아 지배를 추진해 나가자는 것입니다. 그리고 약 10년 후 청·일 전쟁이 일어나자 이를 문명(일본)과 야만(중국)의 싸움이라고 주장합니다. '문명'에 대한 관점이 아시아를 보는 후쿠자와의 시선을 좌우한 것입니다. 그것은 아시아에 대한 근대 일본의 관점이기도 했습니다.

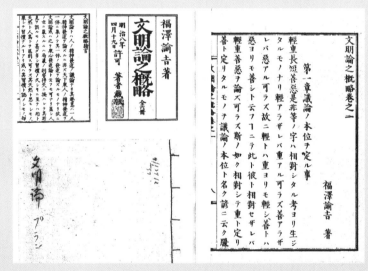

후쿠자와 유키치가 쓴 『문명론의 개략』
시리즈의 표지

김옥균 - 갑신정변의 지도자

김옥균(1851~1894)은 1880~1890년대에 활약한 한국의 대표적인 개혁 운동가입니다. 청년 시절부터 문호 개방을 주장하는 개화 사상의 영향을 받았습니다. 1881년 일본을 처음 방문한 김옥균은 메이지 유신 이후 발전한 모습을 보고 크게 감명을 받았습니다. 그래서 조선도 서양의 근대 문물을 받아들여 개혁을 해야 한다고 생각했습니다.

1884년 갑신정변을 일으켜 "문벌을 폐지하고 인민 평등의 권리를 제정하자", "부패한 관리를 처벌하고 정치를 개혁하자"고 주장했습니다. 정변이 실패로 돌아간 후 일본에 망명한 김옥균은 계속해서 조선의 개혁을 주장했습니다. 한때 조선 국왕에게 서양 열강과 교류에 힘쓰고 내정 개혁을 해야 한다고 주장하는 상소문을 올리기도 했습니다.

김옥균은 당시 국내 사정으로 보아 개혁을 이루기 위해서는 외국의 도움이 필요하다고 생각했습니다. 그렇지만 망명을 한 뒤에도 일본의 협조를 받지 못했습니다. 마침내 김옥균은 청의 권력자인 이홍장에게 도움을 청하려고 1894년 중국 상하이로 건너갔습니다. 그러나 상하이에서 함께 간 조선인에게 암살되고 말았습니다. 그러나 설령 이홍장을 만났다고 해도 김옥균의 뜻대로 그를 도와주었을까요?

김옥균

이홍장 – 양무 운동의 지도자

이홍장(1823~1901)은 청 말기의 중요한 정치가이면서 외교가로, 즈리 총독 겸 베이양 대신을 25년이나 맡았으며 청의 내정, 외교, 경제, 군사 방면의 중대한 정책 결정에 참여했습니다. 그는 서양 및 일본 등 열강과 오랜 교섭에서 얻은 경험으로 비교적 일찍 서양의 기술과 군사를 배우는 것이 중요하다는 것을 깨달았습니다. 그 결과 이홍장은 양무파를 대표하는 사람이 되었으며, 양무파를 최고 실력을 갖춘 집단으로 만들었습니다. 이홍장은 '해방론(海防論)'을 내세워 근대적인 해군 건설을 적극적으로 주장했고, 베이양 함대를 창설했습니다.

이홍장은 열강에게 둘러싸인 상황에서 '이이제이(외국을 이용해서 타국을 억제한다)'의 외교 수단을 사용해야 한다고 주장했습니다. 양무 정책을 실행하기 위해서는 평화로운 시간을 확보해야 한다고 생각했던 것입니다. 그렇지만 청·일 전쟁 이후 일본의 힘을 절감하면서 '이이제이' 보다는 '열강과 협력' 하는 방향을 추구하게 되었습니다. 이때부터 그는 '러시아와 연합하여 일본에 대항하는' 방침을 채택했습니다. 하지만 러시아 역시 만주 지역에 강한 야심을 가지고 있다는 것을 알게 된 후, 열강들과 연합하여 러시아를 견제하기 시작했습니다. 그는 일생 동안 자신이 외교의 명수라고 여기며 많은 중요한 외교 정책을 처리했습니다. 그러나 수많은 불평등 조약은 다름 아닌 그의 손에 의해 조인된 것들입니다.

이홍장

삼국의 개혁 운동

1. 일본 – 자유 민권 운동

일본의 신정부는 근대화를 위한 개혁을 추진했습니다. 그러나 정치적 실권을 쥐고 있던 것은 극히 일부의 정치가였습니다. 이에 대한 일본 국민의 대응을 살펴봅시다. 또한 일본과 아시아의 관계에 대해서도 생각해 봅시다.

민 권 과 자 유 – 정 치 를 국 민 에 게

잠깐 여러분들께 말씀드리겠습니다. 여러분은 모두 똑같이 하나의 큰 보물을 가지고 있습니다. 이 큰 보물이란 무엇일까요? 돈이 되는 나무일까요? 금일까요? 은일까요? 다이아몬드일까요? 아니, 그런 것이 아닙니다. 더더욱 귀한 하나의 보물이 있습니다. 그것은 바로 자유라는 권리입니다. 행복도 안락도 민권을 넓히고 자유를 신장하지 않으면 손에 들어오지 않습니다.

우에키 에모리

1879년 우에키 에모리라는 사람이 쓴 『민권자유론』의 첫 부분입니다. 그는 국가 정치에 참여하는 것의 중요성과 헌법의 소중함을 호소했습니다. 자주·자유와 헌법이 있고서야 비로소 나라가 번영하고 안전하다는 것입니다.

그가 이런 주장을 펼치던 무렵부터 국회를 열라는 요구가 나날이 높아졌습니다. 각지의 대표들은 서명이나 의견서를 들고 도쿄에 모여 정부에 국회를 열라고 압력을 가했습니다. 연설회가 왕성하게 열리고 많은 신문이 정부를 강도 높게 비판했습니다. 각지에서도 헌법을 만들려는 운동이 확대되었습니다. 민중이 학습과 토론을 거듭하여 기초한 안을 포함해서 당시 70종 남짓한 헌법안이 만들어진다는 것이 지금까지 확인되었습니다. 그중에서 우에키 에모리가 만든 헌법안인 「일본국 국헌안」은 국민의 권리에 대해 다음과 같이 쓰고 있습니다.

- 일본 인민은 사상의 자유를 갖는다.
- 일본 인민은 자유롭게 집회할 권리를 갖는다.
- 일본 인민은 모든 불법과 부당한 행위에 저항할 수 있다.
- 정부가 헌법에 반하여 인민의 자유 권리를 침해할 때 일본 인민은 이를 타도하고 새로운 정부를 건설할 수 있다.

이와 같은 헌법안의 밑바탕에는 사람들이 나라를 만든 것은 자신들의 권리나 자유를 지키고 행복을 실현하기 위해서라는 생각이 깔려 있습니다.

헌법 초안을 작성했던 자리 |
이토 히로부미는 2명의 비서관
과 함께 이 자리에 있던 여관
에 머물면서 비밀리에 대일본
제국 헌법 초안을 작성했다.

이렇게 자유 민권 운동이 고조되는 상황에서 1881년 정부는 결국 10년 후에 국회를 개설하겠다는 약속을 할 수밖에 없었습니다. 그러나 정부만 헌법을 만들 수 있다고 선언하며, 자유 민권 운동에 대한 단속을 강화해 갔습니다. 자유 민권 운동가들은 정당을 만들면서 정부에 대항했지만 점차 힘이 약해졌습니다.

자유 민권 운동의 한계와 변질

자유 민권 운동은 일본을 자유와 인권의 나라로 만들려는 운동이었으나, 일본 국내의 개혁 운동이 점차 한계에 봉착하자 나라 밖으로 눈을 돌려 외국으로 세력을 확대해야 한다고 주장했습니다. 1884년 조선에서 갑신정변이 일어나자 민권 운동 측 신문은 청을 강하게 비난하며 일본은 청과 싸워야 한다는 강경론을 폈습니다. 이듬해인 1885년에는 무기를 들고 조선으로 건너가 정권의 실력자를 살해하여 청과 관계를 단절시키고, 이 때문에 청과 일본이 대립하면 이를 이용해 일본 국내에서 혁명을 일으킨다는 자유 민권파의 계획이 사전에 발각되는 사건마저 일어났습니다(오사카 사건).

대일본 제국 헌법의 성립

국민들에게는 알리지 않고 헌법을 만드는 작업을 진행하던 정부는 1889년 천황이 정한 헌법인 대일본 제국 헌법을 공포했습니다. 대일본 제국 헌법은 군주의 권한이 강한 프러시아(독일)의 헌법 등을 모델로 한 것으로, 우에키 등이 추구했던 헌법과 전혀 달랐습니다. 천황을 정치와 군사의 최고 권력자로 규정하고, 국민의 자유와 권리는 부분적으로밖에 인정하지 않았습니다. 이렇게 천황제 정부 형태를 갖춘 일본은 마침내 아시아로 세력을 뻗어 나갔습니다.

2. 중국 - 청조의 개혁과 의화단 운동

청·일 전쟁 후, 중국은 전쟁 배상금이라는 무거운 짐을 지게 되었습니다. 서양 열강은 앞다투어 중국에 자본을 수출했습니다. 또한 열강은 중국에서 강제로 철도 부설권, 광산 채굴권, 조계지 등을 빼앗고 각각의 세력 범위를 확정했습니다. 그리하여 중국의 영토는 갈기갈기 찢겼고 나라가 망할 수도 있는 위험에 빠지게 되었습니다. 중국의 여러 계층은 이러한 상황에 어떻게 대처했을까요?

무술변법

청·일 전쟁 후, 캉유웨이를 비롯한 지식인들은 광서 황제에게 조약 체결에 반대하는 글을 올렸습니다. 그 뒤 캉유웨이는 량치차오를 비롯한 유신파 지식인들과 함께 조직을 결성하여 신문을 발행하고, 위로부터 정치·경제 개혁을 해야 한다고 주장했습니다. 특히 독일이 산동 반도의 자오저우 만을 점령하고 러시아가 뤼순과 다롄을 강제로 조차하자, 유신파들은 "망해 가는 나라를 구하고 생존을 도모하자"는 구호를 내세웠습니다. 광서 황제는 유신파의 주장을 받아들여, 1898년에 조서를 반포하고 새로운 정책을 추진했습니다. 새로운 정책은 정치·경제 제도, 문화 등 각 방면에 미쳤습니다. 이 해가 무술년이었기 때문에, 이를 무술변법이라고 합니다.

무술변법으로 유신파가 정치 세력을 형성하였음을 보여 주자, 만주족과 한족 귀족은 두려움을 느꼈습니다. 개혁이 자신들의 기득권을 침범할까 걱정한 것입니다. 결국 서태후를 중심으로 한 보수파는 변법을 진압하고, 광서 황제를 유폐시켰으며, 탄쓰퉁 등 지사 여섯 명을 살해했습니다. 캉유웨이와 량치차오는 일본으로 망명했습니다. 시행 103일 만에 무술변법이 좌절되고 만 것입니다.

무술변법의 주요 내용
- 불필요한 관리 정원의 감축, 대중의 목소리를 경청.
- 농·공·상업 보호, 재정 개혁.
- 징병제 실시, 신식 군대 훈련.
- 학당 개설, 중국 학문과 서양 문물을 모두 학습.
- 신문사·번역국의 설립, 유학 장려.

의화단 운동과 8개국 연합군의 중국 침략

기독교 선교 활동은 중국에 대한 서양 열강의 침략과 함께 끊임없이 확대되었습니다. 기독교는 중국 문화와 충돌을 일으켰는데, 특히 일부 선교사들의 오만한 행동은 각지에서 주민들과 갈등을 격화시키고 기독교 반대 투쟁을 불러일으켰습니다. 1898년 가을 산동 성의 민중은 서양인과 서양 종교에 반대하는 조직인 의화단을 만들어, "청을 도와 서양 놈들을 물리치자"는 구호를 외치며 교회들을 습격하였습니다. 의화단 운동은 차츰 정치의 중심인 베이징과 톈진까지 확대되었습니다. 청 조정은 처음에는 의화단의 세력을 이용하여 열강에게 대항하려 했고, 심지어 군대를 의화단에 참여시켜 함께 교회를 불사르고 외국 대사관을 포위 공격했습니다. 공격을 받은 대사관과 각국의 선교사 들은 속속 본국에 구조를 요청

시국도 | 중국이 열강에 의해 쪼개진 상황을 보여 준다.

했습니다.

1900년 6월, 영국, 독일, 러시아, 프랑스, 미국, 일본, 이탈리아, 오스트리아 등 8개국이 연합군을 형성하여 베이징을 점령했습니다. 출병한 군대 중에 다수가 일본군이었습니다. 8개국 연합군은 도시 곳곳에서 집

'베이징 의정서' 체결 | 왼쪽은 11개국 주중 공사. 앞줄 오른쪽에서 두 번째가 이홍장.

들을 불사르고 약탈을 자행하여 엄청난 재산을 탈취했습니다. 8개국 연합군이 베이징으로 진격해 오자, 조정 관료들은 몸을 피했을 뿐만 아니라 의화단을 진압하라는 명령을 내렸습니다. 결국 제국주의에 대한 의화단의 반대 투쟁은 실패로 끝나 버렸습니다. 또한 열강들은 청 조정을 압박하여 1901년 9월 '베이징 의정서(신축 조약)'를 체결했습니다. 조약에 따르면, 중국은 4억 5,000만 냥의 배상금(중국인 1인당 1냥)을 지급해야 했고, 열강이 군대를 파견해 보호하는 대사관 구역을 베이징에 설정하도록 허가해야 했습니다. 여러 열강들은 중국 내 많은 지역에 군대를 주둔시킬 수 있게 되었습니다. '베이징 의정서'는 중국에 대단히 가혹한 것이었습니다.

청 조정의 '신정'

20세기 초, 청 왕조 통치자는 국내외에서 개혁을 하라는 강한 압력을 받게 되자, 왕조를 계속 유지하기 위해 '신정(新政)'을 시행하기로 결정했습니다. 1901년 시작된 신정은 무술변법의 기초 위에서 진행된 한 단계 높은 형태의 개혁이었습니다. 그 주요 내용은 다음과 같습니다.

첫째, 병부를 육군부로 바꾼다. 거액을 투자하여 구식 군대를 도태시키고 서양식 군대 이론과 원칙을 받아들여 '신군'을 조직하고 훈련시킨다.

둘째, 상부를 설립하여 상업을 진흥시키고 실업을 장려한다. 사기업에 의한 자본주의의 자유로운 발전을 허가하고 장려한다. 민족 자산 계급의 정치와 사회적 지위를 높인다.

셋째, 과거제를 폐지하고 학교를 설립하며 유학생을 파견하여 서양의 자연 과학과 사회·정치학을 배우고 전파하게 한다.

넷째, 관제를 개혁하고 관료 기강을 확립한다.

신정 중 일부 조치들은 민주 혁명 사상과 문화를 전파하고 민족 자본의 발전에 도움을 주어 신해혁명을 자극했으며 청의 몰락을 재촉했습니다.

3. 한국 - 농민 전쟁과 독립 협회 운동

19세기 후반 한국 사회에는 각종 부패와 폐단이 얽히고 쌓여 갔습니다. 밖으로는 제국주의 열강의 압력이 갈수록 거세졌습니다. 한국인들은 이런 위기 상황에 어떻게 대처했을까요?

농민의 함성 - 1894년 농민 전쟁

1894년 한반도 남서쪽 전라도에서는 대규모 농민 봉기가 일어났습니다. 전봉준, 김개남, 손화중 등 농민군 지도자들은 처음에는 종교 조직인 동학*을 이용하여 세력을 확대했습니다. 동학은 모든 사람이 하늘처럼 귀하다는 사상을 가지고 평등한 새 세상에 대한 희망을 전파해서, 신도가 크게 늘어났습니다.

1894년 4월 전봉준 등은 농민들을 모아 봉기를 일으켰습니다. 조선 정부가 중앙 군대를 파견했지만 농민군은 전라도 여러 곳을 휩쓸고 중심 도시인 전주를 점령했습니다. 조선 정부의 요청으로 청이 출병하자 일본도 기다렸다는 듯이 군대를 보냈습니다. 외국의 간섭이 우려되자 조선 정부와 농민군은 더는 싸우지 말고 함께 정치의 폐단을 고치자고 약속했습니다.

농민군은 스스로 전라도와 충청도 일대에 집강소**를 설치했습니다. 여기서 농민군은 부패한 관리와 악명 높은 양반을 처벌하고 천민을 해방시켰으며, 불공평한 조세를 바로잡았습니다.

서울에 들어온 일본군은 7월에 조선 왕궁을 점령했습니다. 이어 청군을 공격하기 시작했습니다. 정부 내 개화파 관료들은 이를 기회로 권력을 잡았습니다. 이들은 농민들의 요구를 일부 받아들여 신분 제도와 과거제를 폐지하고 조세 제도를 개혁하는 등 여러 가지 근대적 개혁을 추진했습니다. 그러나 일본의 간섭이 심해지면서 개혁을 제대로 시행할 수 없었습니다.

이에 농민군은 일본을 물리치기 위해 다시 일어섰습니다. 이번에는 경상, 강원, 황해도 등 전국 각지에서 봉기를 일으켰으며, 동학 교단도 가세했습니다. 11월 서울로 진격하던 농민군은 일본군 및 관군과 여러 차례 싸웠습니다. 그렇지만 근대적인

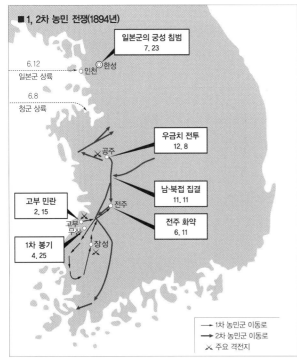

■1, 2차 농민 전쟁(1894년)

일본군의 궁성 침범
7. 23

6.12
일본군 상륙

6.8
청군 상륙

우금치 전투
12. 8

남·북접 집결
11. 11

고부 민란
2. 15

전주 화약
6. 11

1차 봉기
4. 25

→ 1차 농민군 이동로
→ 2차 농민군 이동로
✕ 주요 격전지

총과 무기로 무장한 일본군을 물리치지 못하고 패하고 말았습니다. 이때 희생된 농민군은 수만 명으로 추정되고 있습니다.

대한 제국과 독립 협회의 개혁 운동

조선 정부는 1897년 국호를 '대한 제국'으로 바꾸고 자주적인 개혁을 추진했습니다. 대한 제국 정부는 여러 학교를 세우고 군대를 양성했으며, 상공업을 진흥시켰습니다. 전국에 걸쳐 토지 소유권을 확인하고 증서를 발급하였습니다.

민간에서도 사회 개혁을 요구하는 목소리가 높아졌습니다. 1896년 개화파 정부 관료와 지식인들은 독립 협회를 만들고 독립문을 세웠으며, 〈독립신문〉을 발간했습니다.

1898년에 독립 협회와 서울 시민들은 여러 차례 집회를 열어, 외세의 이권 침탈을 규탄하고 정부에 재정 개혁과 인민의 기본권 신장을 요구했습니다. 이들은 의회를 만들어 정치에 참여하려고 했습니다.

독립문 | 중국 사신을 맞이하던 영은문 자리에 민간의 성금을 모아 세웠다. 문 앞쪽에 영은문 주춧돌(○ 표시)이 보인다.

1898년 만민 공동회에서 정부에 요구한 개혁 조항인 헌의 6조
1. 외국인에게 의지하지 말고 관민이 한마음으로 힘을 합하여 전제 황권을 견고하게 할 것.
2. 외국과 이권에 관한 계약 및 조약은 각 대신과 중추원 의장이 합동으로 날인하여 시행할 것.
3. 국가 재정은 탁지부에서 모두 관리하고, 예산과 결산을 국민에게 공표할 것.
4. 중대 범죄를 공개적으로 재판하되, 피고의 인권을 존중할 것.
5. 고급 관리를 임명할 때에는 정부에 그 뜻을 물어서 다수 의견에 따를 것.
6. 정해진 규정을 실천할 것.

그렇지만 대한 제국은 이들의 요구를 받아들이지 않았으며, 독립 협회를 해산시켜 버렸습니다. 이후 대한 제국 정부의 개혁은 황실 중심의 개혁에 머물렀고, 더는 대다수 국민들의 지지를 얻지 못했습니다.

● 동학 1860년에 최제우가 만든 한국의 민중 종교. 외세의 침탈에 대항하여 동쪽의 도를 일으킨다는 뜻으로, '사람이 곧 하느님'이라는 만민 평등 이념을 내세웠다.
●● 집강소(執綱所) 동학 농민 전쟁 때 농민군이 각 고을에 두었던 지방 자치 기구. 동학 교도들이 각 고을의 접주를 '집강(執綱)'이라 불렀던 데서 유래하였다.

나카에 조민 – 일본을 '민주적' 인 나라로

나카에 조민

'동양의 루소' 라 일컬어지는 일본의 사상가가 있습니다. 1871년부터 1874년까지 프랑스에서 유학하며 근대 사상을 배운 나카에 조민(1847~1901)입니다. '조민(兆民)' 이란 '억조의 백성' 이라는 의미로 쓴 필명인데, 민중의 입장에 서겠다는 자세를 드러낸 것입니다. 그는 귀국 후 프랑스 사상가 루소의 저서를 유교 용어를 사용해 한문으로 번역하고, 민주주의와 자유, 평등의 중요성을 동양에 전달하려고 했습니다.

나카에 조민은 1887년 『삼취인경륜문답』이라는 책을 썼습니다. '양학 신사 군', '동양 호걸 군', '남해 선생' 이라는 세 남자가 술을 마시며 일본의 진로에 관해 논의한다는 상상의 이야기입니다. 양학 신사 군은 "일본을 자유롭고 평등하며 평화로운, 이상적인 민주주의 국가로 만들어야 한다", "군대를 없애고 적이 공격해 와도 비무장으로 저항해야 한다"고 주장합니다.

이에 대해 동양 호걸 군은 꿈같은 이야기라고 비판합니다. "포악한 나라가 군대를 없앤 것을 기회로 삼아 쳐들어오면 어떻게 하겠는가", "군비를 확충하고 경제력을 갖추어 대국이 되어야 한다", "중국 대륙을 침략해야 한다"는 것이 동양 호걸 군의 주장입니다. 첨예하게 대립하는 이 두 사람의 논의는 당시뿐만 아니라 그 이후 일본의 진로나 현재 일본의 모습을 생각할 경우에도 중요한 문제를 제기해 줍니다.

캉유웨이 – 개혁의 바람과 좌절

캉유웨이

캉유웨이(1858~1927)는 근대 중국에서 변법 유신, 즉 개혁을 주장한 최초의 인물입니다. 광둥 성 난하이 현 사람으로 홍콩과 상하이를 돌아보면서 서양의 도시 문명을 알게 되었습니다. 그 뒤 서양 서적들을 읽기 시작하면서 변법 유신 사상을 가지게 되었습니다. 시모노세키 조약이 체결된 뒤, 캉유웨이는 과거 시험을 보기 위해 각 성에서 모인 1,300여 명의 지식인들과 함께 상소를 올려, 황제가 즉시 변법에 관한 조서를 내려 서양을 배우고, 정치를 개혁하고, 학교를 세우고, 상공업을 발전시키는 개혁을 추진할 것을 요청하였습니다. 광서 황제는 이홍장 등 대신들에게 그의 의견을 들어보도록 명령했습니다. 캉유웨이는 러시아와 일본의 근대 개혁에 관해서도 그 경과를 글로 써서 황제에게 상소를 올렸습니다. 그는 한편으로 량치차오 등과 함께 신문을 창간하였고, 강학회를 발족하여 유신파의 세력을 확장했습니다. 그러나 캉유웨이는 변법이 실패하여 일본으로 망명한 뒤에는 오히려 군주 입헌을 주장하고 청조 통치를 전복하려는 혁명 운동에 반대하면서 황제 체제를 유지하자고 주장했습니다. 신해혁명이 일어났을 때에도 여전히 개량주의적인 변혁을 주장하며 혁명에 반대했습니다.

1894년 농민 전쟁의 지도자 – '새야 새야 파랑새야'

전봉준

1894년 농민 전쟁을 이끈 대표적인 지도자는 전봉준(1855~1895), 김개남(1853~1895), 손화중(1861~1895)입니다. 세 사람은 이웃한 고을에서 태어났으며 농민과 다름없는 처지에 있던 시골 양반이었습니다. 이들은 부패한 사회에 울분을 토하고, 외세의 침탈로 위기에 처한 나라를 걱정하다가, 자신들의 뜻을 펴기 위해 동학 조직에 가담하였습니다.

그리고 동학의 조직을 이용해 혁명을 꿈꾸었습니다. 1894년 이들은 마침내 자신들의 뜻을 이루려고 봉기했습니다. 사회적 차별과 부정부패를 없애고 농민들이 편하게 살 수 있는 세상을 이루기 위한 것이었습니다.

당시 한국은 일본의 침략으로 위기에 빠져들고 있었습니다. 총대장인 전봉준은 모든 세력이 힘을 합해 일본에 대항해야 한다고 호소했습니다. 그러나 봉기한 농민군은 싸움에서 패했으며, 농민군 지도자들도 뜻을 이루지 못한 채 죽고 말았습니다. 민중은 이들의 못다 이룬 꿈을 아쉬워하며 '새야 새야 파랑새야'라는 노래를 지어 부르기 시작했습니다. 이 노래는 전국으로 퍼져 나가 오늘까지 전해 오고 있습니다.

> 새야 새야 파랑새야 녹두밭에 앉지 마라
> 녹두꽃이 떨어지면 청포 장수 울고 간다

전봉준은 키가 작아 '녹두 장군'이라는 애칭으로 불리었습니다. 이 노래는 민중이 농민 전쟁에 실패한 슬픔을 노래한 것으로 해석할 수 있습니다.

삼국 민중의 생활과 문화

1. 한국 사회의 변화와 민중

한국은 19세기 후반부터 서구 문화를 받아들이기 시작했습니다. 외세의 침략과 간섭 속에서 이루어진 한국의 근대화는 민중의 생활에 어떤 변화를 가져오게 되었을까요?

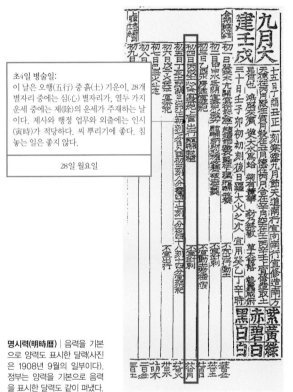

초4일 병술일:
이 날은 오행(五行) 중 흙(土) 기운이, 28개 별자리 중에는 심(心) 별자리가, 열두 가지 운세 중에는 제(除)의 운세가 주재하는 날이다. 제사와 행정 업무와 외출에는 인시(寅時)가 적당하다. 씨 뿌리기에 좋다. 침놓는 일은 좋지 않다.

28일 월요일

명시력(明時曆) | 음력을 기본으로 양력도 표시한 달력(사진은 1908년 9월의 일부이다). 정부는 양력을 기본으로 음력을 표시한 달력도 같이 펴냈다.

태양력이 시행되다

한국 정부는 1895년 음력 11월 17일을 1896년 양력 1월 1일로 선포했습니다. 태양력을 공식적으로 채택한 것입니다. 이와 더불어 월, 화, 수, 목, 금, 토, 일요일이라는 일본식 번역을 따른 7요일제가 확립되었습니다. 정부가 양력을 유일한 역법으로 사용하기로 했지만, 음력은 사라지지 않았습니다. 당시 많은 한국인은 제삿날을 정할 때 "양력을 모르고 돌아가신 조상의 혼령이 어떻게 양력을 알고 찾아오시겠는가?"라고 하며 음력을 고집했습니다. 역법 개정 후 1년도 채 안 돼 정부도 왕실의 생일과 제일 같은 의례일에 다시 음력을 사용하게 되었습니다. 물론 행정상 공문서는 양력을 사용했습니다.

일본은 한국을 지배하면서 양력을 사용하게 했습니다. 그러나 사람들은 여전히 일상생활에 음력을 주로 사용하며 전통을 지켜 갔습니다.

전차와 기차가 달리다

정부의 주도 아래 전기 시설이 도입되어 1887년 궁궐 안에 전깃불이 들어왔습니다. 1890년대 후반 미국인과 함께 한성 전기 회사를 세웠으며, 서울에 전차가 개통되었습니다. 당시 객차는 나무 의자에 창문도 없어서 비가 내리면 우산을 받쳐야 했고 겨울에는 찬바람을 맞아야 했습니다. 그러나 전차는 신기한 구경거리로서 인기가 있었습니다.

반면 크고 작은 사건도 잇 따랐습니다. 개통 10일 만에 다섯 살 어린이를 친 일본인 전 차 운전수가 도망쳐 버리자 성 난 군중이 전차를 불태워 버리 기도 했고, 전차로 생계에 타 격을 입은 인력거꾼들이 조직 적으로 전차의 운행을 방해한 적도 있었습니다.

전차 | 1900년대 초 종로 전 차 정류장에서 승객들이 전차 에 오르고 있다.

제국주의 열강은 한국의 철도 부설권을 차지하기 위해 치열하게 경쟁했습니다. 그 결과 경인선과 경의선 부설권은 1896년에 미국과 프랑스가, 경부선 부설권은 1898년 일본이 차지했습니다. 나중에 일본은 경인선과 경의선 부설권까지 넘겨받았습니다. 1899년 9월 일 본 회사는 한국에서 최초로 서울과 인천 사이에 철도를 개통했습니다. 당시 기차 의 속도는 고작해야 시속 20~30킬로미터였으나 구경 나온 사람들에게는 '나는 새도 미처 따르지 못할 만큼' 빠르게 느껴졌습니다. 그러나 민중에게 기찻삯은 큰 부담이어서, 대부분의 사람들은 여전히 걸어 다녔습니다. 화물 운반도 전통적 인 수운을 이용하여 초기의 영업 실적은 적자를 면치 못했다고 합니다.

신문으로 세상을 배우다

1896년 최초의 민간지인 〈독립신문〉이 창간되었습니다.

지금 7~8세 된 남녀들은 속속 학교가 세워져 학문을 배울 수 있기를 바라지만, 20~30 세 이상 된 사람들은 기왕에 배우지 못한 새 학문을 배우기도 가르치기도 어렵다. 신 문이 아니면 정부와 백성이 서로의 사정을 알 수가 없을 것이다. 신문으로써 풍속을 바로잡고 외국의 형편을 알 수 있으며 상업, 공업, 의학, 위생에 관계된 여러 사건을 알 수 있으니 개명에 중요한 효험이 있음이 어찌 학교와 같지 않겠는가.

– 〈독립신문〉, 1899년 4월 17일자 요약

이처럼 〈독립신문〉은 민중에게 신학문을 가르치고 정세의 변화를 알리고자 했습니다. 비록 교통수단의 발달이 미약하여 신문 배달이 어려웠고 구독료도 상 당히 비쌌지만, 독자층은 나날이 늘어났습니다. 신문 한 부가 배달되면 85명이 돌려 읽었다는 기록이 있을 정도였습니다. 특히 한문으로 된 이전 신문과 달리, 기사가 순 한글로 되어 있어 여성을 포함한 민중이 쉽게 읽을 수 있었습니다. 또

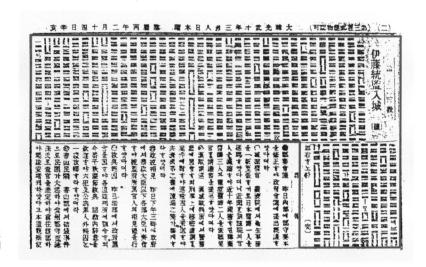

한 한국에 와 있는 외국인을 대상으로 한 영문판도 따로 만들었습니다.

1898년 이후 발행되는 신문의 종류가 늘어 갔습니다. 1905년 러·일 전쟁에 승리한 일본군은 신문에 대해 사전 검열을 실시하였습니다. 그러나 문제가 된 기사를 삭제하라는 명령을 받은 신문사는 그 난을 다른 기사로 채워 넣지 않았습니다. 그 대신에 위 사진과 같이 해당 기사란에 활자를 뒤집어 벽돌을 쌓아 올린 것과 같은 모양으로 만들어 인쇄함으로써 명령에 저항하기도 했습니다.

일본은 언론을 체계적으로 통제하기 위해 한국 정부가 '신문지법'을 공포하게 했습니다. 위반한 신문들은 압수와 정간 처분, 발매 금지를 당했습니다.

> 제10조 : 신문지는 매회 발행에 앞서 먼저 내부(內部) 및 그 관할 관청에 각 2부를 납부해야 한다.
> 제21조 : 내부대신은 신문지가 안녕질서를 방해하거나 풍속을 어지럽힌다고 인정될 때는 그 발매·반포를 금지하고 압수하며 발행을 정지하거나 금지할 수 있다.
> ─1907년 7월 '신문지법'

마침내 1910년 일본은 조선 총독부 기관지만 남기고 나머지 신문을 강제로 폐간시켜 버렸습니다.

학교에서 민족의식을 깨우치다

한국에서는 1880년대 초부터 근대식 교육이 시행되고 학교가 세워졌습니다. 개항장이었던 원산의 주민들은 일본인을 상대하기 위해 자녀들에게 서양 학문을 가르쳤습니다. 정부도 영어와 산술 등 서양식 교육을 하는 학교를 세웠습니다. 외국 선교사들도 기독교 보급을 위해 학교를 세워 성경과 신학문을 가르쳤습니다.

1894년 갑오개혁으로 근대식 교육 제도가 마련되면서 정부 주도로 소학교, 중학교, 사범 학교, 외국어 학교, 의학교 등 여러 형태의 학교가 세워졌습니다. 민간인들도 각지에 학교를 세웠고 정부는 이를 지원하였습니다.

평양 대성 학교 건물과 학생들 | 1907년에 세워진 대성 학교는 '주인 정신'을 교훈으로 독립 정신과 주체적 정신을 강조하였다. 1912년 봄에 제1회 졸업식을 끝으로 폐교당했다.

다. 특히 계몽 운동가들은 교육이 나라의 실력을 기르는 데 중요하다고 생각하여 학교를 세우는 데 많은 관심을 보였습니다. 사립학교들은 자체적인 교과서를 만들고, 국어나 국사와 같은 과목을 강조하여 가르쳐 학생들에게 민족정신을 길러 주었습니다.

학생들은 신문을 읽고 개화 문제에 대해 토론하거나, 열강의 이권 침탈을 규탄하는 강연회에 참석했습니다. 서양 곡조에 맞추어 지은 창가를 부르고 체조를 하며 군대식 훈련을 받기도 했습니다. 초창기에 여학교는 여성의 사회 진출을 꺼리는 전통적인 관습으로 학생을 모집하는 데 어려움을 겪었습니다. 그래서 학비와 기숙사비를 무료로 해 주면서 학생들을 모으기도 했습니다. 하지만 여학교 수는 점차 늘어 갔습니다. 여성도 남성과 동등한 교육을 받아야 하며 민족의 운명을 책임질 아동의 교육이 여성의 손에 달려 있다는 자각이 확산되었기 때문입니다. 그러나 일본의 지배가 굳어지면서 민족정신을 고취하던 사립학교들은 통제를 받기 시작했습니다.

2. 중국 사회의 변화와 민중

서양 열강이 중국을 침략하면서, 서양의 사회 문화적 요소들도 따라 들어왔습니다. 중국과 서양의 문화가 서로 교류하고 합쳐지면서 중국 민중의 생활과 문화는 어떻게 변했을까요?

개항 도시의 번영

중국이 강제로 개항된 이후에 개항 도시들은 차츰 국내외 상거래와 무역의 중심지가 되어 나날이 번영하였습니다. 도시 안에는 서양 상인들만 거주할 수 있는 조계지가 있었고 중국 상인과 서양 상인의 상점들이 즐비했습니다. 이곳에는 중국과 서양 상인들이 운집했고 주변 지역에서 사람들이 몰려왔습니다. 특히 상하이, 톈진, 우한 등의 도시는 지리적인 편리성 때문에 빠르게 발전하여 19세기 말에 인구가 수십만에 이르게 되었고 상하이의 인구는 백만을 넘었습니다.

개항 도시 안의 시민 생활도 더욱 풍요로워졌습니다. 찻집, 극장, 술집, 아편굴, 심지어 기생집 등 대중적인 휴식과 오락 장소들이 들어섰는데, 상하이에만 수천 곳에 이를 정도였습니다. 도시화와 상업화에 따른 사회적 교류, 생활 소비, 휴식을 즐기는 생활을 통해 중국에서 최초의 근대적인 시민층이 형성되었습니다.

서양 문화의 전파와 교육 개혁

선교사들은 중국에서 선교하기 위해 교회와 학교를 세웠으며, 일부 도시에는 번역서를 출판하는 기구들도 설립되었습니다. 비록 선교사들의 선교 활동은 일정한 목적을 띠었지만, 서양의 근대 과학 기술과 문화는 이러한 기구들을 통해 전파될 수 있었습니다. 양무파 관료들은 베이징에 외국어와 서양의 지식을 교육하는 동문관을 세웠습니다. 상하이, 광저우, 톈진, 푸저우, 난징, 우한 등지에도 차례로 외국어, 조선, 전보, 광산 업무 등을 가르치는 실업 학교들이 세워졌습니다. 해군과 육군의 군사 학교에서는 중국 최초로 서양의 학문, 외교, 기술, 군사를 익힌 인재들이 육성되었습니다. 1898년에는 베이징에 경사 대학당이 설립되었습니다. 경사 대학당은 중국에서 최초로 서양의 근대적인 교육 학제를 도입하여 건립된 국립 대학이었고, 현재 베이징 대학교의 전신입니다.

1898년에 설립된 경사 대학당

서양의 학문과 기술을 익힌 인재들을 신속하게 양성하

기 위해 청 조정은 1870년대부터 해외에 유학생들을 파견하기 시작했습니다. 그들은 여러 해 공부한 뒤 귀국하여 대부분 여러 새로운 사업에서 유용한 인재가 되었습니다. 중국의 근대 철도 건설에서 뛰어난 공헌을 한 잔톈유도 그중 한 명이었습니다. 1876년부터 청 조정은 계속하여 청년 학생들을 유럽으로 보내 군사나 선박 기술을 배우게 했습니다. 그중에는 뒷날 걸출한 사상가이면서 번역가가 된 옌푸, 우수한 해군 지휘관이 된 류부찬 등이 있었습니다. 청 조정은 어쩔 수 없이 신정을 시행한 후 전국 각지에 통일된 학제를 가진 신식 학교를 설립했습니다. 신식 학교는 몽학, 소학, 중학,

양무 학교의 설립을 주장하는 관리의 의견

일본의 신문에 따르면, 현재 일본에는 증기선과 같은 각종 기기를 다룰 수 있는 기술자들이 각각 수천 명 정도 되고, 화학, 광물학, 기계 제조에 능통한 기술자들은 각각 수백 명 정도 된다고 한다. 우리 중국의 토지와 인구는 일본의 10배나 되지만, 서양식 학교에서 양성하는 인재는 일본의 절반도 되지 않는다. 뒷날 유사시 해군에 인재가 부족하지 않을까 걱정스럽다.

─정관응의 「고시(考試)」(1884년)

대학의 교육 과정으로 편성되었고, 교과목은 외국의 학제를 참고하여 만들었습니다. 1909년까지 전국에는 이미 각급 학교 6만 곳이 설립되었는데, 그중 대학, 전문 고등학교, 각종 사범 학교는 540곳이었습니다. 전국의 학생 수는 160여만 명이나 되었습니다. 이렇게 중국에는 근대적인 국민 교육 체제가 새로이 확립되었고, 중국 민중은 정규 제도로 신식 교육을 받기 시작했습니다.

당시 전례 없는 유학열이 나타나 청이 망하기 전 10년 동안에 유학생 수는 2만 명을 넘어섰고, 90%가 일본 유학생이었습니다. 그들 중에서 정치, 군사, 실업, 문화 분야에 우수한 인재들이 출현했습니다. 중국 근대사를 풍미한 인물들인 차이어, 루쉰, 천두슈, 리다자오, 저우언라이, 장제스 등은 모두 일본에 유학한 적이 있었습니다.

근대적 신문 잡지와 사회 여론의 성장

19세기 중반 이후, 중국에는 상업 정보, 사회 뉴스, 국내외 동향 등을 주로 보도하는 근대적인 신문과 잡지 들이 등장했습니다. 최초의 중국어 신문과 잡지는 중국에 있던 외국인이 창간했는데, 그 내용은 주로 외국인이 중국에서 얻는 이익에 관한 것이었습니다. 하지만 중국 독자들을 끌기 위하여 중국의 일반인과 상인들에게 유용한 상업 정보, 사회 뉴스, 서양의 지식 및 중국인이 투고한 글을 실었습니다. 예를 들어 영국 상인 어니스트 메이저가 창간한 〈신보〉는 중국 문인을 주필로 초빙하였는데, 주로 중국 지식인과 상인 들의 논설이나 글을 실어 시민의 여론을 반영했으며, 1870년대부터 러·일 전쟁 전까지 가장 많이 팔리고 환영을 받은 중국어 신문이 되었습니다.

같은 시기 중국인들도 서양인처럼 직접 신문을 창간했습니다. 1858년, 홍콩에서 중국인이 발행한 최초의 근대적인 신문인 〈중외신보〉가 창간되었습니다.

청·일 전쟁 이후, 유신파들은 각지에서 잇달아 수십 개의 신문과 잡지를 창간하였고, "변법으로 생존을 도모하자"는 방침 아래 유신 사상을 선전하고 개혁 방안을 내놓았습니다. 또한 유신을 주장하는 많은 정치적 논설을 실어서 강한 지지 여론을 이끌어 냈습니다. 유신파 신문과 잡지는 민중에게 광범위하게 영향을 끼쳐, 사상 계몽 운동이 강력히 일어났습니다. 어떤 사람은 평하기를 "나같이 어리석은 사람도, 이 글들을 읽으면 감동을 받아 흐르는 눈물을 금할 수 없게 된다"고 하였습니다.

증기선과 기차

1860년대 이후, 서양 상인과 중국의 관료 들은 차례로 증기선 회사를 설립하고 증기선을 구입하여 상인들의 여객과 화물 운송을 처리하였습니다. 사람들은 먼 거리를 갈 때 편안하고 빠른 증기선을 탈 수 있어서 과거에 비해 여행하는 불편함이 훨씬 줄어들었습니다. 얼마 뒤에 철도와 기차도 중국에 들어왔습니다. 1865년, 영국인은 베이징에 길이 500미터의 작은 철도를 부설하고 작은 기차를 시험 삼아 운행했습니다. 그러나 이를 '괴물'이라고 여긴 사람들이 유언비어를 퍼뜨리고 민심이 동요하자, 관청에서 철거하도록 명령했습니다. 1876년, 영국 상인은 다시 상하이에 우쑹선을 놓았고, 완공된 뒤에는 정식으로 승객들을 태우기 시작하여 상하이 상인과 일반인 들의 환영을 받았습니다. 우쑹선은 개통 1년 동안 16만 명이나 되는 승객을 실어 날랐습니다. 그러나 1년 남짓 뒤, 청 조정이 사들여 철거했습니다.

1880년대 이후, 청 조정도 결국 철도 건설에 착수했습니다. 1881년, 탕산에서

철도 건설도

쉬거좡까지 9킬로미터에 이르는 철도가 놓였고, 나중에 톈진까지 연장되어 톈진-다구선이라고 불렸습니다. 1905년, 청 조정은 잔톈유에게 베이징에서 장자커우까지 총 180킬로미터의 철도를 부설하도록 명령했습니다. 이 구간은 산이 높고 험준하여 공사가 아주 어려웠습니다. 잔톈유는 여러 차례 조사를 통해 경사가 가장 심한 곳에는 '인(人)' 자 모양의 노선을 채용하여 두 대의 기계차로 견인하는 공사 방법을 결정하였습니다. 1909년 8월, 마침내 중국인이 직접 설계하고 시공한 최초의 철도인 징장선이 개통되었습니다.

증기선과 기차는 지리적 공간의 거리를 크게 줄이고 인구 이동, 상품 유통, 인적 교류 등을 촉진했습니다. 사람들의 활동 공간과 시야는 크게 확대되고, 생각과 관념도 그에 따라 개방적으로 바뀌었습니다.

시 계 와　전 등

서양과 통상하면서 다양한 시계가 서양 물품과 함께 들어와, 많은 중국인이 이를 구입해 사용하게 되었습니다. 특히 개항 도시에서 시계는 상인과 일반인의 일상 용품이 되었습니다. 사람들은 해를 보고 시간을 짐작하던 과거의 전통적인 관습 대신 시계를 보고 시간을 계산하게 되었습니다. 정확한 시간에 따라 일상 활동이 이루어지면서 일의 능률이 높아졌습니다.

1860년대 이후, 상하이 등의 개항 도시에는 가스관을 이용하여 등을 켜는 가스등이 등장했습니다. 일부 번화한 거리와 대중적인 오락 장소에는 밤늦게까지 가스등이 켜져 대낮처럼 밝았는데, 이를 '불야성'이라고 불렀습니다. 1882년, 상하이에는 전등이 등장했는데, 가스등보다 더욱 밝고 신기하고 안전하고 편리했습니다. 당시 밤에 전등을 구경하는 것은 상하이 시민들의 즐거움이 되었습니다. 신식 조명 기구들은 사람들의 야간 활동을 더욱 편리하게 했습니다. 상하이처럼 오락 시설이 밀집한 곳에서는 밤이 되면 상인과 시민 들이 밝은 가로등과 집 안의 조명 아래에서 한가롭게 여유를 즐기거나 사교 활동을 했습니다. 그리하여 해가 뜨고 지는 것에 따라 아침에 일어나고 밤에 잠자던 사람들의 일상적인 생활 습관도 달라져 갔습니다.

3. 일본 사회의 변화와 민중

새로운 시대와 함께 서양 문명이 일본 사회에 들어왔습니다. 그 결과 사람들의 생활은 어떻게 변했을까요? 또 그것은 정부의 시책과 어떻게 관련되어 있을까요?

시간의 흐름이 바뀌다

1872년 신정부는 달의 운행을 근본으로 하던 기존의 달력(태음력)을 폐지하고 서양과 마찬가지로 태양의 운행을 기준으로 한 태양력으로 바꾸겠다고 밝혔습니다. 또한 하루를 24시간, 일주일을 7일로 하는 전국 공통의 시간을 만들었습니다. 일상생활의 기반이 되는 달력과 시간의 구분법이 크게 변하게 되었습니다.

그때까지 서민들은 중국에서 전해진 명절(3월 3일, 5월 5일, 7월 7일 등)을 중요한 연례 행사를 하는 날로 여겼지만, 신정부는 이를 대신해 천황이나 천황가의 행사를 중심으로 새로운 경축일을 제정하여 축하하도록 국민들에게 요구했습니다. 진무 천황(신화상 최초의 천황)이 즉위했다는 날이나 천황의 생일이 그 대표적인 예입니다. 그러나 낡은 것으로 치부되던 음력과 그에 바탕을 둔 행사는 농사 방식이나 풍습과 깊이 결부되어 있었으므로 지역에 따라서는 그 후에도 오랫동안 남게 되었습니다.

철도와 사람의 이동

1872년 수도 도쿄의 신바시와 항구가 있는 요코하마 사이에 일본 최초의 철도가 개통되었습니다. 걸어서는 약 10시간이 걸렸지만 철도를 이용하면 53분 만에 갈 수 있었습니다. 사람들은 속도와 편리함에 놀라며 철도를 이용했습니다.

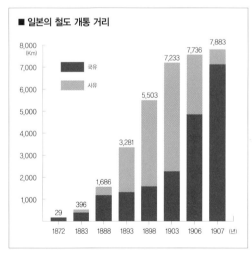

■ 일본의 철도 개통 거리

이후 철도 건설은 자금난 때문에 좀처럼 진행되지 않다가, 정치·군사적으로 철도의 중요성이 강하게 인식되면서 1880년대 이후에 일본 각지에 철도가 놓이게 되었습니다. 이리하여 철도라는 새로운 교통 수단이 육상 수송의 주역이 되면서 멀리 떨어진 국내 각지를 연결하여 산업과 생활의 공간을 크게 넓혀 갔습니다.

정비된 철도망은 군사 수송에도 크게 활용되었습니다. 청·일 전쟁이나 러·일 전쟁 때에는 일본 각지에서 철도 편으로 병력이 히로시마 현의 군항으로 수송되고, 거기에서 전장으로 보내졌습니다.

〈도쿄니치니치 신문〉 편집실
광경

신 문 의 시 대

일본에서는 17세기 초부터 어떤 사건이 발생했을 때 문자와 그림으로 뉴스를
전하는 한 장짜리 전단이 팔렸습니다. 이를 '와판*'이라고 합니다. 이에 비해 정
기적으로 정보를 전달하는 근대적 신문은 개항 후 요코하마의 거류지에 사는 외
국인들이 발행한 외국어 신문이 최초입니다.

이윽고 일본인도 신문을 발행하게 되었습니다. 1871년 최초의 일간 신문이
창간된 후 신문 발행이 줄을 이었으며, 각 지방에서도 다양한 지방 신문들이 발행
되었습니다. 신문이 정기적으로 많은 독자들에게 정보를 전달하는 시대가 시작된
것입니다. 신문이 발행되고 영향력을 갖게 된 것은 문자를 읽을 수 있고 새로운
정보를 얻고자 하는 사람들이 많이 있었기 때문입니다.

처음에 신문은 정부의 원조를 받기도 했지만, 이윽고 정부를 비판하는 논설
을 싣게 되면서 자유 민권 운동을 뒷받침하는 경향이 강해졌습니다. 이에 정부는
신문을 단속하기 위한 법률을 만들어 많은 기자들을 투옥하고 신문 발행을 금지
하기도 했습니다.

정치와 언론을 중심으로 하는 신문의 주된 독자는 옛 무사나 지식인 들이었
습니다. 이에 반해 사건·소문이나 소설 등 서민의 오락과 관심에 부응하고자 하
는 신문도 있었습니다. 그 대표적인 예가 〈요미우리 신문〉(1874년 창간)과 〈아사

●와판(瓦板) 사건을 전하기 위해 사람이 팔러 다닌 인쇄물을 말하는데, 보통 그림에 설명이 덧붙여졌
다. 점토에 새긴 것을 기와처럼 구워서 판으로 만든 데서 이름이 지어졌다고 하는데, 실제로 남아 있는
것은 목판 인쇄물이다.

히 신문〉(1879년 창간)입니다. 1880년경 발행 부수 1위는 〈요미우리 신문〉으로 2만 부 전후였습니다.

그 후 신문은 점차 보도가 중심이 되어, 특히 청·일 전쟁, 러·일 전쟁 때에는 신문 보도가 위력을 발휘했습니다. 신문이 사람들의 지식과 정보, 의식과 인식의 양상을 크게 좌우하게 된 것입니다.

학교가 있는 인생

"사람은 배워야 한다. 동네에 배우지 않는 집이 없도록 하고, 집안에 배우지 않는 사람이 없도록 해야 한다. 부모는 반드시 아이들을 학교에 보내 배우게 해야 한다."

이것은 1872년 정부가 내린 명령입니다. 그때까지 일본의 어린이 교육은 의무가 아니었고 교육 방법도 신분 등에 따라 달랐습니다. 무사의 남자 아이들은 무사를 위해 만들어진 학교에서 공부하고, 서민의 아이들은 절이나 개인이 연 학교에서 읽기·쓰기·계산법을 배웠습니다. 그러나 새로운 시대가 되자 정부는 신분 구별이나 남녀의 차별 없이 모든 아이들에게 교육을 시키도록 부모에게 명령했습니다.

각지의 도시나 마을에는 학교가 만들어졌습니다. 6세가 되면 학교에 입학하고 매일 아침 정해진 시간에 등교하며, 교실에서 시간표에 따라 여러 교과를 공부하는 방식이 전국으로 확대되었습니다.

그러나 정부의 명령에도 불구하고 모든 아이들이 학교에 다니게 된 것은 아니었습니다. 특히 여자 아이들의 취학률은 계속 낮은 상태였습니다. 당시 아이들

메이지 1년(1868)의 교실 모습

은 가사를 돕거나 갓난아이를 돌보는 등 중요한 일손이었기 때문입니다. 또한 학교를 세우는 데 드는 비용이나 수업료를 민중이 부담해야 했기 때문에 학교에 대한 반발도 강했습니다. 그래서 청·일 전쟁 후인 1900년대 들어서야 비로소 소학교의 취학률이 90%를 넘어서게 되었습니다. 여기에는 수업료가 무료로 바뀐 것도 영향을 주었습니다.

이렇게 점점 학교 제도, 자격 제도가 정비되고 그에 따라 진학 시험이나 자격 시험이 중요한 의미를 가지게 되었습니다. 일상생활에도, 인생에도 학교는 필수 불가결한 존재가 되었습니다. 아이들은 학교에서 새로운 지식이나 사고방식을 익히게 되었습니다.

교 육 과 국 가

그러나 한편으로 정부의 생각을 국민들에게 침투시키는 데 학교만큼 편리한 조직도 없었습니다. 전국 모든 지역에 소학교가 만들어지고, 아이들은 모두 소학교에 입학하여 최저 4년 동안(1908년부터는 6년간) 꼭 공부를 하기 때문입니다.

1890년 정부는 '천황이 국민에게 내리는 말씀'인 '교육 칙어'를 제정했습니다. 전반부에는 부모에게 효도하고 형제는 사이좋게 지내며 친구를 신뢰한다는 등의 도덕적 항목을 내걸고 있으나, 후반부에서는 확 달라져 "국가가 위급할 때에는 용기를 내서, 몸을 바쳐 국가를 위해 일하고 천황가의 번영을 도와야 한다"고 말하고 있습니다. 천황에게 충의를 다하고 자신을 희생해서라도 천황을 주축으로 한 국가에 헌신하는 아이들을 만드는 일을 교육의 기본으로 삼은 것입니다.

이듬해에는 경축일에 학교에서 거행하는 의례의 형식을 정했습니다. 전국 학교에는 교육 칙어의 사본과 천황의 사진이 배포되었습니다. 아이들은 경축일에 학교 의례에 참석하여 천황의 사진 앞에 깊이 목례하고, 교육 칙어가 낭독되는 것을 머리 숙여 들으며, '기미가요●●'와 같은 노래를 불렀습니다. 이렇게 일본 사회 속에 천황 중심, 국가 중심의 사고가 깊이 침투했습니다.

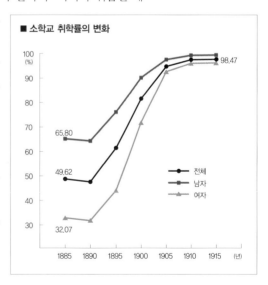

■ 소학교 취학률의 변화

●●기미가요(君が世) 메이지 시대에 처음으로 만들어진, 천황의 치세를 경축하는 노래다. 고대의 노래집에 있던 가사에 곡을 붙였다. 그 후 소학교의 의식용 노래가 되어 사실상 국가(國歌)로 취급되었다. 제2차 세계 대전 후 일본국 헌법 정신에 적합하지 않은 노래라는 비판에도 불구하고 일본 정부는 이 노래를 국가로 취급했으며, 1999년에는 정식 국가로 결정했다.

근현대사 속의 한자

한국과 일본, 중국에서 공통으로 사용하는 문자는 한자입니다. 한자는 이집트의 상형문자 등에 비견되는 오래된 문자이지만, 옛날 한자가 그대로 쓰이고 있지는 않습니다. 현재의 한자는 각국의 근현대사 속에서 새로이 만들어진 것입니다.

근현대에 들어와 한자가 더욱 광범위하게 쓰이기 위해서는 적어도 세 가지 벽을 넘어야 했습니다. ① 한국어와 일본어는 중국어와 전혀 다른 말이라는 점, ② 고전과 근현대의 언어에는 큰 차이가 있다는 점, ③ 많은 사람들이 읽고 쓸 수 있기에는 한자는 수가 많고 복잡하다는 점 등입니다.

자료 1~4를 봐 주십시오. 모습은 전혀 다르지만 사실은 이것이 모두 동아시아 공통 고전인 『논어』의 첫 부분입니다.

자료 1은 청 때 중국에서 흔히 볼 수 있었던 것으로, 목판으로 인쇄되어 있습니다. 이것을 원형으로 생각하고 다른 세 가지를 비교해 봐 주십시오.

자료 2는 현대 중국어로 번역된 『논어』입니다. 여기에는 세 가지 특징이 있습니다. 우선 현대 중국어의 구어에 맞춘 백화문이라는 문장으로 되어 있다는 점, 한자의 획수가 줄어든 간체자라는 자체로 쓰여 있는 점, 그리고 가로쓰기라는 점입니다.

중국에서는 청 말부터 문어(文語)를 개혁해야 한다는 주장이 있었으며, 1910년대 백화문 운동에서 그런 경향은 더욱 뚜렷해져 5·4 운동 등을 거치면서 확대되었습니다. 또 문자의 개혁도 서서히 추진되어 갔는데, 본격적인 개혁이 이루어진 것은 중화 인민 공화국이 건국된 뒤입니다. 1950년대에 간체자가 도입되었습니다. 타이완에서도 백화문을 사용하고 있지만, 문자는 옛날 것을 사용하고 있으며 세로쓰기가 일반적입니다.

자료 3은 현대 일본어로 번역된 『논어』입니다. 원래의 한자를 축약한 상용한자가 사용된다는 점, 한자와 가나가 섞여 있다는 것이 큰 특징입니다. 일본 가나는 한자를 변형시켜 만든 문자입니다. 한문 이외에 가나와 한자를 조합한 독자적인 문장을 사용했습니다.

19세기 중반 이후에 서양과 접촉이 확대되면서 한자를 폐지하자거나 가나만을 사용하자는 등의 운동이 일어났습니다. 또 19세기 말부터 문어를 구어에 맞추려는 운동이 일어났습니다. 그러나 실제로 상용한자가 만들어지고, 한자 수가 제한되었으며, 가나의 사용법이 현대어와 가까워진 것은 제2차 세계 대전 후 연합군의 점령을 받았던 때입니다.

자료 4는 현대 한국어로 번역된 『논어』입니다. 한글이라는 문자가 사용되고 있으며 가로쓰기를 한다는 점이 특징입니다. 한글은 15세기에 발명된 문자입니다. 그러나 한글이 발명된 후에도 글은 대부분 한문이었으며, 한글은 보조적으로 사용되는 데 지나지 않았습니다. 19세기 말 이후 한글은 '국문'으로 자리를 잡았고 한글과 한자를 섞어서 사용하는 '국한문'이 확대되기 시작했습니다.

한글은 일본이 한국을 병합한 후 일본어가 '국어'가 된 상황에서도 출판물이나 야학 운동 등을 통해서 문자로 보급되었습니다. 1945년 8월 해방 후 일본어를 없애는 데 그치지 않고 한자를 철폐하고 한글만을 사용하자는 운동이 급속히 확대되었고, 가로쓰기도 늘어났습니다. 현재 한국에서 한자는 사라지지 않았지만 한글 가로쓰기 문장이 주류가 되었습니다. 한편 북한에서는 한글만을 사용하고 있습니다.

이렇게 현재 동아시아에서 사용하는 문자는 고전적인 한자 및 한문을 기초로 하면서도 각국이 새롭게 만든 것입니다. 문자의 역사를 배우면서 앞으로 한자가 어떻게 되어 갈 것인지 생각해 보는 것도 재미있을 것입니다.

子曰學而時習
之不亦說乎有
朋自遠方來不
亦樂乎人不知
而不慍不亦君
子乎

자료 1 | 중국 청 시대의 목판 『논어』

先生说："学习而能经常地复习,
不也是很愉快的事吗?
有朋友从远方来,
不也是很快乐的事吗?
别人对自己不理解
而不怨恨,不是君子的胸怀吗"

자료 2 | 현대 중국어로 된 『논어』

先生がいわれた、「学んでは適当な時期におさらいする、いかにも心嬉しいことだね。だれか友だちが遠い所からたずねて来る、いかにも楽しいことだね。人が分かってくれなくとも気にかけない、いかにも君子だね。」

자료 3 | 현대 일본어로 된 『논어』

공자가 말씀하였습니다. "배우고 나서 때때로 익히면 기쁘지 않겠는가. 벗이 먼 곳으로부터 찾아온다면 또한 즐겁지 않겠는가. 남들이 알아주지 않아도 서운해 하지 않는다면, 또한 군자가 아니겠는가."

자료 4 | 현대 한국어로 된 『논어』

제1장에서는 19세기 중엽부터 20세기 초에 걸친 역사를 공부했습니다.
1장에서 배운 중요한 내용을 보면 다음과 같습니다.

밀려드는 서양 열강의 압력에 중국·일본·한국은 어떻게 대응했을까요?

중국은 영국과의 전쟁에서 패하고 개항을 했습니다. 일본은 미국에 밀려 개국을 했습니다. 한국은 일본 신정부의 압력으로 개항을 했습니다.

일본의 정책에 의해 동아시아의 국제 관계는 어떻게 변했을까요?

일본은 한국 지배를 둘러싸고 중국과 대립하여 청·일 전쟁을 일으켰습니다. 패배한 중국에는 서양 열강의 침략이 거세졌습니다. 승리한 일본은 한국을 더욱 확실히 장악하고자 러시아와 대립하여 러·일 전쟁을 일으켰습니다.

일본·중국·한국에서는 근대화를 둘러싸고 어떤 개혁 운동이 일어났을까요?

일본에서는 자유 민권 운동이 일어나, 국회 개설·헌법 제정을 요구하며 정부와 대항했습니다. 중국에서는 청·일 전쟁 후 정치 개혁을 요구하는 운동이 일어났습니다. 다른 한편 민중은 서양의 지배에 반발하여 봉기했습니다. 한국에서도 농민들이 개혁을 요구하며 봉기했습니다. 또한 갑신정변·갑오개혁·독립 협회 운동 등 근대화를 요구하는 운동도 일어났습니다.

근대화는 민중의 생활을 어떻게 바꾸었을까요?

생활 방식이나 가치관이 바뀌고 민중은 새로운 지식이나 능력을 얻게 되었습니다. 그러나 전통적인 생활이나 습관과 어긋나는 점도 생겨났습니다. 일본에서는 정부가 급격한 근대화를 추진했기 때문에 '위로부터의 강제' 라는 성격을 띠었습니다. 중국이나 한국의 경우 근대화는 서양 제국들과 일본의 간섭과 맞물려 복잡한 문제를 안고 있었습니다.

다음 제2장에서는 삼국이 그 후 어떻게 변동해 갔는지를 살펴보겠습니다.

제2장

제2장

일본 제국주의의 확장과
한·중 양국의 저항

1910 일본, 한국 강점   1912 중화 민국 성립   1915 일본, 중국에 21개조 요구

메이지 유신을 계기로 새로운 국가를 세운 일본은 군대를 동원하여 동아시아를 침략하였습니다. 1894년 청·일 전쟁에서 승리하자 타이완을 식민지로 만들었으며, 1905년 러·일 전쟁에서 승리한 다음에는 한국을 보호국으로 만들고, 다롄 및 뤼순, 사할린 남부 지역을 지배하는 한편, 대륙 침략을 더욱 가속화했습니다. 1910년에는 한국을 완전한 식민지로 만들었습니다.

　제2장에서는 일본이 타이완을 어떻게 지배하였으며, 1931년 만주 사변을 일으킬 때까지 한국에서 실시한 지배 정책이 무엇인지 알아보겠습니다. 제1차 세계 대전을 전후로 중국 문제를 둘러싸고 벌어진 일본과 국제 사회의 동향도 다룰 것입니다. 이

제2장 일본 제국주의의 확장과
한·중 양국의 저항

와 함께 일본의 침략에 대해 한국인과 중국인이 어떻게 대응했는지를 여러 운동과 인물을 통해 살펴보겠습니다. 이 중에는 같은 민족뿐 아니라 다른 민족들 사이에 서로 연대를 모색했던 움직임도 포함되어 있습니다.

　침략과 수탈, 저항의 와중에도 서구 문명이 거대한 파도처럼 밀려왔습니다. 서구 자본주의의 영향을 받아 산업화가 진행되었습니다. 이와 같은 변화가 사람들의 생각과 행동을 어떻게 바꾸었는지, 특히 전근대적 틀에 갇혀 있던 여성의 삶에 어떤 변화가 일어났는지 알아볼 것입니다.

제1차 세계 대전 전후의 동아시아

1. 일본의 한국 강제 병합과 한국인의 저항

일본은 영국과 미국의 지지를 받으면서 1905년 러·일 전쟁에서 승리하였습니다. 여세를 몰아 한국을 보호국으로 만들고, 5년이 지난 1910년에는 총독부를 설치하여 완전한 식민지로 삼았습니다. 한국인은 여기에 맞서 어떻게 저항을 했을까요?

일본, 한국을 지배하다

1904년 러·일 전쟁이 일어나기 직전 대한 제국은 국외 중립을 선언했습니다. 그러나 일본 정부는 전쟁이 일어난 지 보름 만에 한국 정부에 압력을 가해 일본군이 한국에서 필요한 지역을 사용할 수 있도록 했습니다.

일본은 전쟁이 유리하게 전개되자 '제1차 한·일 협약'을 강요하여 한국 정부의 재정과 외교 부서에 자신이 추천한 사람을 고문으로 초빙하게 하였습니다. 일본이 추천한 고문들은 단순히 한국의 행정 업무를 자문하는 데 그치지 않고 실권을 가지고 내정에 간섭했습니다.

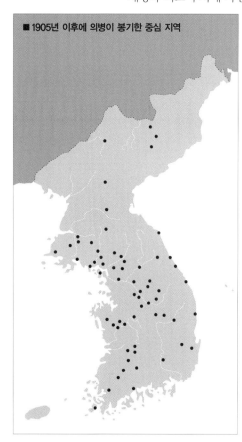

■ 1905년 이후에 의병이 봉기한 중심 지역

일본은 1905년 러·일 전쟁에서 승리한 직후 대한 제국에 '제2차 한·일 협약(을사조약)'을 강요하여 외교권을 빼앗고 통감부를 설치했습니다. 통감은 조약에 규정된 외교권만이 아니라 사실상 한국 내정도 장악했습니다.

1907년에는 통감이 행정권을 가지고 한국 내정을 처리하는 것을 명문화하고, 각 부서의 차관을 일본인으로 임명하게 하였습니다. 이어 한국 군대를 해산시키고 사법권과 경찰권마저 틀어쥐었습니다. 언론에 재갈을 물리고 집회와 결사의 자유도 빼앗았습니다.

일본을 몰아내자

나라를 빼앗길지도 모른다는 위기감이 커지면서 한국인들은 여러 방법으로 일본의 침략에 맞서 용감하게 투쟁했습니다. 전·현직 고위 관리들은 을사조약의 파기를 주장하는 상소를 올리거나 자결을 하기도 했습니다. 한국 황제는 1907년 헤이그에서 열린 만국 평화

회의에 특사를 보내 이 조약의 부당함을 호소하려 했습니다. 왕궁 앞에는 서울 시민 수천 명이 모여 조약 폐기를 요구하였고, 상인들은 상점 문을 닫고 항의했습니다.

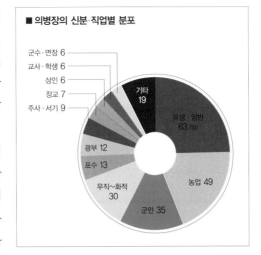

■ 의병장의 신분·직업별 분포

군수·면장 6
교사·학생 6
상인 6
장교 7
주사·서기 9
광부 12
포수 13
무직~화적 30
군인 35
농업 49
유생·양반 63 (명)
기타 19

나라를 지키기 위해 먼저 실력을 키워야 한다고 생각하는 사람들도 늘어났습니다. 이들은 전국 곳곳에 학교를 세우고 한국어 연구에 더욱 힘을 기울였으며 산업을 일으키려는 운동을 벌였습니다.

하지만 무엇보다도 일본을 곤란하게 한 것은 전국 곳곳에서 '토왜(討倭)'를 외치며 일어난 의병이었습니다. 왼쪽 지도와 일본군이 만든 아래 자료에서 보듯이 1908년 봄부터 전국에서 일본을 금방이라도 몰아낼 듯 의병이 거세게 일어났습니다.

1908년 7월부터 1909년 6월에 이르는 1년 동안 매달 충돌한 폭도 총수는 대략 3천 정도로, 적의 세력은 거의 고정된 듯 보인다. 그들의 행동은 시간이 지남에 따라 더욱더 교묘해졌다. 첩보 근무 및 경계법은 놀랄 만큼 발달하였고 행동도 더욱 민첩해져 때로는 우리 토벌대를 우롱하는 듯한 태도로 나올 때도 있다. 세력이 크기도 하고 작기도 하지만, 결코 가볍게 볼 수 없다. 과연 어느 때 완전히 평정할 수 있을지 우려하게 되었다.
-『조선 폭도 토벌지』(일본군 조선 주차군 사령부, 1913년)

위의 표에서 보듯이 의병 투쟁에는 각계각층에서 참가하였습니다. 일본이 한국 군대를 해산시키자 많은 군인도 의병에 가담했습니다.

일본은 의병을 완전히 진압하지 않고서는 한국을 식민지로 만들기 어렵다고 보고 대규모 군사 작전을 단행했습니다. 먼저 한반도 중부와 동남부 지방 의병을 '토벌'한 일본은 1909년 9월부터 2개월 동안 한반도 서남부 지방 해안을 완전히 봉쇄한 뒤 마치 빗질을 하듯 '남한 대토벌 작전'을 벌였습니다. 일본 측 기록을 보면 1910년까지 일본군에게 사살된 의병 수는 1만 7,688명이고, 부상자는 3,706명에 이릅니다.

무자비한 군사 작전으로 의병 항쟁을 제압했다고 본 일본은 1910년 8월 29일 한국을 강제로 병합했습니다.

2. 일본의 타이완 지배

일본은 청·일 전쟁에 승리한 뒤 타이완을 빼앗고 50년 동안 식민지로 지배했습니다. 일본은 타이완 통치 경험을 조선과 중국 동북 지역을 지배하는 데 이용했습니다. 그렇다면 일본은 타이완을 어떻게 지배했을까요?

일본의 타이완 침략과 타이완 민중들의 저항

일본 군대는 북양 함대에 승리한 다음 1895년 3월 타이완의 관문인 펑후 제도를 점령하고, 5월에는 타이완에 상륙했습니다. 타이베이의 관료와 지배층은 재빨리 달아났지만, 중남부 지방 민중은 일본군에 굳건히 맞서 싸웠습니다. 여러 지역에서 모두 일본군의 진공을 저지하는 전투가 벌어졌습니다. 11월에 일본군이 타이완을 완전히 점령할 때까지 저항은 끊이지 않고 이어졌습니다.

일본은 타이완을 점령한 뒤 총독부를 설치했습니다. 1895년에서 1919년까지 24년 동안 총독은 대장(大將)이나 중장(中將)이 맡아 항일 무장 세력을 무력으로 진압했습니다. 총독부는 각지에 경찰서를 설립하여 경찰 체제를 확대 강화했습니다. 당시 평균 인구 160명당 1명의 경찰을 두고, 항일 세력을 무차별 진압했습니다. 또한 일본 군대에 투항한 한간(漢奸, 친일파)들을 매수하여 통치에 협조하도록 했습니다.

타이완 옌랴오 항일 기념비 |
옌랴오(鹽寮) 해안 공원에 있다.

경제적 약탈

타이완 총독부는 대규모 토지 조사를 통해 타이완 민중이 개간한 드넓은 산림을 무상으로 몰수하여 관유지로 만든 다음, 일본의 퇴직 관리나 자본가에게 이 토지를 값싸게 팔거나 무상으로 분배했습니다. 새로 만든 토지세와 각종 세금 제도는 가난한 민중이 세금 대부분을 떠맡아야 하는 불합리한 것이었습니다. 이 때문에 심한 경우 타이완 농민은 같은 면적에 같은 작물을 재배한다고 해도 이곳의 일본 농민에 비해 3분의 1밖에 수입을 올리지 못했습니다.

총독부는 타이완을 일본에 식량과 설탕을 공급하는 생산 기지로 만들려고 했습니다. 여기에 필요한 돈은 타이완인에게서 거둔 세금으로 조달했습니다. 공업 생산에 충분한 동력을 공급하기 위해 발전소를 만들고, 때에 맞춰 일본에 식량을 보내기 위해 항구·부두를 확장하고 항로를 준설했습니다. 그와 동시에, 일본 국내 자본도 끊임없이 타이완으로 흘러 들어가 타이완에서 독점적인 지위를 갖게 되었습니다. 이에 따라 설탕 제조, 장뇌 생산, 소금 제조, 담배 등 타이완의 주요 산업은 모두 미쓰이, 미쓰비시 등 일본 재벌들이 독점했습니다. 타이완 총독부는 아편 전매 제도를 실시하여, 점령 초기에 이 사업 수익을 중요한 재정 수입원으로 삼았습니다. 또한 일본은 타이완의 대외 무역을 조종하여 타이완을 일본 상품의 덤핑 판매 장소로 만들었습니다. 식민 지배 시기 일본은 타이완에 많은 관료와 경찰을 파견하고, 상공업자들을 대량으로 이주시켰습니다. 1905년, 타이완의 일본인은 이미 6만 명에 이르렀습니다. 제1차 세계 대전 후에는 18만 명으로 늘어났고, 1927년에는 20만 명이 되었습니다.

차별 교육과 강제적인 동화 교육

타이베이의 타이완 신사(神社)

일본은 타이완에서 엄격한 차별 교육을 실시했습니다. 일본인·타이완인·선주민을 규정하여 각기 다른 학교에서 학습하도록 했습니다. 일본 학생들이 다니는 학교는 교사의 자질이 높고 설비가 잘 갖춰졌지만, 타이완 학생들이 다니는 학교는 여러 측면에서 크게 뒤떨어졌습니다. 현지 토착민 아이들은 아무런 시설도 없는 교육소에 들어갈 수밖에 없었고, 경찰한테서 교육을 받았습니다. 비교적 좋은 중학교에서는 타이완 학생을 받아들이지 않았습니다.

교육은 타이완 민중을 동화시키는 도구였습니다. 학교 교육은 모두 일본어로 진행되고 중국어 사용을 금지했습니다. 1922년부터 타이완 학생과 일본 학생이 같은 학교에 다닐 수 있었지만, 학년을 올라가려면 반드시 일본어 시험을 치러야 했습니다. 교과 과정에서도 총독부는 의도적으로 타이완 학생들에게 일본과 천황에게 충성하는 생각을 주입시켰습니다.

중·일 전쟁이 발발하자, 총독부는 타이완에서 '황민화 운동'을 벌여, 각 가정의 조상 위패와 묘비를 일본식으로 바꾸도록 강제하고 일본이 새로 지은 타이완 신사를 참배하도록 강요했습니다. 이 밖에도 총독부는 타이완 전통의 연극과 음악을 금지하고 일본 군가와 가요를 부르게 하거나 황민화를 선전하는 연극을 보도록 강요했습니다. 1940년, 총독부는 이름 바꾸기 운동을 추진하여 일본식 이름을 쓰도록 강요했습니다. 아시아 태평양 전쟁이 일어나자, 황민봉공회를 만들어 누구나 전시 노동 봉사에 참석하고, 전시 공채를 구매하며, 전쟁 물자를 바치라고 강요했습니다. 또한 일본은 군사 교육을 강화하고 타이완 청장년 남성을 강제로 일본군에 징집했습니다. 일본이 아시아와 남태평양으로 세력을 확장해 가면서 타이완은 병력 공급 기지가 되었습니다.

3. 신해혁명과 중화 민국의 성립

쑨원이 이끈 신해혁명은 2,000여 년 동안 유지되었던 봉건적 통치 제도를 무너뜨리고, 아시아 최초의 공화제 국가를 등장시켰습니다. 그렇다면 신해혁명은 어떻게 성공할 수 있었을까요?

혁명파의 청조 통치 반대 투쟁

20세기 초, 중국은 제국주의의 침략으로 잇따라 영토를 빼앗기고 배상금을 지급하는 굴욕을 당했습니다. 이러한 국면을 바꾸기 위해 중국 사회에는 여러 가지 정치적 주장들이 나타났습니다. 입헌파와 개량파는 황제를 그대로 둔 채 의회 정치를 시행하자고 주장했습니다. 이들은 일본이 러·일 전쟁에서 승리한 것을 추종하여 입헌 군주제가 군주제보다 낫다고 여겼습니다. 한편 쑨원을 비롯한 혁명파는 무력으로 청 왕조를 무너뜨리고 국민에게 주권이 있는 공화제 국가를 건설하자고 주장했습니다.

후광 총독의 관저를 점령한 혁명군

입헌파는 청의 '신정' (55쪽 참조) 실시를 기회로 세력을 확장하여 각 성에는 성 의회 혹은 자의국을 개설하고 국회 내각책임제를 실시하려는 운동을 벌였습니다. 그러나 쑨원을 비롯한 혁명파는 무장 봉기를 통해 청의 봉건적인 통치를 끝내려 했습니다. 1894년 11월, 쑨원 등은 호놀룰루에서 혁명 조직을 만들었습니다. 그 뒤 여러 지역에서 혁명 단체들이 잇따라 결성되었습니다. 1905년, 쑨원의 건의에 따라 중국의 혁명 단체들은 일본 도쿄에서 대회를 열어 중국 동맹회*로 통합되었습니다. 중국 동맹회는 혁명파를 조직하고, 〈민보〉 등을 거점으로 개량파들과 중국의 장래, 혁명과 개량, 국체와 정체 등에 대해 대규모의 사상 논쟁을 벌였습니다. 또한 혁명파는 중국 남부를 중심으로 여러 차례 무장 봉기를 일으켜 중부에서 동북부까지 영향을 미쳤습니다. 저명한 여성 혁명 당원인 츄진도 저장성 사오싱에서 청에 반대하는 투쟁을 벌여 젊은 생명을 바쳤습니다. 이러한 봉기들은 비록 모두 실패하였지만, 중국 민중에게 민주 혁명 사상을 전파했습니다. 그 결과 국내의 형세는 마치 마른 장작들이 쌓여 있는 것과 같아서, 조그마한 불씨로도 불길이 전국적으로 확대될 수 있는 상황이었습니다.

우창 봉기와 신해혁명

1911년 4월, 중국 동맹회는 우한을 핵심으로 하는 양쯔 강 유역으로 활동 중심을 옮겼습니다. 9월, 혁명 단체들이 연합하여 무장 봉기를 이끌 통일적인 기구를 만들었습니다. 10월 10일 밤, 혁명파가 이끄는 신군들은 먼저 무기고를 장악한 다음, 밤새도록 진행된 격렬한 전투 끝에 우한 일대의 정치적 중심지인 우창을 손에 넣었습니다. 이어 한양과 한커우를 잇따라 함락시킨 혁명군은 후베이 군정부를 조직하고 리위안훙을 도독으로 추대했습니다. 우창 봉기가 폭발하자, 여러 성에서 차례로 독립을 선포하고 청 조정의 통제에서 벗어났습니다. 마침내 독립을 선언한 성이 14개에 이르면서 전국적인 규모의 혁명으로 발전했습니다. 이것이 바로 신해혁명입니다.

중화 민국의 성립

신해혁명이 일어나자 쑨원은 해외에서 귀국하여 임시 정부 수립에 착수했습니다. 각 성 대표들이 참석한 난징 회의에서 중화 민국 임시 대총통에 선출된 쑨원은 1912년 1월 1일 정식으로 취임했습니다. 청나라 황제 푸이는 2월 12일에 퇴위를 선포하여 중국 역사에서 최후의 봉건 전제 왕조는 무너졌습니다. 쑨원은 임시 대총통에 취임하자, 중국을 민주 국가로 개혁하기 위해 중화 민국 임시 약법(헌법)을 제정했습니다. 그러나 청나라 내각

쑨원 | 1912년 1월 5일, 중화 민국 제1차 국무 회의를 주재하고 있다(가운데 ○ 표시).

총리대신이었던 위안스카이는 청나라 황제를 퇴위시키는 조건으로 열강의 지지 속에서 쑨원을 대신해 임시 대총통을 맡게 되었습니다. 위안스카이는 권좌에 오르자 국회를 해산하고 중화 민국 임시 약법을 폐지하였고 황제가 되어 제정을 부활하려 했습니다. 그러나 위안스카이의 야망은 민중의 반대에 부딪혀 꺾이고 말았습니다. 신해혁명을 통해 민주 공화제의 이념이 이미 민중에게 받아들여졌기 때문입니다.

중화 민국 임시 약법(1912년 3월 11일)
제5조 중화 민국의 인민은 종족, 계급, 종교 등에 관계없이 모두 평등하다.
제6조 인민은 이하의 각종 자유권을 향유한다.
  1. 인민의 신체는 법률에 따르지 않을 경우 체포, 구금, 심문, 처벌할 수 없다.
  2. 인민의 주택은 법률에 따르지 않을 경우 침입 및 수색을 할 수 없다.
  3. 인민은 재산 보유 및 영업의 자유를 갖는다.
  4. 인민은 언론, 저작, 간행 및 집회와 결사의 자유를 갖는다.
  5. 인민은 통신 비밀의 자유를 갖는다.
  6. 인민은 거주와 이동의 자유를 갖는다.
  7. 인민은 신앙의 자유를 갖는다.

신해혁명으로 2,000여 년 동안 계속된 봉건 제도가 무너지고 중화 민국은 중국 역사와 아시아 역사에서 최초의 민주 공화제 국가가 되었습니다.

● 중국 동맹회 1905년 일본 도쿄에서 쑨원의 흥중회와 화흥회, 광복회 등 혁명 단체들이 대동단결해 결성한 단체. "오랑캐를 물리치고 중화를 회복하며 민국을 설립하고 토지권을 공평하게 한다"를 강령으로 내걸었다.

4. 제1차 세계 대전과 일본 제국주의

19세기 후반 이후 서양 열강이 식민지와 세력권 획득을 위해 세계를 분할해 갔습니다. 이러한 움직임을 제국주의라고 합니다. 청·일, 러·일 전쟁 등을 통해 아시아에서 유일한 제국주의 국가가 된 일본은 제1차 세계 대전에 참전했습니다. 그 결과 동아시아 삼국의 관계에 어떤 변화가 일어났을까요?

일본의 대독 참전과 '21개조' 강요

1914년 7월 발칸 반도 등의 재분할 문제를 둘러싸고 대립해 온 삼국 동맹(독일, 이탈리아, 오스트리아)과 삼국 협상(영국, 프랑스, 러시아) 간에 전쟁이 시작되어 제1차 세계 대전으로 확대되어 나갔습니다.

전쟁이 시작되자 일본은 이를 중국에서 세력을 확대할 기회로 삼아 1902년에 체결한 영·일 동맹을 근거로 독일에 선전 포고를 했습니다. 일본군은 독일의 군사 기지가 있는 칭다오를 점령하고 독일이 지키고 있던 산둥 반도에 관한 권익을 빼앗았습니다. 게다가 독일이 지배하고 있던 남양 군도를 점령했습니다.

중국 정부는 일본군이 산둥 반도에서 물러날 것을 요구했으나 일본 정부는 이를 무시했습니다. 1915년에는 중국에 '21개조'를 요구했습니다. 일본이 한국에 대해 1905년 제2차 한·일 조약(을사조약) 등을 강요한 것과 같은 방법으로 중국을 밀어붙인 것입니다.

중국 민중은 일본 상품 불매 운동을 벌이면서 반대했고, 정부도 이에 저항했

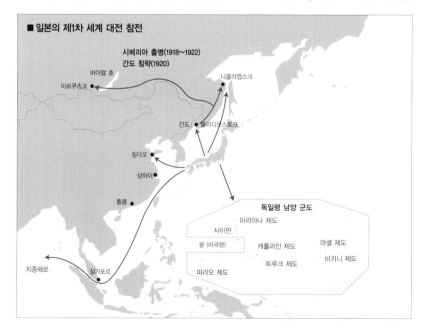

■ 일본의 제1차 세계 대전 참전

시베리아 출병(1918~1922)
간도 침략(1920)

바이칼 호
이르쿠츠크
니콜라옙스크
간도 블라디보스토크
칭다오
상하이
홍콩
지중해로 싱가포르

독일령 남양 군도
마리아나 제도
사이판
괌 (미국령) 캐롤라인 제도 마셜 제도
트루크 제도 비키니 제도
파라오 제도

습니다. 일본은 군대를 더 파견하여 총통 위안스카이에게 최후 통첩을 했고, 결국 중국 정부는 '21개조'에서 제5호(100쪽 참조)를 제외한 다른 요구를 수락했습니다.

러시아 혁명과 시베리아 출병

전쟁 중이던 1917년 러시아 혁명이 일어나 세계 최초로 사회주의 정권이 수립되었습니다. 혁명 중에, 레닌은 '평화에 대한 포고'를 발표하고 제국주의 전쟁 반대, 무병합·무배상·민주적 평화의 원칙, 그리고 민족 자결 이념을 강조했습니다.

일본은 러시아 혁명의 영향이 다른 나라에 확대될 것을 두려워한 영국·미국·프랑스 등의 연합군과 함께 혁명에 대해 무력 간섭을 했습니다(시베리아 출병). 다른 나라가 철수한 후에도 일본군은 만주와 조선의 안전 확보라는 명목으로 만주 북부와 시베리아, 연해주에 1922년까지 계속 주둔했습니다. 1920년에는 조선과 이웃한 간도 지방에 군대를 파견하여 항일 무장 독립군을 진압하고 민간인들을 학살했습니다.

파리 강화 회의와 민족 자결주의

1918년 11월 전쟁이 끝나고, 이듬해인 1919년 1월부터 파리 교외의 베르사유 궁전에서 강화 회의가 열렸습니다. 전쟁 기간에 미국은 영국을 대신하여 세계 최대 경제국이 되었습니다. 미국 대통령 윌슨은 강화 회의의 원칙으로 '평화에 관한 14개조 원칙'을 발표하여, '비밀 외교 폐지', '국제 연맹 창설' 등을 제창하고 '민족 자결주의'를 강조했습니다. 이 주장을 환영한 조선 사람들은 세계에 조선 독립의 의지를 표명하고자 3·1운동에 나섰습니다. 그러나 윌슨은 조선 독립 청원서를 가지고 파리를 방문한 대한 민국 임시 정부 대표의 면담 요구를 거부했습니다. 윌슨의 '민족 자결주의'는 독일·오스트리아·러시아 등 지배하에 있었던 민족을 염두에 둔 것으로 아시아의 민족 독립을 촉진하려 한 것이 아니었습니다.

1917년 독일과의 전쟁에 참전한 중국은 승전국으로서 독일에 산둥 반도의 권익을 반환하도록 요구했습니다. 하지만 열강은 일본이 중국 정부에 강요해 맺은 '산둥 문제 처리 교환 문서'를 이유로 이 요구를 받아들이지 않았습니다. 여기에 항의하여 중국에서는 5·4 운동이 폭발했습니다.

1921~1922년에 미국의 워싱턴에서 동아시아와 태평양 지역에서의 이해 관계를 조정하는 회의가 열렸습니다. 이 회의에서 중국은 치외 법권 철폐와 관세 자주권 회복을 주장했지만 받아들여지지 않았습니다. 일본에 배상금을 주고 산둥 반도에 대한 권익을 돌려받았을 뿐입니다. 한국 문제는 논의조차 되지 못했습니다.

타이완 민중의 항일 무장 투쟁

1895년 10월, 일본 군대는 타이난을 함락하고 타이완 전체를 점령했습니다. 그러나 11월이 되자 타이완인들의 무장 봉기가 시작되었습니다. 그리고 계속해서 7년 동안이나 항일 무장 투쟁을 전개했습니다. 젠다스, 커톄후, 린사오마오 등은 당시 '항일의 용맹한 3인'으로 불렸습니다.

신해혁명이 일어날 무렵 타이완인들은 적극적으로 호응하였고 10여 차례에 걸쳐 무장 봉기를 일으켰습니다. 위칭팡이 이끈 자오바녠 봉기는 섬 전체에 파급되어 1916년까지 계속되었습니다.

타이완 총독부는 토지를 독점하고 노역을 분담시켰으며, 경찰들은 제멋대로 사람들을 능멸하는 횡포를 부렸습니다. 1930년 10월, 타이완의 난터우 현 우서 일대의 원주민들은 가혹한 통치를 더는 견딜 수 없어서 항일 봉기를 일으켰습니다. 일본 수비대의 사령관은 직접 군경을 이끌고 봉기를 진압했습니다. 심지어 비행기를 출동시켜 깊은 산속에서 항일 활동을 하던 민중에게 독가스를 뿌려, 많은 민중을 중독시켰습니다. 그러나 봉기에 참가한 사람들은 죽음을 무릅쓰고 한 달여 동안 결연히 투쟁을 계속하였습니다. 이 과정에서 원래 1,400명이던 주민이 500명으로 줄어들었습니다. 그 뒤 타이완 총독부는 다시 반란을 주동했다는 이유를 들어 10여 명을 처형하고 사람들을 강제로 이주시켰습니다. 1931년 4월 25일, 일본 군경은 다시 친일적인 성향의 주민에게 이주한 주민들을 습격케 하여 200여 명이 죽거나 다쳤습니다. 살아남은 200여 명은 촨중다오로 강제로 이주시켰습니다. 이것이 제2차 우서 사건입니다.

■ 주요 무장 봉기 지역

타이베이

우서

타이난

안중근과 이토 히로부미

이토 히로부미는 일본의 총리직과 초대 조선 통감을 역임한 인물입니다. 그는 1909년 10월 26일 아침 9시경 중국 하얼빈 역에 도착했습니다. 일본 정부 특사로 만주를 시찰하고 러시아와 관계를 조정하기 위해 온 길이었습니다. 열차에서 내려 러시아 의장대를 사열하던 이토를 향해 환영 군중 속에서 뛰쳐나온 안중근이 총을 발사했습니다. 이토는 총탄을 맞은 지 30분 만에 죽었습니다. 의병 부대 지도자였던 안중근은 이토를 '단죄'한 이유로 명성 황후를 시해한 죄, 고종 황제를 물러나게 한 죄, 을사조약을 강제로 맺은 죄 등 열다섯 가지를 들었습니다.

현장에서 체포된 안중근은 의병 부대의 지도자로서 거사하였으므로 만국 공

안중근(왼쪽)과 이토 히로부미(오른쪽)

법(국제법)에 따라 재판할 것을 요구했습니다. 원래 하얼빈은 치외 법권이 적용되는 지역이므로 이 사건의 재판권은 한국에 있었습니다.

그러나 일본은 "외국에 있는 한국인은 일본 관헌이 보호한다"는 1905년의 을사조약 규정을 확대 해석하여 이 사건을 일본의 만주 통치 기관인 관동 도독부에 맡겨 버렸습니다. 안중근의 행동이 한국인의 독립 의지를 자극하여 병합을 반대하는 움직임으로 나타날까 우려했기 때문입니다. 관동 도독부 지방 법원은 안중근이 요청한 외국인 변호사도 허용하지 않은 채 예심 없이 통역도 제대로 하지 않고 재판을 진행하여 사형을 선고했습니다. 1910년 3월 26일 10시, 안중근은 이토가 죽은 지 꼭 5개월이 되는 날 같은 시각에 중국 뤼순에서 사형을 당했습니다.

일본은 한국을 '강점'한 것인가, '병합'한 것인가

국제법에서는 국가를 대표하는 개인에게 압력을 가해 강제로 체결한 조약은 법적 효력이 없다고 하고 있습니다. 1905년의 '제2차 한·일 협약(을사조약)'은 대한 제국의 왕궁을 일본군이 제압하고 황제와 각료를 위협하고 협박하는 상황 아래서 체결되었습니다.

해방 후 한국 정부는 '을사조약'은 무효이며 이를 전제로 체결된 1910년 '한국 병합에 관한 조약'도 역시 무효라는 견해를 취해 왔습니다. 한국에서는 '강제적인 점령'을 의미하는 '한국 강점'이라는 표현이 널리 쓰이고 있습니다. 이에 대해 일본 정부는 위의 두 조약은 모두 유효하다고 해석합니다. 일본에서는 조약 명칭에 따라 '한국 병합'이라는 표현을 쓰는 것이 일반적입니다. 양국 정부 간의 해석의 차이는 1965년 국교 정상화에서도 해소되지 못했습니다.

통감 데라우치 마사타케와 '내각 총리 대신 이완용'이 서명한 '한국 병합에 관한 조약' 원문

학자들은 1905년의 조약 체결이 강제성을 가졌다고 거의 공통적으로 이해하고 있습니다. 그러나 '병합' 이후 36년간에 이르는 식민지 지배가 국제법의 관점에서 보아 합법적인 상태인가 아닌가의 문제에 대해서는 의견이 다릅니다. 한국 학자들은 불법이라고 보지만, 일본 학자들 사이에서는 아직 결론이 내려지지 않았습니다.

일본의 한국 지배 강화

1. 헌병 경찰 통치

"한·일 합방은 한국인이 바란 것이었다." 일부 일본 정치인들이 즐겨 하는 말입니다. 여러분은 어떻게 생각하나요? 이 말이 사실일까요?

조 선 총 독 은 절 대 권 력 자 였 다

경복궁과 조선 총독부 청사 │ 위에서 내려다보면 조선 총독부가 경복궁을 가로막고 있는 것이 한눈에 보인다.

일본은 한국의 주권을 강제로 빼앗고 서울*에 조선 총독부를 설치했습니다. 식민지 지배의 중심답게 조선 총독부 고위 관리는 대부분 일본인이었습니다. 처음에는 통감부 건물을 이용했지만 갈수록 늘어나는 기구와 인원을 감당할 수 없어 조선 왕조의 정궁(正宮)인 경복궁 앞부분을 허물고 새 조선 총독부 건물을 세웠습니다.

조선 총독은 천황의 지휘를 받아 조선을 마음대로 지배할 수 있는 권한을 가지고 있었습니다. 입법, 사법, 행정권은 물론 조선에 있던 일본군 통솔권까지 쥐고 '조선 방비'에 관한 모든 일을 할 수 있었습니다. 식민지 조선에는 일본이 근대화의 상징으로 내세우던 메이지 헌법을 적용하지 않았습니다. 일본 정치가 가운데 조선 총독에게 너무 지나친 권력을 준다고 우려하는 사람이 있을 정도였습니다.

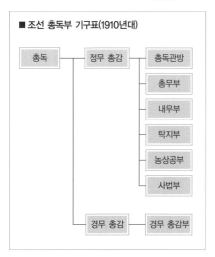

■ 조선 총독부 기구표(1910년대)

출 생 에 서 무 덤 까 지 헌 병 경 찰 손 에

한국의 국권을 강탈한 일본은 주요 지역에 군대를 배치했습니다. 의병이 활발히 활동했던 지역과 서울로 올라오는 철도 주변 지역은 특별히 경비를 엄중하게 했습니다. 치안은 헌병 경찰이 주도하였고, 일반 경찰도 헌병이 지휘했습니다. 지도에서 보듯이 전국 주요 지역에 배치된 군대와 경찰력으로 한국 사람을 억압하고 지배했습니다.

원래 헌병은 군인을 대상으로 규율을 유지하고 수사 활동을 하는 군대 경찰입니다. 그런 헌병이 일반 경찰 업무까지 맡은 것입니다. 한국을 군대처럼 통제하여 하루빨리 식민지 지배에 편리하도록 사회 질서를 확립하려는 의도였습니다. 강압적인 정책을 통해 한국인에게 공포심을 심어 주고 독립 의지를 꺾으려 했던 것입니다. 행정 관리뿐 아니라 학교 교원들까지 제복을 입고 칼을 차게 한 것도 이 때문이었습니다.

헌병은 치안뿐 아니라 호적 사무, 일어 보급, 전염병 예방, 강우량 측정, 묘지 단속 등 거의 모든 분야의 일을 담당했습니다. 그야말로 한국인은 태어난 순간부터 무덤에 들어가기까지 헌병 경찰의 감시와 통제를 벗어날 수 없었습니다.

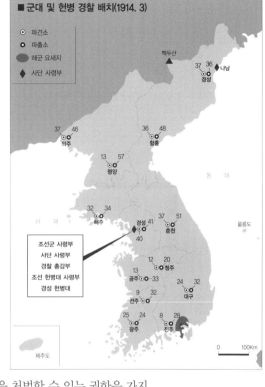

■ 군대 및 헌병 경찰 배치(1914. 3)

태 형 을 부 활 시 켜 라

헌병 경찰은 정식 재판을 거치지 않고 한국인을 처벌할 수 있는 권한을 가지고 있었습니다. 심지어 한국인에게 매를 때리는 태형을 가할 수도 있었습니다. 감옥에 가두어 두는 것보다 비용이 적게 들고 처벌 효과는 더욱 높일 수 있다고 생각했기 때문입니다. 태형은 전근대적이고 야만적인 형벌이라고 해서 조선 정부가 갑오개혁 때 폐지했습니다. 그런데 일본은 그 태형을 부활시켰으며, 그것도 더욱 무자비하게 고쳐서 한국인에게만 적용했습니다. 다음 글에서 태형을 맞는 한국인의 모습을 상상할 수 있을 것입니다.

일본인이 만들었던, 죄인을 심문할 때 사용하는 형구의 형판과 채찍은 조선 왕조가 자국민을 통치하기 위해 만들었던 고대의 태형과 그 성격과 내용이 완전히 달랐다. 일본인이 만든 형판은 배를 깔게 되어 있고 음부가 닿는 곳에 구멍이 뚫려 있으며, 양팔은 십자 판에 묶고 다리와 허리도 형판에 단단히 묶었다. 소의 음경으로 만든 채찍의 끝에 납을 달아 납이 살 속으로 파고 들어가 살 조각이 튀어나와 피가 어지럽게 튀었다.

ㅡ문정창, 『군국 일본 조선 강점 36년사』

● 서울 일본은 한국을 강점하면서 한성(서울)을 경성으로 고쳤다.

제2장 일본 제국주의의 침략과 한국 양국의 저항

2. '문화 정치'의 실상

헌병을 앞세워 한국인을 지배하던 일본은 3·1 운동이 일어나자 통치 방법을 바꾸었습니다. 총칼 대신 '문화'를 내세운 것입니다. '문화 정치'는 헌병 경찰 통치와 무엇이 얼마나 달라졌을까요?

무단 통치에서 문화 정치로

한국인의 거센 저항(3·1 운동)을 경험한 일본은 무력만으로 한국을 지배할 수 없다는 것을 깨달았습니다. 무자비한 탄압으로 나빠진 국제 여론도 부담이었습니다. 이런 상황에서 일본이 택한 것이 '문화 정치'였습니다.

예순다섯의 노인 강우규가 던진 폭탄 세례 속에 새로 부임한 총독 사이토 마코토는 지금부터 '문화 정치'를 시행한다고 선언하였습니다.

강우규(1855~1920) | 국권을 빼앗긴 뒤 만주로 망명하여 한인 교육에 힘을 쏟다 1919년 8월 서울에 와서 거사를 하였다.

> 정부는 관제와 행정 시설을 개혁하여 총독 임용의 범위를 확장하고 경찰 제도를 개정한다. 또한 일반 관리나 교원 등의 복장을 개정한다. 조선인 임용과 대우를 개선하여 장차 일본인과 같은 대우를 받게 한다.…… 만약 함부로 불온한 언동을 하고 인심을 교란하며 공안을 저해하는 일을 하는 자가 있다면, 준엄한 형벌로 가차 없이 다루고자 하니 일반 민중은 양해하기 바란다.   –「시정 방침에 관한 유고」(1919년 9월 10일) 중에서

'군인 출신이 아닌 문관도 조선 총독이 될 수 있다', '헌병 경찰제를 폐지한다', '관리나 교원 들은 제복과 대검 제도를 폐지한다', '언론, 집회, 결사의 자유를 부분적으로 인정한다', '한국인의 교육 기회를 확대한다'는 등의 내용입니다. 언뜻 보기에 헌병 경찰 통치보다 한결 부드러운 느낌을 줍니다. 그런데 마지막에 '양해'하기 바란다는 경고가 왠지 섬뜩한 느낌을 줍니다.

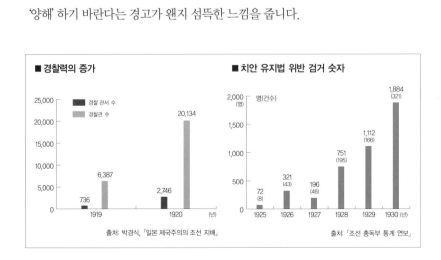

■ 경찰력의 증가

출처: 박경식, 「일본 제국주의의 조선 지배」

■ 치안 유지법 위반 검거 숫자

출처: 「조선 총독부 통계 연보」

허울뿐인 '문화 정치'

'문화 정치'를 시행한다고 했으나, 1945년 한국이 해방될 때까지 문관이 조선 총독에 임명된 적은 한 번도 없었습니다. 헌병 경찰제가 폐지되었지만 한국인에 대한 감시와 탄압이 느슨해진 것도 아니었습니다. 오히려 경찰력을 강화하고, 치안 유지법을 적용하여 식민지 지배에 반대하거나 독립을 위해 노력하는 사람을 더욱 강력하게 처벌했습니다.

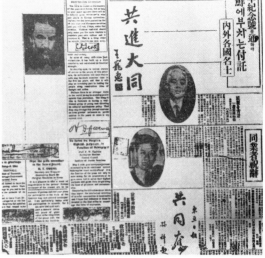

기사가 삭제된 신문

헌병 경찰 통치기에 비해 많은 한국인이 관리로 임용되었지만 여전히 하급직이나 임시직이 대부분이었습니다. 한국어로 된 신문과 잡지 발행을 허가했지만 사전 검열을 해 마음에 들지 않는 기사를 삭제했습니다. 1929년 한 해 동안 신문을 판매하지 못하게 한 것이 63회, 기사를 삭제한 경우가 82회나 되었습니다.

신간회, 근우회 등 사회 단체의 결성도 허용했습니다. 하지만 집회가 열리면 경찰이 참가하여 감시했습니다. 만약 조금이라도 불온한 연설을 하면 바로 중단시키고 체포했습니다.

그렇다면 허울뿐인 문화 통치를 실시하면서 일본이 노린 것은 무엇이었을까요? 1920년 총독이 지시한 '조선 민족 운동에 대한 대책'을 통해 살펴봅시다.

- 귀족, 양반, 유생, 부호, 교육자, 종교인에 침투하여 계급과 사정에 따라 친일 단체를 조직하도록 상당한 편의와 원조를 준다.
- 많은 친일 인물을 키우기 위해 협조적인 민간 유지에게 편의와 원조를 주고 수재 교육이란 이름 아래 이들을 양성한다.
  　　　　　　　　　　　　　　　　　　　　　　－「사이토 마코토 문서」(요약)

한국의 각계각층에 친일파를 키우려고 했다는 것을 한눈에 알 수 있습니다. 이들이 식민지 지배 정책을 적극적으로 지지한다면 3·1 운동과 같은 독립 운동이 일어나지 않을 것이라고 생각한 것입니다. 결국 '문화 정치'는 한국인을 회유하고 분열시켜 식민지 지배를 굳건히 하기 위한 술책이었던 것입니다.

3. 경제 정책과 수탈

일본은 한국의 국권을 빼앗은 뒤 경제 기반을 마련하기 위해 여러 경제 정책을 실시하였습니다. 1910년대와 1920년대에 가장 중요한 경제 정책은 토지 조사 사업과 산미 증식 계획이었습니다. 일본은 왜 이러한 정책을 시행하였고, 이 정책들이 한국 경제와 사회에 미친 영향은 무엇이었을까요?

토 지 조 사 사 업 을 실 시 하 다

일본은 1910년부터 1918년까지 한국에서 토지 조사 사업을 실시하였습니다. 토지 소유 제도를 근대화하는 사업은 이미 대한 제국 시기에 상당히 진행되고 있었습니다. 그러나 일본은 이를 없었던 것으로 하고 다시 토지를 조사하여 소유권 장부(등기부)를 만든 것입니다.

그 결과 토지 소유자들은 자신의 소유권을 확실히 보장받게 되었습니다. 개항 이후 일본인이 불법적으로 사들였던 토지도 법적 소유권을 인정받게 되었습니다. 하지만 농민들이 관습적으로 인정받고 있던 경작권은 보호를 받지 못했습니다. 농민들은 경작권을 지키기 위해 지주와 조선 총독부를 상대로 싸움을 벌여 나갔습니다. 토지 조사 사업의 결과로 과세지는 10년 사이에 52%나 늘어났고, 지세 수입도 두 배로 늘었습니다.

조선 총독부는 왕실과 관청이 소유했던 토지는 물론 소유권이 확실하지 않은 공유지 등을 모두 자기 소유로 차지했습니다. 1920년에 조선 총독부가 소유한 땅은 약 11만여 헥타르나 되었습니다.

산 미 증 식 계 획 과 쌀 수 탈

일본 경제는 제1차 세계 대전을 계기로 빠르게 발전했습니다. 급격한 공업화로 도시 노동자가 크게 늘어나고 물가가 올랐습니다. 쌀값마저 크게 뛰어올라 1918년 전국적으로 '쌀 소동'이 일어나자, 일본은 조선 총독부에 산미 증식 계획(1920~1934년)을 세우게 했습니다.

군산항 | 일본으로 가져갈 쌀이 산더미처럼 쌓여 있다.

일본에서 쌀 소비는 연간 6,500만 석이다. 일본 내 생산고는 약 5,800만 석을 넘지 못한다. 해마다 부족분을 다른 제국 판도 및 외국에 의지해야 한다. 일본 인구는 해마다 70만 명씩 늘어나고, 국민 생활이 향상되면 1인당 소비량도 점차 늘어나게 될 것이므로 앞으로 계속 모자랄 것이다. 따라서 지금 미곡 증식 계획을 수립하여 일본 제국의 식량 문제를 해결하는 데 도움을 주는 것은 진실로 국책상 급무라 믿는다.

－조선 총독부, 『조선 산미 증식 계획 요강』(1926) 중에서

산미 증식 계획은 큰 저수지나 수로와 같은 관개 시설을 만들어 토지를 비옥하게 하고 쌀의 생산량을 늘리는 데 목적이 있었습니다. 그러나 생산량이 늘어나는 것보다 수출 증가량이 많아 오히려 한국인의 1인당 쌀 소비량은 줄어들었습니다. 토지를 빌린 농민들은 지주에게 생산량의 50% 이상을 소작료로 납부했을 뿐 아니라, 수리 조합비 등도 부담해야 했습니다. 결국 쌀 수출로 땅값은 오르고 지주의 경제력은 커져 갔지만, 농민의 처지는 더욱 악화되었습니다. 자기 땅을 가진 농민이 자꾸 줄어 오른쪽의 그래프에서 보듯이 1932년에는 전체 농민 가운데서 78.1%가 남의 땅을 빌려서 경작을 하는 처지가 되었습니다. 한 뼘의 토지조차 가질 수 없었던 농민

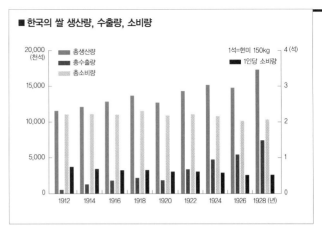

■ 한국의 쌀 생산량, 수출량, 소비량

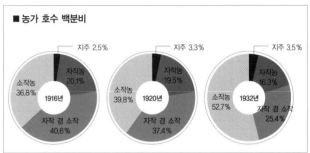

■ 농가 호수 백분비

은 정든 고향을 떠나 만주나 일본 등으로 이주하기도 했습니다.

조 선 회 사 령 과 일 본 의 식 민 지 산 업 정 책

1910년대 일본은 자신의 경제 발전에 힘을 기울였고, 식민지에 투자할 여유가 없었으므로 식민지 산업 발전에 소극적이었습니다. 한국에 회사를 세우려면 한국인과 일본인 모두 조선 회사령(1910)에 따라 조선 총독부의 허가를 받아야 했습니다. 그러다가 일본 자본이 한국에 투자할 수 있는 여건이 마련되자, 1920년에 조선 회사령을 폐지하였습니다. 이즈음부터 일본 기업이 한국에 본격적으로 진출했습니다.

4. 교육 문화 정책

일본은 한국을 영원히 지배하기 위해 한국인을 '제국 신민'으로 만들려고 했습니다. 당연히 한국인이 독립이나 민족 정신을 갖지 못하게 하려고 했습니다. 일본이 어떻게 한국인들을 '충량한 일본인'으로 만들려고 했는지 알아볼까요?

고등 교육은 필요 없다

일본은 한국 학생을 '쓸모 있는 지식과 온건한 덕성을 기르고 제국 신민으로서 자질과 품성을 갖춘' 사람으로 만들려고 했습니다. 조선 총독부가 1911년 8월 공포한 조선 교육령을 살펴보면 그 뜻을 알 수 있습니다.

> 제2조. 교육은 '교육에 관한 칙어'에 입각하여 충량한 국민을 양성하는 것을 본의로 한다.
> 제3조. 교육은 시세(時勢)와 민도(民度)에 적합하도록 한다.
> 제5조. 보통 교육은 보통의 지식, 기능을 부여하고 특히 국민성을 함양하며, 국어를 보급함을 목적으로 한다.

당시 일본 국내 학생은 초등 6년의 의무 교육과 중등 5년의 교육을 받았습니다(단, 중등 학교 진학률은 10% 정도). 그런데 한국 학생은 초등과 중등 4년씩 모두 8년이었습니다. 한국의 시세와 민도를 구실로 교육 기간을 줄인 것입니다. 학교 이름도 보통학교, 고등 보통학교, 여자 고등 보통학교로 일본의 소학교, 중학교, 고등 여학교와 구분했습니다. 그나마 초등 4년도 의무 교육이 아니었고, 학교가 적어서 다니고 싶어도 갈 수 없었습니다.

조선 총독부는 인문, 과학, 예술 교육보다 보통 교육과 실업 교육에 치중하였습니다. 실업 교육도 고등 기술 교육은 억제했습니다. 똑똑하고 비판적이거나 다양한 재능을 갖춘 한국인은 필요 없었기 때문입니다. 그저 시키는 대로 묵묵히 따르는 사람이면 충분했습니다.

3·1 운동 뒤 학교의 학업 기간은 초등 6년, 중등 5년으로 늘어났지만 학교에 다닐 수 있는 한국인은 그렇게 많지 않았습니다. 다음의 표는 1925년 한국인 학생 수와 한국에 살고 있던 일본인 학생 수 그리고 진학률을 비교한 것입니다. 전체 학생 수에서는 한국인이 많은

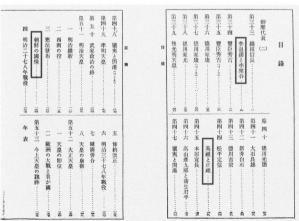

일본사 교과서 목차 | 일본 역사에 부록처럼 한국사가 끼어 들어 있다(□ 표시).

경우가 있지만 인구당 학생수를 비교한 진학률은 일본인에
비해 훨씬 떨어집니다. 그 무렵 한국에 살고 있던 일본인의
인구가 전체 한국인에 비해 훨씬 적었기 때문입니다. 고등
교육으로 갈수록 한국인 비율은 낮아집니다. 특히 중등학교
여학생 진학률의 격차는 눈에 띄게 큽니다. 또 대학을 만들
기는 했지만 한국인이 들어가기는 힘들었습니다.

물론 사립학교와 서당도 통제를 받았습니다. 조선 총
독부에서 편찬하거나 검정 또는 인가한 교과서를 사용하지
않거나 지시를 거부하면 폐교를 당했습니다. 이 때문에
2,000개가 넘던 사립학교는 국권을 빼앗긴 지 9년 만에 749
개로 줄었습니다.

■ 한국 학생과 일본 학생의 진학률 비교(1925년)

학교	민족별	학생 수	일본인과 비교한 한국인 진학률
초등학교	한국인 일본인	386,256 54,042	1/6
중등학교(남)	한국인 일본인	9,292 4,532	1/21
중등학교(여)	한국인 일본인	2,208 5,458	1/107
실업 학교	한국인 일본인	5,491 2,663	1/21
사범 학교	한국인 일본인	1,703 611	1/16
전문 학교	한국인 일본인	1,020 605	1/26
대학(예과)	한국인 일본인	89 232	1/109

출처: 「조선 총독부 통계 연보」

일본어와 일본 역사를 가르쳐라

일본은 한국인을 '충량한 국민'으로 만들기 위해 국어, 곧 일본어 교육을 강
조했습니다. 1911년 4년제 보통학교 주당 수업 시간 26~27시간 가운데 일본어 시
간이 10시간이었습니다. 한국어는 한문을 포함하여 5~6시간에 불과했습니다.
1922년에 보통학교가 6년제가 되자 일본어 수업 시간은 주당 9~12시간으로 늘어
났습니다. 반면 한국어 시간은 2~5시간으로 오히려 줄어들었습니다. 이와 함께
일본인으로서 정신 자세를 갖도록 하기 위해 수신(도덕), 일본 역사, 지리를 강조
했습니다.

열등감을 키워라

이러한 교육 정책에서 한 걸음 더 나아가 일본은 한국 역사를 왜곡했습니다.
그래야 '독립국의 옛 꿈을 꿈꾸는 폐단'과 '인심을 현혹시키는 해독'을 원천적으
로 막을 수 있다고 생각한 것입니다.

1925년 총독부 산하의 조선사 편찬 위원회가 조선사 편수회로 개칭되어,
1932년부터 방대한 분량의 『조선사』를 편찬했습니다. 『조선사』에서는 '한국 사람
은 단결보다 분열을 일삼는다', '한국 사회는 썩은 물처럼 고여 발전할 수 없다',
'한국 역사는 자율이 아닌 타율로 이어져 왔다'는 점을 강조하고 있습니다.

당연히 한국의 전통과 문화는 열등한 것이고 한국은 스스로 독립할 능력이
없다는 결론을 내리게 될 것입니다. 이런 주장은 '일본은 한국인을 계몽시켜 한
국을 발전시켜야 하는 사명감으로 한국을 식민지로 삼을 수밖에 없었다'는 억지
로 이어졌습니다.

철도를 장악하라

19세기 중엽 유럽에서 기차와 철도는 여유와 풍요의 상징이었습니다. 하지만 한국 사람들에게 연기와 기적 소리는 이런 느낌을 가져다 주는 것이 아니었습니다. 제국주의 열강은 한국에서 철도 부설권을 차지하려고 경쟁했습니다. 일본이 만든 아래의 '대한 시설 강령'(1904)을 보면 그 까닭을 알 수 있습니다.

교통 및 통신 기관을 장악하는 것은 정치, 군사, 경제 여러 점에서 아주 중요하다. 교통 기관인 철도 사업은 한국을 경영하는 데 가장 중요한 것이라고 할 수 있다.

–「일본 외교문서 37권」 중에서

공개 처형│일본군이 철도 공사를 방해했다는 이유로 사람들을 공개 처형하고 있다.

일본은 러시아와 전쟁을 시작하면서 경부선과 경의선 건설을 서둘렀습니다. 철도 건설 과정은 문자 그대로 약탈이었습니다. 경부선 철도 총 건설비 가운데 철로를 놓고 역을 짓는 데 필요한 땅을 사들이는 값은 2%도 되지 않았습니다. 일본에서 철도를 건설할 때 이 비용이 13%에 달했다는 것을 생각해 보면, 한국 땅을 거저 빼앗은 것이나 마찬가지라고 할 수 있습니다. 철도 건설 공사에 동원된 한국인이 받은 임금도 일본인의 2분의 1이나 3분의 1에 지나지 않았습니다. 철도가 지나가는 지방에서 날품팔이가 받던 하루 임금보다도 적었습니다. 그나마 임금을 주지 않는 경우도 많았습니다.

이런 철도에 대해 한국인들이 '문명 개화'의 상징으로 찬양만 할 수 있었을까요? 당연히 저항했을 것입니다. 한국에 주둔한 일본군이 1904년에 발표한 다음의 '군용 전선 및 군용 철도 보호에 관한 군령'을 보면 한국인의 저항이 얼마나 심했는지 엿볼 수 있습니다.

1. 군용 전선(군용 철도)에 손해를 끼친 사람은 사형에 처한다.
2. 가해자를 숨겨 준 사람은 사형에 처한다.

3. 가해자를 체포한 사람에게는 20원을 상금으로 준다. -「조선 주차군 역사」

군령에서 볼 수 있듯이 전선과 철도는 의병의 주요 공격 목표였습니다. 일본은 의병이 철도를 파괴하다 잡히면 사람이 많이 다니는 곳에서 부근 주민을 강제로 불러 모아 본보기로 총살했습니다. 하지만 저항은 수그러들지 않았습니다. 철도 공사에 동원된 노동자나 부근 주민도 공사를 방해하거나 철길에 나무를 걸쳐 기차 운행을 방해하는 등 갖가지 방법으로 저항했습니다.

당시 일본의 철로는 폭이 좁은 협궤였습니다. 그러나 일본은 한국에 표준궤 철로를 놓았습니다. 표준궤를 사용하는 중국을 염두에 둔 조처였습니다. 1909년 안둥(단둥)-펑톈(선양) 사이 철도 부설권을 차지한 일본은 1911년에 압록강 철교를 완성했습니다. 이제 일본은 부산에서 곧바로 중국으로 갈 수 있었습니다. 철도가 중국 침략의 안내선이 된 것입니다.

동양 척식 주식회사

1908년 동양 척식 주식회사법에 기초하여 한국에서의 농업과 척식* 사업을 목적으로 하는 동양 척식 주식회사(이하 동척)가 설립되었습니다. 설립될 때는 일본의 관료가 주도적인 역할을 했습니다. 제1차 세계 대전 중이던 1917년에는 본점이 서울에서 도쿄로 옮겨지고, 금융이나 도시 개발 등의 새로운 사업 목적이 추가되었습니다. 그리고 만주, 중국, 필리핀, 싱가포르

■ 동척의 논 소유 면적 추이

등지로 지점망을 넓혀 갔습니다. 사원이었던 어떤 사람은 동척에 대해 "옛 일본 제국의 흥망과 함께 나아간 회사"였다고 평했습니다.

그래프에서 보이는 것처럼 1910년대 전반에 동척의 논 소유 면적은 급증했습니다. 이 중에는 대한 제국 정부가 현물 출자했던 1만 헥타르가 넘는 우량 논도 포함되어 있습니다. 1920년대 이후에 논 소유 면적은 감소했지만, 1945년까지 조선 최대의 지주라는 지위에는 변함이 없었습니다.

● 척식 국외의 영토나 미개지를 개척하여 자국민의 이주와 정착을 정책적으로 촉진하는 일.

민족 운동과 사회 운동

1. 3·1 운동

1919년 3월 1일 한국인들은 일제히 독립 만세를 부르며 거리로 뛰쳐나왔습니다. 헌병 경찰 통치라는 일본의 서슬 퍼런 압제로 저항할 생각을 하지 못할 것 같던 바로 그 순간이었습니다.

터지자 밀물 같은 대한 독립 만세

헌병 경찰 통치 아래에서도 국내외에서 한국인의 독립 운동은 멈추지 않았습니다. 국내에서는 비밀리에 독립 운동 단체를 조직하여 선언문, 격문을 발표하고 독립 운동 자금을 모았습니다. 의병 활동도 계속되었습니다. 만주와 연해주에서는 많은 단체들이 학교를 세우고 독립군을 길렀습니다.

제1차 세계 대전이 끝날 무렵, 국제 사회에서는 '민족 자결'에 대한 관심이 높아졌습니다. 이에 힘입어 한국 독립 운동가들은 국내외에서 독립 운동에 박차를 가했습니다.

1919년 1월 무렵부터 천도교를 비롯한 종교계 인사와 학생 들이 중심이 되어 독립 운동을 준비했습니다. 처음에는 독립적으로 추진했으나, 2월 8일 일본 도쿄에서 한국 유학생들이 독립 선언을 한 것을 계기로 하나로 뭉쳤습니다. 한국 독립 운동가들은 '대중화, 일원화, 비폭력'을 행동 강령으로 삼고, 민족 대표 33인의 이름으로 몰래 만든 독립 선언서를 전국 주요 도시에 배포했습니다.

마침내 1919년 3월 1일, 한국인들은 서울을 비롯한 전국 주요 도시에서 동시에 독립 만세를 부르기 시작했습니다.

봉기는 낮과 밤으로 일어나고 있다. 특히 수천 명이 모여들어 체포하기가 가장 어려운 장날이 이용되었다. 전국에서 학생들이 동맹 휴학을 했다. 경찰이 완전히 장악한 지역의 학생들은 학교로 돌아왔다. 하지만 대부분 공부하는 척하고 있을 뿐이다. 상당히 많은 농부들은 씨뿌리기

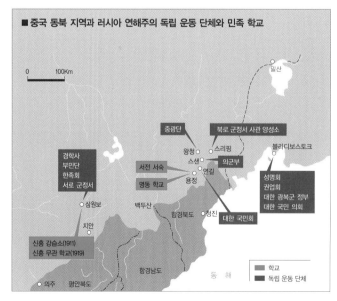

■중국 동북 지역과 러시아 연해주의 독립 운동 단체와 민족 학교

0 100Km

밀산

경학사
부민단
한족회
서로 군정서

중광단

북로 군정서 사관 양성소

왕청
스리핑
블라디보스토크

서전 서숙
스셴
의군부
명동 학교
연길

용정

삼원보

성명회
권업회
대한 광복군 정부
대한 국민 의회

백두산

함경북도
성진

신흥 강습소(1911)
신흥 무관 학교(1919)

지안

대한 국민회

의주
평안북도

함경남도

동 해

■ 학교
■ 독립 운동 단체

를 거부하였다. 상인들은 날마다 가게 문을 열
라고 총검으로 위협을 할 때까지 문 열기를 거
부하고 있다.

통신이 끊겨 어느 곳에서 무슨 일이 일어나고
있는지 알 수 없다. 그러나 처음 봉기가 일어난
지 2개월이 지난 오늘도 날마다 잡혀 오는 사람
이 있다. 이로 미루어 보면 두메 마을까지 어느
정도 번졌음을 짐작할 수 있다.

－미국인 선교사의 편지, 『일제하 독립 운동가의 서한집』

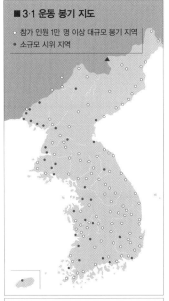

■ 3·1 운동 봉기 지도
○ 참가 인원 1만 명 이상 대규모 봉기 지역
● 소규모 시위 지역

한 번 불붙은 독립 운동은 지도와 편지에
서 보듯이, 주요 도시에서 중소 도시로, 농촌
과 산간벽지로 확산되어 전국에서 일어났습니
다. 일본은 한국인의 저항을 강경하게 탄압했
습니다. 일본 군대와 경찰은 한국인을 학살,
체포하고 고문을 자행했습니다.

독립 운동은 한국 밖으로 퍼져 나갔습니
다. 만주, 연해주, 미국 등 곳곳에서 한국 동포
들이 만세를 부르며 일본의 잔인한 만행을 국
제 사회에 고발했습니다.

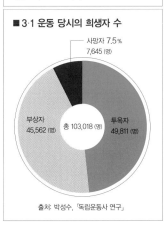

■ 3·1 운동 당시의 희생자 수

사망자 7.5%
7,645 (명)

부상자
45,562 (명)

총 103,018 (명)

투옥자
49,811 (명)

출처: 박성수, 「독립운동사 연구」

독 립 운 동 의 새 로 운 전 기

일본은 철저한 탄압과 제국주의 열강의 묵
인으로 독립 운동을 잠재우는 데 성공했지만,
결코 한국인의 독립 의지를 꺾을 수는 없었습니다. 3·1 운동을 통해 각성한 한국
민중은 노동, 농민, 학생 운동 등 다양한 형태로 민족 운동을 전개했습니다.

국외에서는 독립 운동을 효율적으로 지도할 중심 조직의 필요성을 절감한
독립 운동가들이 중국 상하이에 대한민국 임시 정부를 세웠습니다. 만주와 연해
주에서 활동하던 한국 독립군은 한국 국경을 넘나들면서 일본군과 전투를 벌였
습니다.

한편 중국, 인도 등 침략을 당하거나 식민지 지배를 받고 있던 나라들은 3·1 독
립 운동에 커다란 관심을 보였습니다. 특히 중국 지식인과 학생 들은 한국에서 일
어난 3·1 독립 운동 소식을 전하면서 중국인들에게 반일 투쟁을 호소했습니다.

2. 5·4 운동

1919년에 일어난 5·4 운동은 중국 민중이 제국주의를 반대하고 근대 사회를 이룩하기 위해 일으킨 애국 민주 운동이었습니다. 5·4 운동은 어떻게 해서 발생했을까요? 5·4 운동의 전개 과정은 어떠하며, 그 의의는 무엇일까요? 중국 역사에 어떠한 영향을 끼쳤을까요?

학생 시위 | 5·4 운동 때 톈안먼으로 향하는 베이징 대학의 학생들.

일본의 21개조 요구

1914년 여름, 제1차 세계 대전이 일어났습니다. 영국과 동맹 관계에 있던 일본은 독일에 선전 포고를 하고 독일이 점령하고 있던 칭다오와 산둥의 권익을 탈취했습니다. 1915년 1월 18일, 일본은 중국에 산둥에서 독일의 권익 및 정치, 경제, 군사적 권리를 계승한다는 '21개조 요구'를 제출했습니다. 당시 대총통 위안스카이는 일본의 압력에 굴복하여 '21개조 요구'를 기초로 베이징에서 일본과 '남만주 및 동부 내몽골에 관한 조약', '산둥 문제 처리 교환 문서' 등을 체결했습니다. 조약에 따르면, 일본은 산둥에서 독일이 가지고 있던 권리를 계승할 뿐만 아니라 철도 부설, 광물 채굴, 개항장 설치 등 많은 권리를 얻게 되었습니다.

21개조의 주요 내용은 다음과 같습니다.

1. 일본이 산둥에서 독일이 갖고 있는 권익을 계승함을 인정한다.
2. 일본은 남만주(현재의 동북 3성 남부) 및 동부 내몽골을 장기간 조차하여 상공업을 경영하고 광산을 개발하고 철도를 부설할 권익을 갖는다.
3. 한예핑 공사를 중·일 합작으로 고치고 부근에 있는 광산 개발을 독점한다.
4. 중국 정부는 연안의 항만과 섬을 다른 나라에 조차하지 않을 것에 동의한다.
5. 중국 정부는 일본인을 초빙하여 정치, 군사, 재정 고문으로 삼는다. 중국과 일본은 합작하여 경찰 행정을 실시하고 군수 공장을 창설한다. 우창과 난창을 잇는 철도 등 여러 철도 부설권을 일본에 넘겨준다. 일본은 푸젠 성에 광산을 개발하고 항만, 조선소, 도로 등을 건설하는 데 우선권을 갖는다. 일본인은 중국에서 포교권을 갖는다.

5·4 운동

중국은 1917년 8월 독일에 선전 포고를 하고 연합군 쪽의 참전국이 되었습니다. 제1차 세계 대전이 끝난 뒤, 중국은 '전승국' 자격으로 파리 강화 회의에 참가했습니다. 중국은 열강이 중국에서 갖고 있는 특권을 취소하고 21개조를 폐기하여 산둥의 권익을 돌려 달라고 요구했습니다. 그러나 영국, 미국, 프랑스 등 제국주의 국가들은 일본과 타협하여 중국의 정당한 요구를 거부했습니다. 산둥에 있는 독일의 권익은 일본에 넘겨주기로 결정되었습니다.

당시 민족 독립의 물결이 세계를 휩쓰는 가운데 파리 강화 회의의 결정을 알게 된 베이징의 학생들은 크게 분노했습니다. 1919년 5월 4일에 3,000여 명의 학생들이 톈안먼 광장에서 집회를 열었습니다. 그들은 산둥의 주권 회수를 주장하는 한편, '산둥 문제 처리 교환 문서'의 체결과 관련된 세 명의 친일 관료를 파면하라고 요구했습니다. 그리고 그들의 집으로 가서 시위를 벌였습니다. 중국 정부는 군경을 출동시켜 이를 진압하고 현장에서 학생 30여 명을 체포했습니다. 다음 날 베이징의 각급 학교 학생들은 이에 항의해서 아래와 같은 구호를 외치며 동맹 휴업에 들어갔습니다.

■1919년 5~6월

● 봉기 지역

선양
베이징
톈진
지난
시안
상하이
충칭
우한
난창

*성의 경계는 현재를 기준으로 삼았다.
*5·4운동 발상지(●)는 주요 도시만 표시하였다.

"밖으로는 국권을 찾고 안으로는 매국노를 처벌하자."
"조약의 서명을 거부하라."
"21개조를 폐지하라."
"우리에게 산둥을 돌려 달라."
"몸을 바쳐서라도 산둥을 되찾자."

베이징 학생들의 애국적인 행동은 전국에 영향을 주었습니다. 대도시에서는 앞다투어 시위에 동조하고 학생들의 애국적 행동을 성원했으며, 중국 정부의 폭거를 규탄했습니다. 6월 3일, 상하이, 톈진, 우창, 칭다오 등에서 노동자들이 잇따라 정치적 파업을 벌이고 상점들도 문을 닫고 항의하여 전사회적인 애국 민족 운동으로 발전했습니다.

학생과 노동자 들의 투쟁에 굴복한 중국 정부는 어쩔 수 없이 체포한 학생들을 석방하고 친일 관료 세 명을 해임했으며, 중국 대표에게 파리 강화 조약에 서명을 거부하도록 지시했습니다. 이것이 바로 중국 역사에 큰 영향을 끼친 5·4 운동입니다.

5·4 운동의 승리로 중국인들은 대외적으로 민족의 자주, 대내적으로 봉건 전제 사회에 대한 반대를 한층 강력하게 주장하게 되었습니다. 그 결과, 중국의 민족 민주 혁명은 고조기로 접어들게 되었습니다. 이때부터 '민주'와 '과학'을 구호로 하는 신문화 운동이 더욱 확산되었습니다.

3. 삼국의 사회 운동

자본주의 경제의 발달과 함께 동아시아 삼국의 노동자나 농민은 실업이나 빈곤 등의 사회 문제에 직면하게 되었습니다. 그래서 그들은 노동 운동이나 농민 운동에 나서게 되었습니다. 또 피차별민이나 여성의 해방을 요구하는 운동도 활발해졌습니다. 삼국에서 전개된 사회 운동을 알아볼까요?

펑파이 | 광둥 성의 대지주 집안에서 태어난 펑파이(彭湃)는 일본의 와세다 대학에 유학하여 1921년에 졸업하고 고향에 돌아와서 농민 운동을 시작했다. 중국 농민 혁명의 선구자로 활약했지만 1929년 국민당 정부에 총살당했다.

노동 운동, 농민 운동의 전개

제1차 세계 대전 뒤 삼국에서는 공장, 탄광 및 광산, 철도와 항만 등에서 일하는 노동자들의 수가 증가했습니다. 이들은 저임금, 장시간 노동과 같은 가혹한 노동 조건으로 고통을 당했습니다.

노동자들은 자신의 노동 조건이나 권리를 향상시키기 위한 운동을 시작했습니다. 직장이나 지역에 노동조합이 조직되고 이를 토대로 전국 조직이 결성되었습니다. 노동자의 축제인 메이데이(5월 1일)가 삼국의 노동자들 사이에 정착된 것도 이 시기의 일입니다.

고액의 소작료나 높은 금리의 빚 때문에 농민도 괴로운 생활을 강요받고 있었습니다. 자신의 땅이 없어 지주에게 농지를 빌려 경작하는 소작농들은 농민 조합을 결성하여 집단적으로 소작료를 내려달라고 요구했습니다.

사회주의 정당의 결성

노동 운동과 농민 운동이 활발해짐에 따라 사회주의 사상도 영향력이 강해졌습니다. 1917년 러시아 혁명 뒤 국제적인 공산주의 운동이 활기를 띠면서 삼국에서 공산당 등 사회주의 정당이 결성되어 갔습니다.

1921년 상하이에서 중국 공산당이 결성되었습니다. 중국 공산당은 국민당과 손잡고 중국의 해방을 목표로 1924년에는 국공 합작을 이루었습니다. 국공 합작 아래서 노동 운동과 농민 운동은 더욱 활발해졌습니다.

1922년에는 도쿄에서 일본 공산당이 비합법적으로 결성되었습니다. 1925년 남자 보통 선거제가 성립되자 합법적인 무산 정당을 결성하여 의회 진출을 시도했습니다. 그러나 1925년에 만들어진 치안 유지법을 적용한 정부의 가혹한 탄압을 받았습니다. 결국 잇단 검거와 새로운 전쟁을 향한 움직임이 가속화되면서 일본 공산당은 완전히 힘을 잃어버리고 말았습니다.

한국에서도 1925년에 조선 공산당이 설립되었습니다. 그러나 조선 총독부의 탄압으로 1928년에 조직이 와해되었습니다. 사회주의자들은 민족주의자와 손잡고 1927년에 신간회를 만들었습니다. 신간회는 지회가 140여 개가 만들어질 정도로 활발한 활동을 벌였습니다.

수평사와 형평사

에도 시대까지 일본에는 '에타'라고 불리는 피차별민이 있었습니다. 한국에도 조선 시대에는 노비가 아닌 '백정'이라 불리는 피차별민이 있었습니다. 일본의 경우는 메이지 유신 직후(1871년)에, 한국에서는 갑오개혁(1894년)으로 제도적인 차별은 폐지되었습니다. 그러나 사회에서는 그들의 직업이나 거주지에 대한 극심한 차별이 계속 남아 있었습니다. 일본에서는 수평사(1922년), 한국에서는 형평사(1923년)가 결성되면서 차별을 없애기 위한 운동이 시작되었습니다. 두 조직은 교류와 협력을 추진했으나 '조선의 독립'을 공동 과제로 내거는 단계까지는 이르지 못했습니다.

형평사 | 1927년 이동환(가운데)은 형평사의 대표로서 일본을 찾아 각지의 수평사를 방문했다. 사진은 교토 히가시시치조 북부의 수평사를 방문했을 때 찍은 것이다.

4. 간토 대지진과 재일 한국인·중국인의 학살

1923년 9월 1일 일본 간토 지방 남부에서 진도 7.9의 대지진이 일어나, 목조 주택뿐만 아니라 철근 콘크리트 빌딩도 파괴되었습니다. 주택이 밀집한 도쿄와 요코하마에서는 대화재가 발생했고, 전체 피해자는 약 350만 명으로 사망자 9만 명, 부상자 10만 명, 실종자가 4만 명에 달했습니다. 이를 간토 대지진이라고 합니다. 이때 수많은 조선인과 중국인이 살해되는 사건이 발생했습니다. 왜 이런 일이 일어난 것일까요?

지진과 화재 이외의 희생자

대지진으로 사회가 혼란해지자 경찰 등은 '조선인이 폭동을 일으켰다'는 유언비어를 퍼뜨렸습니다. 일본 정부는 다음 날인 9월 2일 도쿄와 가나가와 일대에 계엄령을 내렸습니다. 이런 혼란 속에서 군대, 경찰, 주민 등이 만든 자경단에게 조선인 약 6,000명이 학살되었다는 사실이 재일본관동지방이재조선동포위문반의 조사로 밝혀졌습니다. 중국인 수백 명도 살해당했습니다.

또한 오스기 사카에와 같은 사회주의자나 노동 조합 지도자 들도 그들의 사고방식을 위험시했던 군인이나 경찰에게 살해당했습니다. 지방 출신자로 방언을 사용하는 일본인 중에도 조선인으로 오해받아 살해된 사람이 있었습니다. 그것은 첫머리에 유성음 발음을 하지 않는 한국어의 특징을 이용하여 10엔 50전을 '쥬엔 고줏센'이 아니라 '추엔 코주센'이라고 발음하는 사람은 조선인으로 간주했기 때문입니다.

조선인과 중국인 학살에 대해 '다이쇼 민주주의'의 사상가 요시노 사쿠조는 "세계 무대에 얼굴을 들 수 없을 정도의 대치욕"이라고 말했습니다.

간토 학살 | 간토 대지진의 혼란 속에서 한국인을 학살하고 있는 장면을 그린 가와메 테이지로(추정)의 그림.

왜 조선인, 중국인이 살해당한 것일까요?

제1차 세계 대전 중에 경기가 좋았던 일본 경제는 전쟁이 끝나자 마자 공황에 빠졌고, 사회 운동과 노동 운동이 격렬해졌습니다. 식민지에서도 독립 운동이 활발해졌습니다. 계엄령을 내리자고 주장한 사람은 내무대신 미즈노와 경찰 총감 아카이에입니다. 두 사람은 3·1 운동 직후 한국에서 정무 총감과 경찰 국장을 지냈던 인물입니다. 이들은 지진으로 혼란에 빠진 민중이 사회 운동가들과 결합할 것을 두려워했습니다. 이에 민중이 사회주의자나 한국인·중국인에게 갖고 있던 편견과 차별 의식을 이용해 한국인·중국인을 희생양으로 삼아 사람들의 불안을 해소하고자 한 것입니다.

세계는 이 사실을 어떻게 받아들였는가

대지진이 일어나자 미국, 프랑스, 중국 등 41개국이 구호 물자와 의연금을 보냈습니다. 하지만 학살 사건이 알려지자 세계 여론은 일본에 비판의 눈길을 보냈습니다. 데이코쿠 호텔에 피난했던 각국 외교관들은 일본 정부에 엄중히 항의했습니다.

한국이 일본의 식민지였기 때문에 한국인 학살은 국내 문제로 치부되었습니다.

> 닛세키 병원에서 1년 6개월 만에 퇴원했습니다. 조선에 돌아가 보니 내 고향에서만 지진 때 12명이나 학살당했다는 것을 알았습니다. 그중 친척만 3명이나 살해당했습니다. 그렇게 잔혹한 학살 사건이 있었지만 나라가 없었기 때문에 항의도 하나 못했습니다.
> —기적적으로 살아남은 한국인 신창범 씨의 증언 「다큐멘터리 간토 대지진」

하지만 중국인의 경우는 국제 문제가 되었습니다. 중국 정부는 중국인 학살의 진상을 해명하기 위해 베이징에서 일본으로 조사단을 파견하여 피해자 가족에 대한 보상 등을 요구했지만 일본 정부는 응하지 않았습니다.

1970년대 후반부터 시민 단체가 간토 각지에서 한국인·중국인 학살에 대한 조사, 유골 발굴, 추도 등을 추진해 왔습니다. 그러나 사건이 있고서 80년이나 지난 지금도 일본 정부의 공식적인 조사나 사죄 및 보상은 이루어지지 않고 있습니다.

신채호 - 역사 연구와 혁명 운동

신채호(1880~1936)는 한국의 유명한 역사학자이자, 항일 무장 투쟁에 뛰어든 혁명가입니다. 원래 유학자였지만 스스로 상투를 자르고 개화 자강을 주장하였습니다. 신문에 논설을 쓰고 역사를 연구해서 한국인에게 민족의식을 심으려고 노력했습니다. 한국이 일본의 식민지가 되자 러시아와 중국에서 항일 언론 활동과 한국 고대사 연구에 힘을 쏟았습니다.

신채호는 독립 운동의 방법으로 외교 활동보다 무장 투쟁이 더 적합하다고 줄기차게 주장했습니다. 대한민국 임시 정부에 참여했다가 떠난 것도 이런 주장이 받아들여지지 않았기 때문이었습니다. 1923년에는 항일 무장 단체인 의열단의 부탁으로 다음과 같은 내용이 담긴 「조선 혁명 선언」을 썼습니다.

신채호

민중은 우리 혁명의 중심부이다. 폭력은 우리 혁명의 유일한 무기이다. 우리는 민중 속에 가서 민중과 손을 잡고 끊임없는 폭력—암살·파괴·폭동—으로써 강도 일본의 통치를 타도하고, 우리 생활에 불합리한 일체 제도를 개조하여, 인류로써 인류를 압박치 못하며 사회로써 사회를 수탈하지 못하는 이상적 조선을 건설할지니라.

심혈을 기울여 쓴 선언문에서 그는 민중 한 사람 한 사람이 혁명을 이끌 주체임을 분명히 했습니다. 나아가 일본 지배를 타도하는 데 그치지 않고 불합리한 모든 사회 제도를 고쳐야 한다고 선언했습니다. 민족을 넘어 모든 인류가 함께 잘 살 수 있는 세계를 만들어야 진정한 평화가 온다고 생각한 것입니다.

한 치의 흔들림도 없는 굳건한 자세로 역사 연구와 독립 운동을 하던 신채호는 1928년 일본 경찰에 체포되어 1936년 뤼순 감옥에서 사망했습니다.

가네코 후미코 - 한국인과 함께 천황제 국가와 싸운 일본인

가네코 후미코(1903~1926)라는 사람을 알고 있습니까? 1923년 간토 대지진 때 한국인 박열과 함께 검거되어 황태자(후일의 쇼와 천황)를 폭탄으로 살해하려고 했다는 '대역죄'(천황에게 위해를 가한 죄)로 사형 판결을 받은 여성입니다.

후미코는 요코하마에서 태어났습니다. 가문을 중시하던 아버지가 혼외 자식이던 후미코의 출생 신고를 하지 않았기 때문에 정식으로 소학교에 입학하지 못하는 등 차별을 받았습니다. 또 아버지에게 버림받은 어머니가 재혼을 하는 등 소녀 시절의 후미코는 불행했습니다.

아홉 살 때 조선에 사는 친척의 양녀가 되었지만 권위적인 집안에서 심하게 학대를 받았습니다. 그래서 3·1 운동 때 강자에 맞서는 한국인을 보고 "마치 내 일처럼 생각되어 감격했다"고 합니다. 열여섯 살 때 양녀 자격이 취소되자 아버지는 마음대로 결혼을 결정해 버렸습니다. 이 압박을 피해 도쿄에서 고학을 하면서 사회주의, 무정부주의 등을 알게 되었습니다.

그리고 그때까지 체험을 통해 "모든 권력을 부정하고, 인간은 평등하며 자신의 뜻대로 살아가야 한다"는 사상을 가지게 되었습니다. 나아가 갖가지 법률이나 충군애국, 여자의 순종과 같은 도덕은 "불평등을 인위적으로 만들어 낸 것으로, 사람들을 지배 권력에 종속시키기 위한 장치이다. 그 권력의 대표가 바로 천황이다"라고 생각했습니다. 열아홉 살 때 일본 제국주의 타도를 지향하던 박열과 동지적 연애를 하며 동거하였고 후테이샤(不逞社)를 결성했습니다. 조선의 독립과 천황제 타도를 지향하던 두 사람은 폭탄의 입수를 계획하기는 했지만 실현하지 못한 채 검거되었습니다.

젊은 두 사람은 살아남기보다는 법정을 사상 투쟁의 장이라고 생각하고 당당히 싸웠습니다. 사형 판결 후 정부는 '은사(恩赦, 천황의 사면)'로 무기 징역을 선고하지만 후미코는 그 서류를 찢어 버렸습니다. 3개월 후 후미코는 옥중에서 자살했습니다. 스물세 살 때 일이었습니다. 민족이나 국가를 초월하여 동지로서 박열을 사랑하고 피억압자와 연대한 자신의 사상을 관철시킨 일생이었습니다.

가네코 후미코(왼쪽)와 박열(오른쪽)

리다자오 – 중국 공산당의 창시자

리다자오(1889~1927)는 중국 최초로 공산주의 운동을 시작한 지식인으로 중국 공산당 주요 창시자 중 한 사람입니다. 1913년 겨울, 리다자오는 일본의 와세다 대학으로 유학을 떠났습니다. 1915년 5월, 귀국한 뒤에 반(反)위안스카이 운동에 참가했습니다. 1918년, 베이징 대학의 도서관 주임을 맡아서 신문화 운동에 적극적으로 투신했고, 천두슈와 함께 〈매주평론〉을 창간했습니다. 러시아에서 10월 혁명이 일어나자, 리다자오의 시야도 넓어지고, 사회주의가 역사적 조류라고 생각하기 시작했습니다.

그는 사회주의에 대한 신념을 가지고, 중국에서 사회주의를 실행해야 한다고 믿었습니다. 그래서 러시아 혁명을 소개하고 마르크스주의를 전파하는 많은 글을 썼습니다. 동시에 리다자오는 현대적인 새로운 문명을 철저하게 사회 속으로 이식하기 위해서는 지식인 계급과 농민을 위주로 하는 노동 계급이 힘을 합치지 않으면 안 된다고 주장했습니다.

5·4 운동 시기에는 학생 시위를 조직하고 이끌었으며, 베이징 대학의 교직원 연합회 대표의 신분으로 체포된 학생을 구하는 청원 운동에 직접 뛰어들었습니다. 1920년 여름, 베이징 공산주의 소조를 조직하고 중국 공산당 창당에 참여했습니다. 중국 공산당 제2·3·4차 전국 대표 대회 선거의 중앙 위원 등에 당선되었고,

리다자오

쑨원을 도와서 연소, 용공, 농공부조 등 3대 정책을 제정했습니다. 1927년 4월, 펑톈파 군벌 장쭤린이 베이징에서 비밀리에 리다자오를 체포해 살해했습니다.

후세 다쓰지 – 한국 민중을 위한 투쟁

"살아야 한다면 민중과 함께, 죽어야 한다면 민중을 위해." 노동자, 농민 및 혁명 운동가의 인권을 지키기 위해 변호사로서 평생을 분투한 후세 다쓰지(1880~1953)라는 인물의 좌우명입니다. 후세의 활동은 일본뿐만 아니라 식민지였던 한국, 타이완에서도 펼쳐졌습니다. 그는 재일 조선인의 권리를 지키기 위한 활동에도 가담했습니다. 간토 대지진 후에 대역죄로 기소된 재일 한국인 박열을 변호하고 대심원 특별 법정에서 무죄를 주장했던 일화는 널리 알려져 있습니다.

박열과 함께 사형 판결을 받은 박열의 동지이자 연인 가네코 후미코가 옥사하자, 후세는 그녀의 유골을 인수하여 박열의 고향에 매장할 수 있도록 도왔습니다.

한편 한국의 농촌을 방문한 경험이 있던 후세는 한국 사회가 직면한 모순을 정확히 파악하고 있었습니다. "한국의 농업 시설이 발달하면 할수록 한국의 가난한 농민들은 점점 생활고에 빠지게 되고, 결국은 한국에서 살 수 없게 된다." 이러한 예리한 인식을 발판으로 후세는 한국 민중을 위해 싸웠던 것입니다.

2004년 후세의 활동에 대해 한국 정부는 건국 훈장을 수여했습니다. 독립 운동에 공헌한 사람에게 주어지는 이 훈장을 일본인이 받은 것은 이것이 처음입니다.

천톄쥔 – 형장의 결혼식

본명은 천셰쥔(1904~1928). 광둥 성 포산 현 사람으로 부유한 화교 집안에서 태어났습니다. 1925년 광둥 대학(나중에 중산 대학으로 개명)에 합격했으며, 이듬해 중국 공산당에 가입했습니다. 그 뒤 여성 운동에 투신하여 광둥 여성 해방 협회 부주석을 맡았습니다.

천톄쥔은 늘 거친 천으로 만든 옷을 입고, 일하는 여성들과 함께 집안일을 했습니다. 그녀는 남녀 평등, 여성은 스스로 강해져야 한다는 것 등을 설명하였고, 일하는 여성들의 많은 사랑을 받았습니다. 1927년 국공 양당이 분열한 뒤, 국민당 정부는 공산당원들을 체포해 살해하기 시작했습니다. 천톄쥔은 광저우 봉기를 주도했던 저우원융과 함께 부부로 위장하여 백색 테러의 공포 속에서도 계속 활동했습니다. 두 사람은 이 과정에서 서로 사랑하게 되었습니다.

1928년 2월, 그들은 국민당 정부에 체포되었습니다. 옥중에서 천톄쥔은 숱한 고초를 당했지만 끝내 굴복하지 않았습니다. 2월 6일, 그들은 형장으로 끌려

후세 다쓰지

형이 집행되기 전의 저우원융(왼쪽)과 천톄쥔(오른쪽)

가서 총살을 당했습니다. 이때 천례쥔은 군중을 향해 "나와 저우원용은 형장에서 결혼식을 올릴 것이고 반동파의 총성은 결혼을 축하하는 예포입니다"라고 소리쳤습니다. 형장의 결혼식은 많은 사람들을 감동시켰고, 일본의 신문에도 보도되었습니다. 그녀의 행적은 뒤에 중국에서 「형장의 결혼식」이라는 영화로 만들어졌습니다.

정종명 – 사회 운동을 통해 여성 해방을 모색하다

정종명(1896~?)은 일본의 지배를 당하던 시기에 활동한 한국의 대표적인 여성 운동가이자 민족 운동가입니다. 가난한 시골에서 태어났지만 열심히 노력해서, 1906년 서울에 올라와 배화 학당에 입학했습니다. 그러나 가난으로 끝내 졸업을 하지 못했으며, 결혼한 지 2년 만에 남편이 죽는 아픔도 겪었습니다.

1922년 정종명은 여자 고학생 상조회를 만들어 본격적인 사회 활동을 시작했습니다. 고학생을 돕는 단체를 만든 것은 아마도 자신이 많은 어려움을 겪었기 때문일 것입니다. 그 뒤 사회주의 성향의 여성 단체에서도 활발히 활동했습니다. 특히 1927년 사회주의자와 민족주의자 들이 함께 만든 여성 운동 단체인 근우회 창립을 주도하며 중앙 집행 위원장으로 활약했습니다.

뒤늦게 활동을 시작했지만 정종명이 이처럼 주목받은 것은 여성 해방에 대한 투철한 신념과 의지 때문이었습니다. 1928년 한 신문과 대담한 다음과 같은 내용에는 이런 신념이 그대로 드러나 있습니다.

정종명

> 앞에서 말한 것은 당국이 허락하고 돈만 있으면 될 수 있는 일이지만 정말 인력으로 할 수 없는 문제가 있습니다. 그것은 여자 투사가 나오지 않는 것입니다. 제일 선에 서서 싸우던 사람들은 연애만 하면 그만이요, 한 번 결혼만 하면 그림자도 찾을 수 없게 됩니다. 오직 우리의 운동을 위해 한 몸을 희생으로 바칠 만한 각오를 하고 나서는 여성이 거의 없는 것입니다. …… 우리의 여성 운동을 남자에게 의뢰하지 말고 가장 대담하고 용맹하게 싸워 나갈 만한 아름다운 희생자가 새해에는 쏟아져 나오기를 간절한 마음으로 바랍니다.　　　　　　　－〈조선일보〉, 1928년 12월 19일

1. 한국 사회와 문화의 변화

1920~1930년대에 한국 사회는 일본의 식민지 지배를 받고 있는 상황에서 서양 문화가 들어오면서 빠르게 바뀌었습니다. 1920~1930년대에 한국의 사회와 문화는 어떤 변화를 겪었는지 알아봅시다.

바 뀐 도시, 바뀌지 않은 농촌

일본의 식민지 지배를 받으면서 한국의 도시 모습은 크게 바뀌었습니다. 도시로 발전한 곳은 일본으로 쌀과 면화를 수출하는 항구나 교통 요충지였습니다. 공장이 들어서거나 일본군이 주둔한 곳도 도시로 바뀌었습니다. 특히 대전, 청진, 군산, 흥남 등은 허허벌판에서 도시로 급성장했습니다.

아래 지도에는 1913년 조선 총독부가 부(府)로 지정한 도시가 표시되어 있습니다. 부로 지정되면 도시 계획을 세워 도로를 정비하고 의료와 위생 시설을 확충했습니다. 당연히 도시에 사는 사람들은 많은 혜택을 누렸습니다. 그런데 부를 지정하는 기준이 문제가 되었습니다. 전체 인구수가 아니라 일본인이 얼마나 살고 있느냐에 따라 결정된 것입니다.

하지만 농촌은 크게 바뀌지 않았습니다. 자기 땅을 갖지 못한 농민들은 살기가 더욱 힘들어졌습니다. 예를 하나 들어 볼까요? 1930년대 어느 마을에 38가구가 살고 있었습니다. 자기 땅을 가진 농민은 딱 한 집이었고, 양식 걱정을 하지 않는 집은 세 집뿐이었습니다. 많은 아이들은 신발도 없이 맨발로 뛰어놀았습니다.

농사일을 얻지 못한 농민들은 근처 공사장이나 광산 등지로 가서 날품팔이를 할 수밖에 없었습니다. 그나마 일자리를 얻기도 힘들었습니다. 농민들은 어쩔 수 없이 고향을 버리고 도시로 몰려갔습니다. 이들은 도시

■ 1913년 조선 총독부가 부로 지정한 도시

청진

신의주

평양
원산
진남포

경성(서울)
인천

군산
대구
마산 부산
목포

변두리나 하천 변에서 토막(오른쪽 사진)을 짓고 겨우겨우 생명을 유지해 갔습니다.

토막민의 집

몰라보게 달라진 서울

도시 가운데 가장 번성한 곳은 당연히 서울이었습니다. 서울 인구는 1920년대부터 크게 늘어났습니다. 농민이 몰려오고 일본인이 부쩍 늘어났기 때문입니다.

서울 곳곳에 새로운 건물이 세워지고, 사람이 많이 몰리는 도심지 곳곳은 상업 지역으로 번창했습니다. 아래 사진은 상업 중심지였던 진고개의 모습입니다. '혼마치(本町)'라는 상점 거리의 이름도 보이지요? 그 뒤편으로 백화점, 양복점, 카메라점 등 서양 용품을 파는 일본인 상점이 줄지어 들어섰습니다. 일본인 상인은 서울 곳곳에서 상권을 장악했습니다. 혼마치 건너편 종로 상인을 비롯한 한국인 상인은 이들과 힘겨운 경쟁을 벌였지요.

자동차는 1903년 왕실용으로 처음 들어왔습니다. 1920년이 되면서 200대 가까이 늘어났지만 아무나 소유할 수 없었습니다. '바람을 뚫고 질주하는' 귀한 자동차를 운전하는 운전수는 당연히 월급이 많았고 일등 신랑감이었습니다. 1928년 처음 등장한 영업용 택시는 3년이 지나지 않아 700~800대로 늘어났습니다.

1920년대 진고개

전차는 사람들이 가장 많이 이용하는 대중 교통 수단이었습니다. 선로도 복선이 되고 크기도 100명 이상 태울 수 있는 대형으로 바뀌었습니다. 1920년대가 되면 미니버스가 다니기 시작했습니다. 전차가 다니지 않는 곳까지 노선이 확장되었고 택시보다 요금이 훨씬 쌌기 때문에 버스는 금방 제2의 교통수단이 되었습니다.

영화와 대중가요가 인기를 끌다

서양 문화도 본격적으로 들어와 빠르게 확산되었습니다. 1920년대가 되자 대중문화가 형성되기 시작했습니다. 초기 영화는 무성 영화였습니다. 배우는 연기만 하고 '연사'라 불리는 사람이 극장에서 영화를 보면서 대사를 읽었습니다. 배우의 연기 못지않게 연사의 말솜씨가 흥행을 결정하기도 했습니다.

다음 사진은 1926년에 상영된 「아리랑」이라는 영화에 출연한 배우들입니다.

영화 「아리랑」 출연진 | 가운데 아이를 안고 있는 사람이 나운규이다(○ 표시).

가운데 있는 사람이 「아리랑」을 만들고 주연을 맡은 유명한 배우 나운규입니다. 「아리랑」은 농촌에서 일어난 사랑과 사회적 갈등을 소재로 만든 영화였습니다. 주제가 '아리랑'은 한국인이 가장 즐겨 부르는 노래 제목이기도 했습니다. 노래에 담긴 정서를 영화 속에 녹여 냄으로써 식민지 지배를 당하고 있던 한국인에게 폭발적인 사랑을 받았습니다.

1920년대에는 대중가요도 유행하기 시작했습니다. 일본 엔카의 영향을 받은 트로트가 인기를 끌었습니다. 서양 음악의 영향을 받은 노래나 한국 민족의 정서가 담긴 민요풍의 노래가 불렸습니다. 노래 주제는 남녀 사이의 사랑과 이별, 힘든 생활과 방랑의 서러움 등이었습니다. 일본 지배 아래에서 저항하는 노래를 부를 수 없었기 때문이기도 합니다. 대중가요가 보급되면서 1930년대에는 전문적인 음반 회사들도 생겨났습니다.

영화나 대중가요가 인기를 끌면서 대중을 상대로 한 오락이나 유흥 산업도 확대되었습니다. 도시에는 서구식 술집이 늘어나고 댄스홀도 생겨났습니다. 당연히 한국의 전통적인 미풍양속을 해친다는 비판도 일어났습니다.

소설이 대중화되고 만화가 등장하다

1920년대 들어 인간의 개성이나 사회 현실을 사실적으로 다루는 근대 소설이 널리 보급되었습니다. 활자와 인쇄술의 발달로 책을 대량 보급할 수 있어 소설이 대중화되었습니다. 특히 춘향전과 같은 옛 소설이 개작되어 문고본으로 만들어졌는데, 이들 소설은 표지가 아이들의 딱지처럼 울긋불긋하여 '딱지본'이라고 불렸습니다. 딱지본은 1920년대에 대량으로 만들어졌는데, 값이 싸고 휴대하기 편리해서 널리 읽혔습니다. 만화도 새로운 그림 장르로 자리를 잡아 갔습니다. 신문과 어린이 잡지에도 단편과 장편 만화가 실려 큰 인기를 끌었습니다. 포스터나 그림엽서도 나타났습니다. 특히 오른쪽 사진처럼 조선 총독부의 치적과 시책, 행사 등을 홍보하기 위한 수단으로 그림엽서나 포스터가 자주 이용되었습니다.

1929년 서울에서 개최된 조선 박람회 포스터

여자들이여! 머리 모양을 바꾸자

개항을 하기 전 처녀들은 댕기 머리를 하고 부녀자들은 쪽머리를 하였습니다. 머리 모양은 여자들이 학교에 다니고 사회 활동이 활발해지면서 바뀌기 시작했습니다. 처음에는 댕기의 길이를 짧게 하고 한 갈래를 두 갈래로 땋거나, 비녀 대신 망을 씌우거나 핀을 꽂는 정도였습니다. 1930년대가 되면서 단발이 유행했습니다. 머리 모양의 변화는 단순한 유행이 아니었습니다. 새로운 머리 모양은 신여성의 상징이었고 여성 해방의 상징이었습니다.

> 지금 당신이 단발을 했다고 하는 것은 몇 천 년 동안 당신이 얽매여 있던 '하렘'에 아주 작별을 고하고 푸른 하늘 아래 나왔다는 표적입니다. 얌전하게 땋아서 내린 머리, 그것은 얌전한 데는 틀림없지만 거기에는 이 시대에 뒤진 봉건 시대의 꿈이 흐릅니다.
> 　　　　　　　　　　　　　　　　　　　　　　　　　－『동광』, 1932년 9월호

■ 머리 모양의 변화

댕기 머리	쪽머리	단발
가운데 가르마를 타고 뒤에서 한 갈래로 땋아 늘어뜨리고 댕기로 묶었습니다.	가운데 가르마를 타서 뒷머리에 틀어 묶고 비녀를 꽂았습니다.	단발머리를 하고 있는 무용가 최승희

2. 중국 사회와 문화의 변화

신해혁명 이후부터 1930년대까지 중화 민국 정부가 수립되고 일련의 사회 개혁과 건설 사업이 진행되면서, 중국의 사회와 문화 생활도 커다란 변화를 겪었습니다. 중국은 전통 사회에서 근대 사회로 어떻게 바뀌어 갔을까요?

1908년 3월에 개통된 상하이 최초의 전차

상공업의 발전과 도시의 성장

중화 민국 초기 많은 뜻있는 사람들은 "실업으로 나라를 구한다"는 뜻을 가지고 상공업에 적극 투자하여 상공업 열기를 일으켰습니다. 1912년부터 1927년까지 중국 상인이 창업한 공업과 광업 관련 기업 가운데 자본액이 1만 원 이상인 곳은 2,000여 개였습니다. 직종도 다양해졌습니다. 1932년 전국에서 공업, 광업, 교통업 등에 종사하는 노동자는 150만 명이었고 전국 13개 성 91개 도시에 퍼져 있었습니다. 이로써 초보적인 근대 상공업 체계가 형성되었고, 공장주와 상인 등 자본가와 노동자가 새로운 사회 계층이 되었습니다.

도시는 상공업이 밀집한 곳이었습니다. 상공업이 발전함에 따라 도시가 늘어나고 규모도 커졌습니다. 많은 농촌 인구가 도시로 들어왔습니다. 1932년 통계에 따르면 도시 가구 수가 전국 총 가구 수의 27%를 차지했습니다. 상공업이 크게 발전했던 상하이는 인구가 많이 늘어나 1927년에 264만여 명이 되었습니다. 이에 따라 각종 문화 사업과 오락 산업이 발달하였고, 시민들은 더욱 다채로운 생활을 누릴 수 있었습니다. 상하이는 전국적인 상업의 중심지였을 뿐만 아니라 문화, 오락의 중심지가 되었습니다. 당시 중국인들에게 상하이는 현대, 번화, 부유, 즐거움, 서구적·선진적 문화의 상징이었습니다.

교육 개혁과 초등 교육의 보급

중화 민국은 교육을 나라를 세우는 근본으로 삼아 교육 개혁에 힘을 기울였습니다. 유럽에서 귀국한 지 얼마 되지 않은 차이위안페이를 교육부 장관에 임명하였고 잇따라 여러 교육 개혁 법령을 반포했습니다. 1912년 9월에는 '학교 계통령'을 반포하여 보통 교육에 대한 근대적 교육 원칙을 확정했고 초등 소학교 4년은 의무 교육으로 규정했습니다. 1916년, 전국적으로 12만 개 각급 학교가 있었고, 재학생은 400만여 명에 이르렀습니다. 1930년에는 학교 숫자는 28만 개로, 재학생은 1,150만여 명으로 늘어났습니다. 초보적이지만 초등 교육이 보급됨에 따라 많은 어린아이들이 신식 학교에 들어가서 근대적인 교육을 받게 되었습니다. 이는 뒷날 사회와 문화 건설 사업에 필요한 인재를 확보하는 데 토대가 되었습니다.

중화 민국은 고급 인재를 양성하기 위해 유학을 장려하는 정책을 채택했습니다. 이 때문에 청 말 일본 유학열에 못지않은 미국과 유럽 유학열이 나타나게 되었습니다. 뜻있는 청년 수만 명이 멀리 유럽과 미국으로 유학을 떠나 서양의 선진 과학 기술과 문화 지식을 배웠습니다. 적지 않은 사람들이 석사와 박사 학위를 취득했습니다. 이들 가운데 저우언라이, 덩샤오핑과 같은 걸출한 사회 혁명가도 있었고, 리쓰광, 딩원장과 같은 뛰어난 과학자도 있었으며, 후스와 같은 우수한 문인도 있었습니다. 유학생은 사회에서 환영받는 총아였고 청년들이 숭배하는 대상이었습니다.

문화 사업의 발전

중화 민국 초기에 발행된 신문과 잡지는 500여 종이나 되었습니다. 중화서국 등의 출판사들은 문예, 과학 기술, 사회 과학 분야 저서 수만 권을 출판했습니다. 1920년대 말에 이르러, 중국 과학사, 중화 의학회, 중화 교육 개진회, 중화 자연 과학사, 중앙 연구원 같은 기구들이 잇따라 설립되었습니다. 이 기구들은 잡지를 간행하고 국내외에서 학술적인 연구와 교류 협력 활동에 참가했습니다.

중국 최초의 유성 영화 | 「여가수 홍모란(紅牡丹)」이라는 제목의 이 영화는 1930년 개봉되었다.

1920년대에 전국에는 이미 영화사가 175개나 있었고, 1930년 유성 영화가 처음 제작되었습니다. 1912년 7월, 교육부는 베이징의 국자감 유적지에 국립 역사 박물관을 개관했습니다. 1916년 교육부가 조사한 결과에 따르면, 당시 중국 전국에 도서관이 23개가 있었습니다. 대중들을 위한 문화 사업으로 신문화와 신지식은 넓게 퍼졌고, 각계각층 민중은 문화와 오락을 누리며 문화적 소양을 키워 나갔습니다.

여성 지위의 향상

중국의 여성들은 줄곧 '삼종지도(三從之道)' 등 봉건적인 악습의 속박을 받았습니다. 배우자를 선택할 수도 없고, 남성과 같은 사회적 권리를 누릴 수도 없었습니다. 어릴 때부터 발을 옭아매어 발이 크지 못하게 하는 전족과 같은 신체적인 억압도 견뎌야만 했습니다. 그러나 중화 민국이 건국되자 남녀 평등의 사회적 관념이 확립되었습니다. 국민당 정부는 1926년에 자유롭게 배우자를 선택하여 결혼하도록 장려했습니다. 원한다면 이혼이나 재혼도 가능하게 했습니다. 여성들은 취업, 학업, 인간 관계 등의 측면에서도 다소나마 자유를 누리게 되었습니다.

프랑스로 유학 간 여학생들 | 프랑스로 가서 근공검학(일하면서 공부한다) 운동에 참여하고 있던 중국인 여학생이 프랑스 여교사와 찍은 사진(1920년).

도시의 여자 아이들은 소학교나 중학교에 진학할 수 있었습니다. 전문적으로 여학생을 모집하는 여자 사범 학교 등 고등 여성 교육 기관이 생기고, 베이징 대학도 1920년부터 시험적으로 여학생의 청강을 허가했습니다. 또한 적지 않은 여성들이 단신으로 집을 떠나서 청년 남성들처럼 멀리 유럽이나 미국으로 유학을 떠났습니다. 학교를 졸업한 지식인 여성들은 과거에 남성들이 독점하던 사회적 직업이나 지위를 갖기 시작했습니다. 학교에는 여교사, 병원에는 여성 간호사, 신문사에는 여기자, 극단에는 여성 연기자 등이 나타나기 시작했습니다. 여성의 사교 범위가 확대됨에 따라, 남녀 사이의 교제는 더 이상 특이한 일이 아니었습니다. 여성계의 사상과 사회의 풍조도 크게 변화했습니다. 여성들은 사회 활동에 적극적으로 참여하기 시작하고, 신문을 발행하거나 연설을 통해 공개적으로 사회 개혁과 여성 해방 등의 각종 문제에 대해 의견을 발표했습니다. 이제 여성들도 여자 사범 학교 학생들이 5·4 운동에 참가한 것처럼 남성들과 함께 사회 활동에 참여했습니다.

여성들은 교육을 받게 되면서 사회 무대에 등장했고, 오랫동안 억압받던 정신적 상황으로부터 벗어나서 뛰어난 재능을 발휘하기 시작했습니다. 여성 지식인들은 여성 해방의 선봉이 되었습니다.

사회 풍속의 변화

중화 민국은 풍속을 바꾸어 사회를 새롭게 만들기 위해 여러 정책을 시행했습니다. 먼저 국민들에게 만주족의 신민을 상징하던 변발을 자르게 했습니다. 청의 관복을 폐지하고 새로운 관복을 만들어서 공무원들에게 서양식으로 개량된 제복을 입게 하였습니다. 또한 역법을 고치고 새로운 사회적 의의를 지닌 휴일들을 제정했습니다. 폐해가 극심했던 전족이나 도박을 금지하고 아편을 단속하는 등 낡은 잔재를 청산하고 인신매매나 고문을 금지하여 인권을 보장했습니다. 무릎을 꿇는 예절을 바꾸고 혼례와 장례 의식도 간소화했습니다. 혼례에는 대체로 서양식 의례가 도입되었고, 장례식은 대부분 화환이나 조화를 사용했습니다. 상대방을 부르

단발 | 신해혁명 후 변발을 자르는 광경.

는 호칭도 '어르신', '나으리'에서 '씨', '군'으로 바뀌었습니다.

　새로운 산업이 발전함에 따라 기자, 의사, 작가, 교사, 변호사, 출판업자, 상공업자, 군인이 되고자 하는 사람이 많아졌습니다. 극장, 공원, 놀이터 등 오락 장소가 차츰 많아짐에 따라 문화 활동과 휴식 방법도 더욱 풍성하고 다양해졌습니다.

신문화 운동의 고양

　중화 민국이 세워진 뒤에도 사람들이 갖고 있는 생각과 관념 속에는 여전히 봉건적인 전통 사상이 깊게 남아 사회 개혁과 진보에 큰 장애가 되었습니다. 천두슈, 리다자오, 루쉰, 후스 등 선각자들은 이를 타개하기 위해 유교를 대표로 하는 봉건적인 전통 문화에 반기를 들기 시작했습니다. 이들은 봉건적인 낡은 문화를 비판하고 현대적인 신문화 건설을 내세우며 신문화 운동을 일으켰습니다. 천두슈는 1915년 9월에 『청년잡지』(뒤에 『신청년』으로 이름을 바꿈)를 창간하여 민주와 과학을 구호로 제창했습니다. 1916년 12월 차이위안페이는 베이징 대학 총장에 취임하면서 사상의 자유, 모든 사상의 공존이라는 방침을 채택했습니다. 그 뒤 베이징 대학은 신문화 운동의 중심지가 되었습니다.

　진보적인 생각과 열정으로 가득 찬 수많은 신문화 투사와 문화 청년 들이 다투어서 신문과 잡지를 창간하고 글을 발표하여 봉건적이고 낡은 문화를 공격했습니다. 이들은 낡은 예의에 대한 가르침이 인성을 억압하고 인재를 주저앉히는 본질을 갖고 있음을 폭로하였고, 민주, 자유, 평등, 과학 등 새로운 사상을 제창했습니다. 이러한 새로운 사상은 신문과 잡지, 서적, 거리의 강연 등 각종 방식을 통해 신속하게 전국 각지로 퍼져 나갔습니다. 전국의 청년들 가운데 이 영향을 받지 않은 사람이 없었고 감동을 받지 않은 사람도 없었습니다.

3. 일본 사회와 문화의 변화

제1차 세계 대전 때 일본은 급격한 산업화를 거치면서 도시가 성장하고 일부 노동자나 봉급 생활자(이른바 샐러리맨)의 생활 수준도 향상되었습니다. 대중 사회, 대중문화라고 일컬어지는 이 시대의 변화를 살펴볼까요?

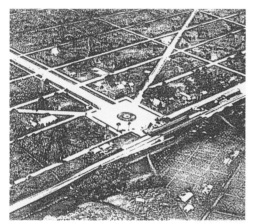

구니타치(國立) 시의 계획도 | 중심부에 역이나 광장이 배치되고 규칙적으로 배치된 택지가 분양되었다. 이런 교외 주택지에서는 문화적인 생활 양식이 중시되었다.

도시화의 진행과 대도시의 형성

러·일 전쟁과 제1차 세계 대전을 통해 일본의 공업 생산액은 중화학 공업을 중심으로 급격히 증가하여 농업 생산액을 웃돌게 되었습니다. 일거리를 찾아 사람들이 도시로 몰려들자 도쿄, 오사카 등 대도시에 사는 사람들이 크게 늘어났습니다. 인구 1만 명이 넘는 도시에 사는 사람들이 전 인구에서 차지하는 비율이 약 3분의 1이나 되었습니다.

대도시에서는 전기, 가스, 수도, 하수 등의 공급이 확대되었습니다. 전차나 버스 노선이 발달함에 따라 교통의 요지에는 백화점이나 상점가, 오락장 등이 늘어섰습니다. 직장과 집의 거리가 멀어지고 외식 습관이 확대된 것도 이 무렵입니다. 식당에서는 카레라이스나 돈가스(포크 커틀릿)와 같은 새로운 메뉴가 인기를 끌었습니다.

1920년대에 들어서 민간 철도 회사가 도심과 교외를 잇는 전차선을 잇따라 만들면서 전찻길을 따라 택지를 개발하였습니다. 소득 수준이 비교적 높은 사람들은 산업화로 도시의 생활 환경이 나빠지자 교외로 이사를 갔습니다. 도쿄에서는 간토 대지진이 이런 경향에 더 박차를 가했습니다. 교외에 살면서 도심의 회사로 전차를 타고 통근하는 현대 일본의 도시 생활 구조는 이 시기에 이루어진 것입니다.

중등·고등 교육의 확대

1910년경 의무 교육이던 초등 교육의 취학률은 거의 100%에 달했습니다. 중등 및 고등 교육 기관에 진학할 수 있는 학생의 비율은 아직 낮은 수준에 머물러 있었지만 중등학교 재학생 수는 눈에 띄게 늘어 갔습니다.

남자 중등 교육이 고등 교육에 진학하는 것을 전제로 한 것이었음에 비해, 여자 중등 교육은 가정 생활에 필요한 지식과 기능 습득을 중시했습니다. 여자 중등 교육에서 기르려고 한 이상형은 남편을 뒷받침하는 좋은 아내, 아이를 교육할 수 있는 현명한 어머니, 곧 '현모양처' 였습니다. 고등학교 이상 고등 교육 기관의 재학생 수가 늘어났지만 여자는 소수에 머물렀습니다.

중등·고등 교육의 확대와 더불어 교양을 존중하는 풍조가 지방 도시나 농촌으로 퍼져 갔습니다. 1925년부터는 중등학교 이상 학교에서는 육군 현역 장교가 배속되어 군사 교련이 실시되었습니다. 학교 내의 군국주의화는 시간이 지날수록 조금씩 강화되어 갔습니다.

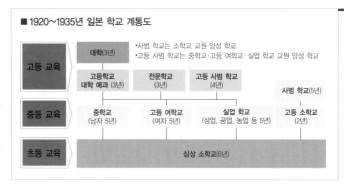

■ 1920～1935년 일본 학교 계통도

고등 교육	대학(3년)	• 사범 학교는 소학교 교원 양성 학교 • 고등 사범 학교는 중학교·고등 여학교·실업 학교 교원 양성 학교			
	고등학교 대학 예과 (3년)	전문학교 (3년)	고등 사범 학교 (4년)		사범 학교(5년)
중등 교육	중학교 (남자 5년)	고등 여학교 (여자 5년)	실업 학교 (상업, 공업, 농업 등 5년)	고등 소학교 (2년)	
초등 교육	심상 소학교(6년)				

대중 문화의 융성

교육의 보급에 따라 문화에 대한 사람들의 관심이 높아졌고 많은 대중이 문화를 누릴 수 있게 되었습니다. 신문 구독자 수가 비약적으로 늘어났고, 지식층에서 대중을 대상으로 한 주간지나 월간지가 잇따라 창간되었습니다. 어린이를 대상으로 한 잡지가 간행되고 명작 동화나 동요가 탄생한 것도 이 무렵입니다.

노동자나 봉급 생활자의 노동 조건이 조금씩 개선되면서 여가가 생기자 영화(당시에는 '활동사진'이라고 했음)나 연극 등이 대중적인 오락으로 인기를 모았습니다. 영화는 서양 영화뿐 아니라 일본 국내 영화도 많이 상영되었습니다. 1925년에는 도쿄에서 라디오 방송이 시작되었습니다.

신문과 잡지는 개인에 대한 자각과 인격 존중에 대한 생각을 갖게 만들었습니다. 노동자나 농민, 여성 등 그때까지 사회 주변에 놓여 있던 사람들도 활발하게 목소리를 내게 되었습니다. 참정권을 획득하기 위한 운동도 확산되어 1925년에는 납세액에 의한 제한이 철폐되었습니다. 비록 남자들만을 대상으로 한 것이었으나 25세 이상에게는 전부 선거권을 인정한다는 '보통' 선거 제도가 성립한 것입니다. 이러한 1910～1920년대의 비교적 자유로운 정치적 분위기는 당시의 연호 '다이쇼(大正)'를 넣어 '다이쇼 민주주의'라고 일컬어집니다.

한편 1925년 '국체 변혁(천황제 타도)'과 사회주의를 지향하는 조직과 운동을 단속하는 '치안 유지법'이 제정되었습니다. 단속 대상은 공산주의자에서 점차 자유주의자, 종교인으로 확대되어 일본의 전쟁 정책에 비판적인 사상과 운동에 대한 탄압법으로 맹위를 떨치게 되었습니다.

1918년 창간된 동화와 동요 잡지 「빨간 새」

신여성의 등장

1918년 제1차 세계 대전 직후 경제 호황에 따른 인플레이션과 시베리아 출병을 겨냥한 쌀의 매점으로 쌀값이 폭등하자 저소득 계층 사람들은 일상생활에 바로 피해를 입었습니다. 그해 여름 도야마 현 어촌에 사는 여자들이 항구에 모여 쌀이 실려 나가는 것을 막는 사건이 일어났습니다. 이것을 계기로 '쌀 소동'이 전국으로 확대되었습니다. '소동'은 군대까지 출동해 겨우 진압되었습니다. 그 뒤 여러 분야에서 민중 운동이 활기를 띠었습니다. 여성들은 '쌀 소동'과 마찬가지로 민중 운동에서도 적극적으로 활동했습니다. 이보다 먼저 이미 1910년대에 남존여비의 사회를 바꾸려고 한 히라쓰카 라이초와 같은 신여성이 등장했습니다. 1920년 히라쓰카 라이초와 이치카와 후사에 등은 '신부인 협회'를 설립하고 정당 연설회에 참가하여 정당에 가입할 수 있는 권리

'직업 부인' | 오사카 시의 버스 안내양들. 여성이 진출한 대표적인 직업 중 하나였다.

를 요구했습니다. 1922년에는 정당 연설회에 참가할 수 있는 권리만 쟁취했습니다. 이어 꿈이었던 부인 참정권을 얻기 위한 운동이 이어졌습니다(여성 참정권은 제2차 세계 대전이 끝난 1945년에 실현). 이 밖에 여성들은 국가가 공인한 매춘 제도를 없애기 위한 공창 폐지 운동, 사회주의 운동, 노동 쟁의 및 소작 쟁의 등 여러 분야에서 활약했습니다.

도시에서는 핵가족이 늘어나고 노동자나 샐러리맨을 남편으로 둔 전업 주부가 등장했습니다. 19세기 말 여성들은 이미 방직 여공, 간호원, 교사와 같은 직업을 가질 수 있었습니다. 그리고 이 무렵 새롭게 전화 교환원, 버스 차장, 타자수, 속기사, 점원, 기자, 아나운서, 의사 등 다양한 영역으로 진출하기 시작했습니다. 이들은 '직업 부인'으로 불리며 활발하게 일했습니다. 저임금이었고 대부분 결혼하면 그만두어야 했지만, 혼자 힘으로 돈을 벌 수 있게 됨에 따라 차츰 남존여비라는 가부장 제도를 약화시켰습니다. 서양 영화 속에서 걸어 나온 듯한 양장과 짧은 머리를 한 '모던 걸(modern girl)'들도 등장했습니다.

> "여성은 생리적으로 남자에게 뒤처지며, (부인 공민권은) 우리 나라 가족 제도의 미풍을 해치는, 유럽에서 온 나쁜 생각이다."
> —1931년 2월 '부인 공민권 법안'에 대한 귀족원 이와쿠스의 반대 의견 중에서

농촌의 생활

농촌에는 지주-소작제가 폭넓게 남아 있어서 농민들이 여전히 가난에 허덕이고 있었습니다. 그러나 도시의 새로운 문화나 사상이 농촌으로 퍼져 가면서 농민들은 소작 쟁의나 협동 조합 운동 등 사회 운동과 더불어 교육과 예술 등 문화 운동을 각지에서 전개하였습니다.

시부야 데이스케(1905~1989)는 도쿄 근교 농촌 농가에서 장남으로 태어났습니다. 고등 소학교를 졸업한 뒤 학문에 뜻을 품고 상경했지만 가족들이 반대하자 고향에 돌아왔습니다. 그 뒤 농사를 지으며 농민 운동가로 활약했습니다. 그는 1926년 일기에서 다음과 같이 말하고 있습니다.

이론상으로야 건강한 농촌 처녀의 미를 인정하지만, 긴자(동경의 대표적인 번화가)를 거니는 문명 부인들의 아름다움을 보고 있노라면 심정적으로 부정하기 어려운 무언가가 도시 문명에 있는 것이 아닐까……. -시부야 테이스케, 「농민애사」에서

도시 문화에 대한 동경과 농촌에 머물러 건전한 생활을 영위하고자 하는 의지 사이에서 흔들리고 있는 농촌 청년의 모습이 잘 드러나 있습니다.

농민들이 기울인 노력에도 불구하고 도시와 농촌의 경제적, 문화적 격차는 사라지지 않았습니다. 오히려 1920년대 말 이후 경제 불황으로 농촌은 극도로 궁핍해졌습니다. 농촌 불황 타파가 일본군이 중국 대륙을 침략하면서 내건 슬로건이 될 정도였습니다.

농민의 현실 | 세계 공황과 냉해로 농촌의 궁핍화는 극심해졌다. 죽 속에 나무 열매나 풀 싹을 넣어 먹는 일본 동북 지역 농민의 식사(1931년 12월, 아오모리 현).

서구화와 여성의 사회 진출

서양 문물이 들어와 보급되면서, 동아시아 여성들의 생활도 달라져 갔습니다. 가정에서 살림살이를 하던 여성과 달리 활발한 사회 활동으로 두각을 나타내는 여성들이 생겨나기 시작했습니다. 이들은 여성에 대한 차별을 없애고 사회적 지위를 높이기 위해 노력했습니다.

한국 최초의 페미니스트, 나혜석

나혜석의 자화상

나혜석(1896~1948)은 한국인 최초의 여성 화가로 촉망받는 신여성이었습니다. 나혜석은 '어진 어머니, 좋은 아내' 이기를 거부했습니다. 현모양처는 '남자를 위해 길들여진' 여자의 모습이라고 생각했기 때문입니다. 1920년 나혜석은 결혼 조건을 공개적으로 내걸어 사회를 떠들썩하게 만들었습니다. 조건은 세 가지였습니다. '첫째, 일생을 두고 자신을 사랑할 것', '둘째, 그림 그리는 일을 방해하지 말 것', '셋째, 시어머니, 헤어진 부인이 낳은 딸과 떨어져 두 사람만 따로 살 것' 이었습니다. 이 조건을 받아들이자 나혜석은 결혼을 했습니다. 그 뒤 나혜석은 서울에서 유화 개인전을 열었으며, 1927년 세계 일주 여행을 하고 돌아오다 일본에 들러 공모전에서 입선하기도 했습니다. 2년 뒤 남편과 이혼했지만, 꾸준히 그림을 그려 조선 미술 전람회에서 다섯 차례나 연속으로 입상했습니다. 그녀는 전통적인 사회 관습을 거부하고 당차게 사회 생활을 했다고 할 수 있습니다. 그렇지만 여성을 위한 사회 활동에 참여한 것은 아니었습니다.

평화 운동에 앞장선 신여성, 히라쓰카 라이초

히라쓰카 라이초

히라쓰카 라이초(1886~1971)는 일본의 신여성을 대표하는 인물입니다. 1911년 일본 최초로 여성이 만드는 여성 잡지 『세이토』를 발간했습니다. 여기에서 히라쓰카는 "원시, 여성은 태양이었다"는 말로 상징되는 여성 해방 선언을 발표해 세상을 놀라게 했습니다. 이 일로 히라쓰카는 많은 비난을 받았지만 결코 굴복하지 않았습니다. 그녀는 모성 보호 운동, 부인 참정권 운동 등 여성의 사회적 지위를 높이기 위한 사회 운동을 더욱 활발히 벌였습니다. 연하의 남성과 '사랑의 공동 생활'에 들어감으로써 여성을 억누르는 기존의 사회 제도와 관습을 거부한다는 소신을 행동으로 보여 주었습니다.

아시아 태평양 전쟁이 끝난 뒤에는 전쟁에 반대하지 못했다는 반성으로 일관되게 반전 평화 여성 운동에 힘을 기울였습니다. 일본 신헌법이 내세우고 있는 평화 정신에 공감한 히라쓰카는 핵무기 폐기를 주장하면서 일본은 물론 국제적으로 여러 단체에서 활동하며 평화 운동을 주도했습니다.

여성 화가이자 혁명 운동가, 허샹닝

허샹닝(1878~1969)은 중국 근현대사의 대표적인 여성 혁명 운동가입니다. 1902년 허샹닝은 화가가 되겠다는 꿈을 안고 일본에 유학을 갔습니다. 그러나 점차 사회와 여성 문제에 관심을 가지고 쑨원이 이끄는 중국 동맹회에 가입하여 동맹회의 첫 번째 여성 회원이 되었습니다. 신해혁명이 일어나자 중국에 돌아온 허샹닝은 국민당 중앙 집행 위원 및 여성 부장에 임명되어 혁명 운동과 여성 운동에 온 힘을 기울였습니다. 그러다가 1927년 장제스가 쿠데타를 일으키자 모든 지위를 던져 버리고 은퇴했습니다. 그림을 그리면서

허샹닝의 가족 | 남편 랴오중카이, 아들 랴오청즈, 딸 랴오멍싱과 함께 도쿄에서 찍은 기념사진. 랴오중카이는 국민당 우파에게 암살당했다.

생활하던 허샹닝은 제2차 세계 대전이 끝나자 다시 혁명 활동에 뛰어들었습니다. 중화 인민 공화국이 들어선 다음에는 중요 직책을 맡아서 활동했습니다. 특히 중국 부녀 연합회 명예 주석과 중국 미술가 협회 주석을 맡아서 여성과 문화 사업에 힘썼으며, 그림도 계속 그리면서 시화집을 출간하기도 했습니다.

그의 아들 랴오청즈는 중국 공산당 중앙 위원회 정치국 위원을 역임했으며, 중일 우호 협회 회장으로 중·일 관계 정상화에 많은 노력을 기울였습니다.

생각해
봅시다

제2장에서는 일본의 침략에 대해 한국인과 중국인이 어떻게 저항했는지 알아보았습니다. 삼국이 근대화되어 가는 모습도 알아보았습니다. 제2장에서 크게 다음과 같은 네 가지 사실을 살펴보았습니다.

👆 **일본은 청·일 전쟁과 러·일 전쟁 이후 어떤 과정을 통해 동아시아 대륙을 침략했을까요?**

일본은 군대를 앞세워 타이완과 한국을 지배했고 중국의 권익을 침범했습니다.

👆 **일본은 1910~1920년대에 한국을 어떻게 지배했을까요?**

일본은 1910년대에 헌병 경찰 통치라는 강압적인 지배 정책을 실시했습니다. 한국인이 저항하자 1920년대 들어 '문화 정치'라는 이름으로 민족 분열 정책을 실시했습니다.

👆 **한국인과 중국인은 일본의 지배에 대해 어떻게 저항했을까요?**

1919년 한국에서는 3·1 운동, 중국에서는 5·4 운동이 전국에서 일어나 일본의 침략에 강력히 저항했습니다. 이후 한국과 중국에서는 민족주의 운동과 사회주의 운동 등 다양한 항일 운동이 일어났습니다. 일본에서도 이때 새로운 사회 운동이 광범위하게 전개되었습니다.

👆 **한국·중국·일본 사회는 근대화 과정에서 어떻게 바뀌었을까요?**

중국에서는 신해혁명 이후부터, 일본에서는 제1차 세계 대전을 전후한 시기부터, 한국에서는 3·1 운동 이후부터 사회의 여러 방면에서 과거와는 다른 새로운 사회·문화 현상이 급속히 확산되었습니다. 특히 여성들의 사고방식과 사회 활동에 커다란 변화가 있었습니다.

이처럼 일본의 동아시아 침략은 동아시아 질서를 바꿔 놓았습니다. 하지만 일본의 팽창 정책은 여기에서 끝나지 않았습니다. 일본은 1931년 만주를 침략한 데 이어, 중국의 화북 지역 등 침략 지역을 더욱 확대했습니다. 일본의 침략 전쟁에는 일본인만이 아니라 식민지와 점령지의 많은 사람들이 동원되었습니다. 이에 대해서는 다음 제3장에서 자세히 살펴볼 수 있습니다.

제3장

제3장

침략 전쟁과 민중의 피해

1931 만주 사변 　　　　　**1932** 윤봉길 상하이 의거 　　　　　**1937** 중·일 전쟁 개시, 난징 대학살

일본은 1931년 만주 사변(9·18 사변)을 일으켜 중국의 동북 지역을 점령하고, 다시 1937년에는 중국을 전면적으로 침략했으며, 1941년 이를 아시아 태평양 전쟁으로 확대시켰습니다. 15년 동안, 일본은 동아시아 근대사에서 규모가 가장 큰 침략 전쟁을 일으켰습니다.

일본이 일으킨 침략 전쟁의 특징은 모든 군사, 경제적 역량 및 인력을 동원하여 이른바 총력전을 감행했다는 데 있습니다. 그뿐 아니라 일본은 한국, 타이완 등의 식민지와 중국이나 동남아시아 점령지의 자원, 동력, 노동력, 군사력 등을 전쟁에 동원하여, 이 지역들을 침략 전쟁을 지원하는 기지로 만들었습니다. 일본은 주요한 파시스트 국가의 하나로 반파시스트 세력의 저항을 받았습니다.

일본 군국주의는 총력전을 수행하기 위해 자국민에 대한 통제를 강화하고 전쟁의 고통을 강요했을 뿐만 아니라, 한국과 타이완에 대한 식민 통치를 강화하여 침략

제3장 침략 전쟁과 민중의 피해

1941 아시아 태평양 전쟁 **1945** 일본 패전, 한국 해방

전쟁을 확대하기 위한 기지로 만들었습니다. 이리하여 한국과 타이완의 민중도 마찬가지로 전쟁의 고통을 겪게 되었습니다. 일본은 중국의 동북 지역을 비롯한 점령지에 괴뢰 정권들을 수립하여 일본에 저항하는 민중을 진압하는 데 힘을 기울였습니다. 항일 전쟁을 견지하고 있던 중국 정부와 민중에 대해 일본군은 무차별적인 폭격, 땅 위의 모든 것을 태우고 빼앗고 죽이는 초토화작전〔삼광(三光) 작전〕, 대학살, 강제 노역, 일본군 "위안부", 그리고 국제법에 어긋나는 세균 무기나 화학 무기의 사용 등 일련의 범죄 행위를 자행했습니다.

동아시아 각국의 민중은 결코 일본에 굴복하지 않았고 조직적으로 저항하여 민족의 해방과 독립을 목표로 하는 반(反)침략 전쟁을 벌였습니다. 어려운 조건에서 그들이 전개했던 항일 전쟁은 세계적인 반파시스트 전쟁에서 중요한 몫을 차지하였습니다.

일본의 중국 동북 지역 침략

1. 만주 사변

1931년, 일본은 만주 사변을 일으켜서 중국의 동북 지역을 점령했습니다. 전면적인 중국 침략의 전주곡이었습니다. 만주 사변은 어떠한 상황에서 왜 발생한 것일까요?

> 만일 혼란이 만주와 몽골에 파급되면 치안이 불안해질 것이다. 우리 나라가 그 지역에서 지니고 있는 특수한 지위와 권익을 침해받게 된다면, 그 누구라도 모두 막아낼 것이고, …… 마땅히 적절한 시기를 놓치지 말아야 하고 적당한 조치를 취할 마음의 자세를 가져야 한다.
>
> –대중국 정책 강령(요약)

만주 사변 이전의 동북 지역

러·일 전쟁 후, 일본은 자원이 풍부한 중국의 동북 지역을 자신의 '생명선'으로 여겼습니다. 1927년 6월, 동방 회의를 열어 '대중국 정책 강령'을 정했고, 동북 지역을 중국에서 분리시키는 강경 방침을 세웠습니다.

이 무렵, 국민 혁명군의 영향으로 북벌(북방 군벌을 타도하기 위한 전투)이 중국 북부로 확대되었습니다. 북벌이 동북 지역에도 파급될 것을 우려한 일본은 분리 계획을 추진했습니다. 1928년 6월, 일본 관동군의 고급 참모인 고모토 다이사쿠는 선양 근처 황구툰에서 당시 동북을 장악하고 있던 펑톈파 군벌 수령 장쭤린을 폭탄으로 살해했습니다. 일본 군대는 혼란을 조장하여 군대를 출동시키고 동북 지역을 점령할 계획이었습니다. 하지만 그 계획은 실현되지 못했고, 장쭤린의 뒤를 이은 아들 장쉐량은 오히려 장제스가 이끌던 중화 민국 정부를 승인했습니다. 그 결과 분리 계획은 수포로 돌아갔습니다.

장쉐량은 동북 지역에서 철도를 부설하고 항구를 확장하고 화폐를 통일하면서 일본과 대항했습니다. 일본은 국민 정부의 지지를 얻은 장쉐량의 세력이 강해지는 것을 염려하여 끊임없이 그를 압박하는 한편, 비밀리에 동북 지역을 점령할 준비를 했습니다.

관동군의 선양 침공

만주 사변의 발발과 리턴 조사단

1931년 9월 18일 밤, 일본 관동군 고급 참모 이타가키 세이시로, 이시하라 간지 등은 선양 류탸오후 근처에서 남만주 철도를 폭파하고 중국 동북군의 소행이라고 주장했습니다. 그 뒤, 관동군은 선양에 주둔한 중국군을 습격하였고 사태를 확대시키면서 철도 부근의 도시들을 차례로 점령했습니다. 국민 정부는 내부를 안정시킨 뒤 외적을 물리친다(즉 국내를 통일,

강고하게 한 후 일본과 싸운다)는 방침을 견지하여 주력군을 동북에서 철수시켰습니다. 그 때문에 일본의 진공을 막을 수 없었습니다. 5개월도 되지 않아서, 일본군은 동북 지역의 주요 도시와 철도 주변을 점령했습니다.

만주 사변이 일어나자, 중국 정부는 즉시 국제 연맹 이사회에 일본을 제소했습니다. 국제 연맹은 영국인 리턴을 대표로 하는 조사단을 일본과 중국 동북 지역에 파견했습니다. 1932년 9월, 조사단은 보고서를 제출했습니다. 국제 연맹은 보고서를 근거로 만주국은 동북 인민이 원해서 만들어진 국가가 아니므로 일본에 군대를 철수하여 사변 전의 상태로 돌아갈 것을 요구하는 결의를 채택했습니다. 일본은 철군 요구를 거부했고, 1933년 3월에는 국제 연맹을 탈퇴했습니다.

> "동북 지역은 원래부터 중국의 일부이다."
> "일본군의 행위는 합법적인 자위 수단으로 볼 수 없다."
> "(만주국) 정부의 수반은 명목 상으로 만주인이지만, 실권은 일본 관리와 그 고문 들의 손에 놓여 있다. 현지의 중국인들이 보기에 만주국은 완전히 일본인을 위한 도구이다."
> ―「리턴 보고서」

1·28 사변

일본의 중국 동북 지역 점령이 국제적인 비난을 받게 되면서, 그 지역에 괴뢰 정권을 수립하려는 일본의 계획에 차질이 생겼습니다. 그래서 일본은 국제 사회의 관심을 다른 곳으로 돌리려 했습니다. 관동군은 상하이 주재 일본 영사관의 무관과 함께 폭도들이 일본인 승려를 습격하는 사건을 꾸며 냈습니다. 이를 빌미로 1932년 1월 28일, 일본 해군은 3개 육군 사단의 지원을 받아 상하이에 주둔 중이던 중국 19로군을 공격했습니다. 중국

1·28 사변 | 중국 19로군 군장 차이옌제가 전선에서 작전을 지휘하고 있다.

군은 결연히 이에 저항하여 일본군 1만여 명을 죽이거나 다치게 하였습니다. 영국의 조정 아래 중·일 양국은 3월 담판을 시작하여 5월 '쑹후 정전 협정'을 체결했습니다.

일본의 중국 화북 분리 활동

일본은 중국의 동북 지역을 점령한 뒤 다시 북부(화북) 점령을 목표로 삼았습니다. 1933년 초, 관동군은 러허 근처로 출병해 만리장성을 점령했습니다. 거세게 저항하던 중국군은 5월에 일본의 요구대로 '탕구 협정'을 체결했습니다. 여기서 중국군은 만리장성 남쪽의 100킬로미터에 걸친 '비무장 지대'에서 철수하도록 규정함으로써 일본군에게 북부 지역으로 향하는 통로를 열어 주었습니다. 결국 관동군은 1935년 5월 만리장성을 넘어 북부 지역을 침략하여 그 지역 주둔 일본군과 함께 '화북 5성 자치 운동'을 벌이고 괴뢰 정권을 세워 중국 국민 정부 세력을 축출하고자 했습니다. 그리고 북부 지역의 석탄, 철 등의 자원을 확보하는 한편, 중국을 전면적으로 침략할 준비를 했습니다.

제3장 침략 전쟁과 민중의 피해

2. 만주국의 등장

1932년 3월, 관동군은 중국 동북 지역의 점령을 기정사실화하기 위해 동북 지역에서 '만주국'의 수립을 선포했고, 이미 퇴위한 청나라 황제 푸이(溥儀)를 명목상의 '국가 원수'로 추대했습니다. 관동군이 세운 '만주국'은 과연 어떤 '국가'였을까요?

만주국 황제는 하늘의 뜻에 바탕을 두고 있다. 다시 말해서 천황의 성스러운 뜻에 따라 즉위하였다. 그러므로 반드시 황도 연방의 중심인 천황을 위해 일해야 하고, 천황의 성스러운 뜻을 자신의 마음처럼 여겨야 한다. 만주국 황제의 즉위 조건으로는…… 그 생김새가 달처럼 빛나고 태양처럼 환한 빛이 나야 한다.
- 「만주국의 근본 이념과 협화회의 본질」(관동군 사령부 작성, 「만주국사」(총론), 1936년 9월)

만주국은 어떤 성격의 정부인가

일본은 중국의 동북 지역에 일본인, 만주족, 한족, 한국인, 몽골인 등 다섯 민족이 '화합하는' 나라를 세웠다고 선전했지만, 만주국은 사실상 일본 관동군의 괴뢰 정권이었습니다. 관동군은 이곳을 중국 침략 전쟁과 대소련 작전의 기지로 삼았습니다. 국무원 및 각 부의 실권은 일본인 총무청장의 손에 놓여 있었습니다. 총무청장은 각 부문의 일본인 부직(副職) 관리들을 직접 지휘했습니다. 그들의 권한은 국무원과 각 부 등의 정직(正職) 관리들보다 높았습니다. 그리하여 일본인이 권력을 독점하는 지휘 체계가 형성되었습니다. 대부분의 정책은 모두 일본인이 처리했습니다. 이른바 '만주국 황제' 푸이는 단지 명목상의 지위만 있었을 뿐 어떠한 실권도 갖지 못했습니다. 그래서 어떤 사람은 괴뢰 만주국을 사자의 머리(관동군), 양의 몸통(천황제 국가), 용의 꼬리(푸이)를 갖고 있는 그리스 신화 속의 괴물에 비유했습니다.

관동군은 어떻게 식민지 통치 질서를 세웠는가

일본은 중국의 동북 지역을 점령한 뒤, 중국 민중의 격렬한 저항에 부닥쳤습니다. 동북 지역의 일부 중국 주둔군과 민중은 먼저 항일 의용군을 조직하고, 다시 항일 연군을 창설하여 장기간의 무장 투쟁을 벌였습니다. 관동군은 항일 무장

「일·만 의정서(日滿議定書)」의 서명 장면

세력을 진압하기 위해 군경, 헌병, 정보원 등을 보내 이들의 활동 지역을 수시로 공격했습니다. 그와 동시에 현지 주민들을 탄압하고 학살했습니다.

항일 세력을 고립시키기 위해 만주국은 항일 군대가 활동하던 지역에 있던 민중을 집단 부락 안으로 강제 이주시켰습니다. 집단 부락은 사방이 높은 담과 못으로 둘러싸여 있었고, 군경이 출입문을 지키면서 주민들의 출입을 통제하여

핑딩산 참사 기념관 | 1960년 대 핑딩산 유적지에서 발견된 피해자 유골을 보관하고 있다.

민중과 항일 군대의 접촉을 차단했습니다. 고향을 떠나려고 하지 않은 민중은 살해되었고, 집은 불태워졌으며 농경지는 황폐해졌습니다. 만주국은 또한 농촌에서 보갑제*를 시행하여 주민들에게 서로 감시와 감독·경계를 하도록 강요했습니다. 보갑제에서는 한 명이라도 범법자가 나오면 10가구가 연대 책임으로 벌금이나 구류 처분을 받았습니다.

핑딩산 참사와 대검거

동북 지역을 점령한 뒤 일본은 항일 투쟁을 하던 인민들에게 참혹한 학살 행위를 많이 저질렀습니다. 핑딩산 참사는 그중 하나입니다. 1932년 9월 16일, 항일 의용군이 푸순의 석탄 광산을 습격하자, 현지의 일본 수비대와 헌병 분견대는 보복하기 위해 200여 명의 병사를 푸순 근처의 핑딩산 마을로 보냈습니다. 이들은 주민 3,000여 명을 들판 가운데 웅덩이로 끌고 가 기관총으로 모두 학살했습니다. 그 가운데에는 어린아이, 여성, 노인도 포함되어 있었습니다. 이와 유사한 참사는 아주 많았습니다. 라오헤이거우, 투룽산 등에서도 일반 민중을 학살하는 만행을 저질렀습니다. 일본 헌병들은 각지에서 대대적인 검거 활동을 벌였습니다. 의심을 받은 사람들은 무조건 고문을 당하거나 탄압을 받았습니다. 항일 요원으로 의심받은 사람들은 대부분 살해되었습니다. 많은 무고한 민중이 연루되었고 어떤 사람은 고문을 받다가 살해되기도 했습니다.

나는 오장(伍長)의 조수로서 범인 심문에 참가하여 연일 곤봉으로 그들을 때리거나 고문을 했고 물을 붓기도 했다. 방 안에는 헌병의 성난 목소리와 욕설, 범인의 울부짖는 소리로 가득 찼다. 어느 헌병은 심문 받는 범인의 등을 가죽이 벗겨지고 피가 흐르도록 두들겨 팼다. 피가 그치지 않고 흘러내렸지만 때리는 손은 그칠 줄을 몰랐다.
— 일본 헌병 쓰치야 요시오의 증언

● 보갑제(保甲制) 일본이 만주국에서 조직한 친일적인 민중 자위 조직.

3. 만주국의 사회와 경제

일본은 어떻게 직접 또는 괴뢰 정권을 통하여 중국 동북 지역의 정치, 경제, 문화, 과학 기술, 교육 등의 분야를 통치하고, 또한 어떻게 이 지역을 실제상 일본의 식민지로 전락시켰을까요?

일본 자본의 동북 경제 독점

중국 동북 지역의 주요 산업은 모두 일본의 반관(半官) 기구인 남만주 철도 주식회사(만철)와 닛산 재벌 계통의 만주 중공업 개발 주식회사가 독점하였습니다. 일본은 특수 회사와 준 특수 회사를 세워 금융, 석탄, 철강, 교통, 금광, 전력 등의 분야를 통제했습니다. 이 분야에 '1업종 1기업 원칙'을 내걸어, 중국 민족 자본이 들어오는 것을 막았습니다. 특히 1940년대에 이르러, 많은 중국 자본이 원료와 판로 등에서 제한을 받아 파산에 직면하게 되었습니다.

일본인의 중국 동북 지역 이주

일본은 퇴역 군인이나 예비역 군인 들을 중심으로 무장한 이주민 조직을 동북 지역으로 이주시켰습니다. 동북 지역의 통치 질서를 유지하고 일본의 인구 과잉 문제를 해결하는 동시에, 군사적으로 소련에 대비하기 위한 조처였습니다. 1936년, 일본 정부는 100만 호 이주 계획을 세워, 일본 내 낙후 지역의 농민들을 집단적으로 중국 동북 지역에 이주시키고, 일본 국내와 같은 이름의 마을을 건설했습니다. 이 마을을 '분촌(分村)'이라고 불렀습니다. 그 밖에 청소년을 동북으로 이주시켜 '만몽개척청년의용대'을 조직하였습니다. 일본이 패망할 때까지 동북 지역의 일본인 이주민은 29만 명에 달했습니다. 일본인 이외에 일부 한국인도 강제로 동북 지역으로 이주되었습니다. 일본은 이주민에게 필요한 토지를 마련하기 위해 동북 지역 농민의 토지를 헐값에 사거나 강제로 빼앗았습니다.

식민지 교육

관동군은 동북 지역을 점령한 뒤, 먼저 애국적인 교사와 학생 들을 체포하여 교육계의 반만주 항일 투쟁을 진압하고 학교를 폐쇄했습니다. 식민 통치 질서가 어느 정도 잡힌 다음에야 학교 교육이 재개되었습니다. 이때 소학교를 국민학교로 바꾸고, 중학교와 고등학교의 6년 과정을 4년으로 줄여, 국민 고등학교라고 하였습니다. 동시에 기초 지식 교육을 줄이고 실업 교육을 강화시켰습니다. 이는 사실상 전쟁을 위한 정책적 봉

초대 부교장 나카하라는 퇴역 군인으로 군벌과 같은 풍모를 가지고 있었다. 늘 교사들에게 훈계를 했고 학생들을 때렸다. 그는 그야말로 태상황이었다. 두 번째는 고가 오노였는데, 겉보기에는 선량했지만, 실제로는 음험하고 교활하여 교사와 학생들을 몰래 감시하였다. 그래서 그를 '늙은 고약(몸에 붙어 떨어지지 않는다는 뜻)'이라고 불렀다. 세 번째 교장 다케다도 퇴역 군인으로 모든 권한을 쥐고서, 알게 모르게 교사와 학생 들을 감시하면서 기록하고, 의심스러운 경우 블랙리스트를 작성했다.

－국민 고등학교 학생의 회고(『黑龍江省文史資料選集』 제14집, 1984)

사였습니다. 각 학교에서는 일본형 국민을 양성하는 황민
화 교육을 강제로 실시했습니다. 교사와 학생 들은 매일
일본의 천황과 괴뢰 만주국의 황제 푸이에게 '절을 하고'
일본 '국가' 를 제창하였으며, 푸이의 '국민훈' 을 암송해
야만 했습니다. 학생들은 강제적으로 일본어와 수신과(후
에 '건국 정신' 으로 불림)를 배워야 했고, '일만일체'·'충군
애국'의 사상을 주입받았습니다. 중국에서는 일본 통치
시기의 교육을 '노예화 교육' 이라고 부릅니다.

'노예화 교육' | 일본의 통치
교육을 풍자한 장딩의 만화. 중
국 어린이에게 왕도낙토 주사
를 놓고 있다.

양곡의 강제 징수

1939년 이후, 만주국은 일본의 침략 전쟁을 위해 강제적인 양곡 징수 정책을
실시하였습니다. 1939년 이전에 500만 톤을 징수하려던 계획이 1945년에는 900만
톤으로 증가했습니다. 매년 추수 때가 되면 만주국은 무장 조직을 파견하여 농촌에
서 징수 상황을 감독했으므로, 농민들은 양식뿐만 아니라
종자까지 바쳐야만 했습니다. 징수된 양식은 일본 본토나
전쟁터로 보내졌습니다. 도시의 주민들은 매달 1인당 5킬
로그램 정도밖에 공급받지 못했으며, 동북 지역 사람들은
상수리나무 열매 등으로 허기를 채웠습니다. 만주국은 일
반 중국인이 쌀을 먹지 못하게 규정했고, 일단 발각하면
'경제범' 으로 처벌했습니다.

일본 이민 개척단이 하얼빈에
설치한 훈련소

강제 노동자의 고통

일본은 중국의 동북 지역을 소련군에 대한 작전 기지로 건설하기 위하여 1939
년부터 이른바 북변 진흥 계획을 실시하였고, 국경 지역에 대규모 군사 시설을 건
설하는 공사를 진행했습니다. 만주국 괴뢰 정부는 노동력이 부족했기 때문에 해
마다 중국 화북 지역에서 노동자를 모집했습니다. 화북 노동자 협회의 문서 기록
에 따르면 1941년과 1942년에 모집한 노동자는 대략 100만 명가량이었습니다.
그중에는 체포된 항일 군인도 있었습니다. 동북 지역으로 끌려와서 고된 노역을
하던 노동자들은 비인간적인 대우를 받았습니다. 제공된 양식도 절대적으로 부족
했고, 작업 환경도 극히 열악했으며, 겨울에는 추위를 막는 시설이 거의 갖추어지
지 않았습니다. 그 과정에서 많은 노동자들이 사망했습니다.

4. 중국 동북 민중의 반만주국 항일 투쟁

일본의 침략과 점령 통치 아래에서 동북 지역의 민중은 어떻게 항일 투쟁을 했을까요? 동북 지역에서의 반(反) 만주국 항일 투쟁의 역사를 살펴봅시다.

전장에서 만난 마잔산과
리턴 조사단

마잔산과 넌장차오 항전

만주 사변 이후, 관동군은 랴오닝과 지린 성을 점령한 다음 헤이룽장 성으로 진격하였습니다. 헤이룽장 성의 성장(省長, 성의 우두머리)을 대리하고 있던 마잔산은 중국군을 이끌고 넌장차오에서 일본군과 전투를 벌였습니다. 관동군은 중국군과 격렬한 전투를 벌인 뒤에야 치치하얼 시로 들어갈 수 있었습니다.

동북 항일 연군

1935년을 전후로 하여 중국 공산당은 동북 지역의 여러 항일 무장 단체들을 연합하여 동북 인민 혁명군을 조직했습니다. 뒤에 동북 인민 혁명군은 동북 항일 연군으로 바뀌어 11개 군, 3만여 명으로 발전했습니다. 하지만 관동군과 괴뢰 정권은 전력을 기울여서 진압하였고 "치안 숙정 계획"을 실시했습니다. 항일 연군은 적들의 끊임없는 "토벌"과 공격에 직면하였고, 식량, 약품, 소금 등의 보급도 완전히 끊어졌습니다. 많은 우수한 지휘자 및 전사 들이 장렬하게 희생되었고, 부대도 심각한 손실을 입었습니다. 많은 항일 연군 전사들의 희생은 대단히 장렬했습니다. 항일 연군 부대는 역량을 보존하기 위해 소련의 국경 지역으로 들어가서 병력을 정돈하고 훈련했습니다. 소련의 국경 지역으로 물러나 있던 항일 연군은 1942년 이후, 동북 지역에 소규모 부대를 지속적으로 파견했고, 적의 후방에 깊숙이 들어가서 정보를 수집하면서 투쟁을 계속했습니다. 1945년 8월 8일 소련이 일본에 선전 포고를 한 후, 항일 연군은 동북 지역으로 돌아왔고, 항일 투쟁에서 최후의 승리를 맞았습니다.

각 계층 민중의 항일 투쟁

동북 사회 각 계층의 민중도 항일 투쟁에 몸을 바쳤습니다. 1939년을 전후하여 일본이 직접 통치하던 다롄 지역에서 민중이 '방화단' 을 조직하여 일본의 군수 공장과 기업에 잇따라 불을 질렀습니다.

중국 국민당 계통의 지하 조직도 각지에서 세력을 키우고 비밀 투쟁을 전개했습니다. 예를 들어, 애국지사 이줘헝(伊作衡)은 진저우, 하얼빈, 창춘 등지에서 동지들과 연락하고 민중들을 움직여서 비밀리에 만주국과 일본에 저항하는 투쟁을 전개했고, 체포된 뒤에도 결코 뜻을 굽히지 않아서 1943년에 영웅적인 삶을 마감하였습니다. 괴뢰 만주국 군대의 어떤 부대는 총부리를 거꾸로 돌려서 조직적으로 항일 투쟁에 뛰어들기도 했습니다. 1941년 1월, 괴뢰 만주국 공군 제3비행대의 사병 85명은 일본 감시 군관을 살해하고 항일의 행렬에 투신하려 했지만, 진압되었습니다. 많은 조선족, 만주족, 몽골족, 어룬춘족 등도 동북의 한족 민중과 손잡고 전투를 벌였습니다.

양징위 | 항일 연군 제1로군 총지휘관으로, 1940년 전사했다. 일본군이 양징위의 시신을 해부하였는데, 그의 위에서는 나무껍질, 풀뿌리, 버들개지 등만 나왔다고 한다.

중국 민중과 함께 투쟁한 한국 민중

만주 사변 이후 중국 동북 지역에 거주하던 한국인도 무기를 들고 저항했습니다. 동북 북부와 남부에서 각각 한국 독립군과 조선 혁명군이 결성되었습니다. 조선 혁명군은 1938년까지 줄곧 활동하였고 중국 랴오닝 민중 자위대 및 중국 공산당이 지도한 동북 항일 연군과 함께 투쟁했습니다. 한검추는 조선 혁명군 지도자 중 한 명이었습니다. 다음의 노래는 그가 창작했으며 한중 연합 투쟁의 결심이 잘 드러나 있습니다.

한국과 중국 동포들이여. / 전투의 날이 다가왔다. / 항일의 결전이 다가왔다.
민중 자위군, / 조선 혁명군, / 함께 생사를 같이한 전우. / 생사를 함께한 전우.

일부 한국인들은 중국 공산당이 지도한 유격대, 특히 동북 항일 연군에 입대하여 중국인과 함께 투쟁했습니다. 그들이 중국인과 함께 투쟁한 것은 일본인을 중국 동북에서 내쫓으면 한국이 곧 독립할 수 있을 것이라고 믿었기 때문입니다.

한국인 유격대는 무장 투쟁을 했을 뿐만 아니라 일본과 투쟁하는 한국인의 단결을 도모하며 1936년부터 여러 지역에서 재만 한국인 조국 광복회를 결성했으나 1938년 일본의 탄압으로 와해되었습니다.

●한국 독립군 북만주에서 활약하던 한국 독립당이 1931년 지청천을 총사령관으로 내세워 결성한 무장군.
●●조선 혁명군 1930년대 중국 동북 지역의 남부에서 활약한 조선혁명당 휘하의 무장세력으로 총사령관은 양세봉이다.

장한후이와 항일 가곡 '쑹화 강변에서'

만주 사변이 일어나자 각계각층의 민중은 크게 분노하여 곳곳에서 자발적으로 대규모 항일 구국 운동에 투신하였습니다. 1936년, 산시 성의 시안 제2 중학교 (현재의 산시 사범 대학교 부속 중학교) 교사 장한후이(1902~1946)는 항일 구국 운동이 대중적으로 진행되는 상황에 자극을 받아 '쑹화 강변에서' 라는 노래를 작

곡했습니다. 이 노래는 애국심과 향수를 불러일으키는 내용으로 널리 불렸습니다. 노래는 학교나 군대에서 유행했고, 계속해서 중국 전역으로 퍼져 나갔습니다. '쑹화 강변에서' 는 항일 전쟁 시기 불려진 구국의 노래 중에서 가장 뛰어난 작품으로, 민심을 고취하고 중국인들에게 항일 전쟁에서 승리하게 될 것이라는 믿음을 심어 주는 데 커다란 역할을 했습니다.

장한후이

장한후이는 '쑹화 강변에서' 이외에도 '군민 대생산' 을 비롯하여 70여 곡에 달하는 항전 노래를 작곡한 뒤 1946년 3월 11일 옌안에서 사망했습니다. 그는 녜얼, 셴싱하이 등과 어깨를 나란히 하는 인민 예술가로 존경받았습니다. '쑹화 강변에서' 의 노랫말은 다음과 같습니다.

우리 집은 쑹화 강변이라네. 그곳은 우거진 숲과 석탄 광산이 있고,
산과 들에 콩과 수수가 널려 있다네.
우리 집은 쑹화 강변이라네. 그곳은 나의 형제들이 살고 있고,
나이 드신 아버지, 어머니도 계신다네.
'9·18', '9·18', 그 비참한 사건,
'9·18', '9·18', 그 비참한 사건,
나는 고향을 떠나면서 더없이 소중한 것들과 이별하였네.
유랑! 유랑! 온종일 좁은 곳에 갇혀 있는데,
유랑! 언제나, 언제나 나의 소중한 고향으로 돌아갈 수 있을까?
언제나, 언제나 더없이 소중한 것들을 다시 볼 수 있을까?
아버지, 어머니, 아버지, 어머니, 언제나 다시 함께 모일 수 있을까요?

상하이 의거와 윤봉길

1932년 4월 29일 윤봉길(1908~1932)은 한인 애국단 단장인 김구와 아침 식사를 마치고 맹세문을 읽었습니다.

> 나는 참된 정성으로 조국의 독립과 자유를 회복하기 위하여 한인 애국단의 일원이 되어 중국을 침략하는 적의 장교를 도륙하기로 맹세하나이다.

그날 오후 1시쯤 상하이 훙커우 공원에서 천지를 뒤흔드는 폭음이 들려왔습니다. 폭발이 일어난 곳은 상하이를 점령한 일본군이 개최한 천황 생일 축하 행사장이었습니다. 단상에 앉아 있던 상하이 파견군 사령관 시라카와 요시노리를 비롯한 여러 고위 인사들이 죽거나 다쳤습니다. 아수라장이 된 행사장에서 목청껏 "대한 독립 만세"를 외치는 사람이 있었습니다. 바로 그날 아침 '적의 장교를 도륙하겠다'고 굳은 맹세를 한 윤봉길이었습니다.

윤봉길과 김구 | 오른쪽에 서 있는 사람이 윤봉길이고, 앉아 있는 사람이 한인 애국단 단장 김구이다.

그 자리에서 체포된 윤봉길은 군법 회의에서 사형 선고를 받고, 그해 12월 19일에 처형당했습니다. 죽음을 앞두고 그는 두 아들에게 다음과 같은 유언을 남겼습니다.

> 너희도 만일 피가 있고 뼈가 있다면
> 반드시 조선을 위해 용감한 투사가 되어라.
> 태극의 깃발을 높이 드날리고
> 나의 빈 무덤 앞에 찾아와
> 한 잔의 술을 부어 놓아라.
> 그리고 너희들은 아비 없음을 슬퍼하지 마라.
> 사랑하는 어머니가 있으니…….

장쾌한 소식에 중국 민중과 국민당 정부는 크게 감탄하며 한국의 독립 운동을 적극 지지하고 지원하기 시작했습니다. 전 세계인들도 한국인들이 일본의 침략에 얼마나 분노하고 있는지를 다시 확인했습니다.

일본의 침략 전쟁

1. 중·일 전쟁

중국 동북 지역을 침략한 일본은 1937년부터 중국 전역에 대해 침략 전쟁을 시작했습니다. 이 전면적인 침략 전쟁은 어떻게 아시아 태평양 전쟁으로까지 발전했을까요?

중국에 전면적으로 침략 개시

1937년 7월 7일 밤, 일본군은 베이징 교외에서 루거우차오 사건을 일으켰습니다. 사건이 일어나자 일본은 중국군이 불법으로 사격했다는 구실을 달아 일거에 중국 화북 지역 일대를 점령하기 위해 군대를 보냈습니다. 상하이에서는 해군이 중심이 되어 8월 13일에 전쟁을 일으켰고, 다음 날인 14일에는 해군 항공대가 상하이, 항저우 등을 폭격하고, 계속해서 15일에는 중국의 수도 난징을 공습했습니다. 일본의 고노에 내각은 상하이에도 대군을 보내 3개월에 걸친 격전 끝에 상하이를 점령했습니다. 일본 정부와 군부는 수도 난징을 점령하면 중국이 굴복하고 일본의 지배를 인정하게 될 것이라고 생각했습니다. 그래서 총 20만 명이나 되는 일본군이 난징 공략을 위해 투입되었고, 1937년 12월 13일 드디어 난징을 점령했습니다. 이때 일본군은 세계의 비난을 받은 난징 대학살 사건을 일으켰습니다.

장기적인 소모전으로

장제스 정부(국민 정부)를 굴복시킬 수 없었던 일본은 1938년 1월 16일 "앞으

일본군의 난징 입성식 | 1937년 12월 17일 일본군의 난징 입성식. 앞에 있는 사람이 제10군 사령관 야나가와 헤이스케 중장.

로 국민 정부를 상대하지 않겠다"는 고노에 수상의 성명을 발표하고 장제스 정부를 멸망시킬 때까지 전쟁을 하겠다고 선언했습니다.

국민 정부가 우한으로 군과 정부 기관을 옮기며 항전을 계속하자, 일본은 대군을 동원하여 우한 작전을 수행하는 한편, 홍콩과 광저우에서 국민 정부로 물자가 보급되는 것을 차단하기 위해 광저우 작전을 개시했습니다.

일본군의 공격(69식 육상 공격기) | 한커우를 폭격하러 가는 일본군 편대(1938년 3월 25일 촬영).

일본군은 1938년 10월에 우한과 광저우를 점령했지만, 장제스 정부는 수도를 충칭으로 옮기면서 끝까지 대일 항전을 계속했습니다. 일본이 장기간에 걸쳐 중국 침략 전쟁을 치르자, 식민지 조선도 전시 체제에 편입되어 한국인의 고통이 심해졌습니다.

두 개의 전쟁터

1939년까지 일본은 약 85만 명의 육군 병력을 중국으로 보내 주요 도시와 철도를 대부분 점령했지만, 중국의 저항을 누를 수는 없었습니다.

일본은 국민당 부총재로 장제스 다음의 지위에 있던 왕징웨이를 충칭에서 탈출시켜 1940년 3월 난징에서 국민 정부(왕징웨이 정권)를 만들었습니다. 하지만 이 괴뢰 정권은 중국 국민의 지지를 거의 받지 못해 일본의 투항 공작도 실패했습니다.

한편 중국 공산당이 지휘하는 팔로군과 신사군은 투쟁을 하면서 민병을 조직하고 일본군 점령지를 해방시켜 항일 근거지로 만들고 세력을 확대했습니다. 이에 타격을 받은 일본군은 해방구를 철저하게 파괴하기 위해 '소탕전'을 벌였습니다. 이리하여 일본군은 점령 지역 밖에서 국민 정부군과 싸우고 점령 지역 안에서는 공산당군과 싸우는 두 개의 전쟁터를 가지게 되었습니다.

중·일 전면 전쟁에서 아시아 태평양 전쟁으로

충칭으로 이전한 국민 정부는 버마(현재의 미얀마) 방면 등의 이른바 원장 루트●를 통해 미국이나 영국 등에서 군수 물자를 공급받으면서 항일 전쟁을 지속했습니다.

미국이나 영국이 중국을 지원하고 일본에 대한 경제 제재를 강화하자, 일본은 군수 물자를 확보하기 위해 동남아시아 진출을 계획했습니다.

●원장 루트 장제스의 국민 정부를 지원하기 위하여 만들어진, 버마에서 중국의 윈난 성을 연결하는 전략 루트.

2. 아시아 태평양 전쟁

중·일 전쟁에서 한계 상황에 부닥친 일본이 어떻게 아시아 태평양 전쟁에 돌입했는지 그 원인을
살펴봅시다.

일 본 의   전 쟁   준 비

중·일 전면 전쟁에 들어가기 전 해인 1936년 6월에 일본은 '제국 국방 방침'
을 세워 아시아 태평양 전쟁 계획을 추진했습니다. 육군을 중심으로 소련과 전쟁
을 벌이기 위해 군비를 확장하였고, 해군을 중심으로 미국, 영국과 전쟁하기 위한
군비 강화에 힘썼습니다.

제국 국방은 일본과 충돌할 가능성이 크고 강대한 군사력을 가진 미국, 소련을 목표로
하며 아울러 중국, 영국을 상대로 한 전쟁에 대비한다. 이를 위해 제국의 국방 병력은
동아시아 대륙 및 서태평양을 제압한다는 국방 방침을 수립할 필요가 있다. (요약)

히 틀 러 의   전 쟁 에   편 승 한   일 본

1939년 9월 1일 히틀러 총통의 나치 독일이 폴란드를 침공하자 영국과 프랑
스는 곧바로 독일에 선전 포고를 했습니다. 제2차 세계 대전이 시작된 것입니다.
독일은 1940년 5월에 네덜란드로 쳐들어갔으며, 6월에는 파리를 점령하여 프랑스
를 항복시키고, 이어 영국 공습을 개시했습니다.

■ 아시아 태평양 전쟁의 발발(1941년 12월)

일본의 전쟁 지도자들은 독일의 승리에 편승하여, 주인이 없어진 동남아시아를 고스란히 손에 넣어 석유, 주석, 고무 등의 군수 자원을 획득할 수 있는 절호의 기회가 왔다고 생각했습니다. 또한 원장 루트를 차단해서 중국을 항복시키고 중·일 전쟁의 늪에서 발을 뺄 수 있을 것으로 생각했습니다.

1940년 9월 일본군은 베트남 북부(당시 프랑스 식민지)를 침략하고, 동시에 독일, 이탈리아와 삼국 동맹을 맺었습니다. 1941년 6월 독일이 소련을 침공하여 독·소 전쟁이 시작되자, 일본군은 7월에 베트남 남부에 진주하여 사이공(현재의 호치민 시) 주변에 항공 기지와 해군 기지, 육군 수송 기지를 건설하기 시작했습니다.

일본 해군 기동 부대의 진주만 공격 | 1941년 12월 8일 새벽(일본 시각), 일본 해군 항공대는 미국 태평양 함대의 기지 하와이 진주만에 기습 공격을 시작했다. 사진은 불타는 미국 전함 애리조나.

말레이 반도 상륙과 진주만 공격

일본이 동남아시아를 침략하자, 미국은 철강·고철의 일본 수출을 금지하고, 이어 석유 수출도 금지했습니다. 영국, 네덜란드도 동조하여 일본에 대한 경제 봉쇄를 강화했습니다. 위기감을 느낀 일본 군부는 'ABCD(America, Britain, China, Dutch)의 포위망'에서 벗어나려면 전쟁밖에 길이 없음을 국민에게 호소했습니다.

1941년 12월 8일 새벽, 일본군은 영국 식민지인 말레이 반도에 상륙하여 영국군을 기습 공격했습니다. 이어서 해군 항공대가 하와이 진주만에 정박 중이던 미국 태평양 함대에 기습 공격을 했습니다. 그리고 일본은 미국, 영국에 선전 포고를 했습니다. 아시아 태평양 전쟁이 시작된 것입니다.

제2차 세계 대전의 일환이 되다

일본에 이어 독일, 이탈리아도 미국에 선전 포고를 했으므로 전쟁은 제2차 세계 대전으로 확대되었습니다. 장기간에 걸쳐 전쟁을 계획하고 준비한 일본군은 유럽에서의 전쟁에 집중하느라 미처 전투 준비를 갖추지 못했던 영국군과 미군을 차례로 공격해 격파했습니다. 일본군은 불과 반년 만에 영국령 말레이 반도, 홍콩, 싱가포르, 미얀마, 네덜란드령 동인도(현재의 인도네시아), 미국령 필리핀 등 동남아시아와 남태평양 일대를 점령했습니다.

3. '대동아 공영권'의 환상

아시아 태평양 전쟁을 시작한 일본 정부는 이 전쟁을 '대동아 전쟁'이라 불렀습니다. 왜 '대동아 전쟁'이라고 했을까요?

'대동아 신질서 건설'의 구상

이번 대(對)미영전을 지나 사변(중·일 전쟁의 당시 명칭)도 포함하여 '대동아 전쟁'이라 부른다. '대동아 전쟁'이라 칭하는 것은 대동아 신질서 건설을 목적으로 하는 전쟁이라는 것을 의미한다. 그러나 전쟁 지역을 대동아에만 한정한다는 의미는 아니다.

고노에 내각이 발표한 '대동아 신질서 건설' (요약)

'대동아 신질서 건설'은 1940년 7월에 고노에 후미마로 내각이 발표하고 선전한 구상입니다. 일본이 서양 세력의 식민지 지배로부터 '아시아를 해방'시키고, '팔굉일우(세계를 천황 아래에 하나의 집으로 만든다)'라는 '대정신'을 바탕으로 아시아 각 민족이 함께 번영하는 '대동아 공영권'을 실현한다는 것입니다.

일본은 점령지 곳곳에 신사를 세우고 신도를 강요했으며, 천황을 현인신(사람의 모습을 하고 세상에 나타난 신)으로 숭배하게 했고, 일본어를 '동아시아 공통어'로 배우게 했습니다.

대동아 회의(1943년 11월) 참가자 | 왼쪽부터 바 모 총리(버마), 장징후이 국무총리(만주국), 왕와이다야콘 수상 대리(타이), 호세 파시아노 라우렐 대통령(필리핀), 찬드라 보스 수반(자유 인도 임시 정부).

'대동아 회의'의 소집

1943년 11월 도조 히데키 수상은 아시아에 새로운 질서가 형성된 것을 과시하기 위해 '대동아 공영권'의 대표들을 도쿄로 소집하여 대동아 회의를 열었습니다. 소집된 사람들은 일본군이 점령한 곳에 만들어진 괴뢰 정부, 즉 만주국, 중국(난징의 왕징웨이 정권), 타이, 버마, 필리핀, '자유 인도 임시 정부'의 대표들이었습니다. 회의에서는 다음과 같은 '대동아 공동 선언'을 채택하여 발표했습니다.

> 미국과 영국은 자국의 번영을 위해 타민족을 억압하고 대동아에 대해서는 침략, 착취를 자행하여 대동아를 예속화하고 안정을 해치려고 했다. 이것이 대동아 전쟁의 원인이다. 대동아 각국은 제휴하여 대동아 전쟁을 완수하고 대동아를 미국과 영국의 속박으로부터 해방시켜 공존공영, 자주독립, 인종적 차별이 없는 공영권을 건설함으로써 세계 평화의 확립에 이바지하고자 한다. (요약)

'대동아 공영권'의 실태

그러나 일본이 '대동아 전쟁'을 개시한 진정한 목적은 '남방 점령지 행정 실시 요령'(1941년 11월 20일)에 언급되어 있듯이, "점령지에 대해서는 일단 군정을 실시하여 치안을 회복하고, 중요 국방 자원을 서둘러 획득하여 작전군이 자활할 수 있도록 한다"는 데 있었습니다. 중요 국방 자원이란 석유, 주석, 텅스텐, 고무 등을 말합니다. '자활한다'는 것은 일본군이 점령한 곳에서 필요한 물자를 자급한다는 뜻입니다.

1943년 5월 어전 회의*에서는 대동아 회의의 개최와 '대동아 정략 지도 요강'을 결정했습니다. 이 요강에는 "말레이, 수마트라, 자바, 보르네오, 셀레베스(술라웨시)를 제국 영토로 삼아 중요 자원의 공급지로 개발하며 민심을 파악하도록 노력한다"고 되어 있습니다.

이상과 같이 서양 열강을 대신한 일본의 지배를 치장한 논리인 '대동아 공영권'은 허울에 지나지 않았으며, 전쟁 수행을 위한 물자와 노동력 조달을 목적으로 한 것이었습니다. 동남아시아의 점령지에서는 철도, 군용 도로, 비행장 건설과 같은 토목 공사나 광산 개발에 많은 현지 주민들이 강제로 동원되었습니다. 싱가포르나 말레이시아에서는 다수의 화교(중국계 주민)들이 반일 활동 혐의로 학살당했습니다. 그 결과 인도네시아·필리핀 등 일본군 점령 지역에서는 조직적인 항일 운동이 일어났습니다.

●어전 회의 천황이 출석하여 중대 의사를 결정하는 회의.

4. 총력전 체제

제1차 세계 대전 이후 전쟁은 국가의 총력을 걸고 싸우는 총력전이 되었습니다. 일본의 경우 어떻게 총력전 체제를 만들었을까요?

테러리즘에서 군부 독재로

만주 사변 이후 일본 국내에서는 육해군의 청년 장교를 중심으로 테러리즘이 유행했습니다. 1932년 5월 15일 해군 청년 장교들이 수상 관저 등을 습격해서 수상을 암살했습니다(5·15 사건).

1936년 2월 26일에는 육군 청년 장교들이 병사 1,500명을 움직여 쿠데타를 결행했습니다. 그들은 수상 관저와 육군성, 경시청 등을 점거하고 대장(재무)상 등 정부 요인 세 명을 살해했습니다(2·26 사건). 당시 육군 내부에서는 쿠데타로 군부 독재 정권을 수립하고 국가 개조, 즉 '쇼와 유신'을 단행하려는 황도파(급진파)와, 기성 정치 세력을 끌어안으면서 군 주도로 총력전 체제를 만들려는 통제파가 격렬한 파벌 투쟁을 벌이고 있었습니다. 통제파는 황도파의 반란을 사흘 만에 진압했습니다. 통제파는 쿠데타 위협을 적절히 이용하여 정치적 영향력을 크게 강화시켜, 이듬해에는 군사비를 약 세 배까지 증가시켰습니다. 그리고 1937년 7월

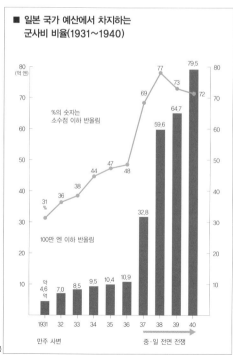

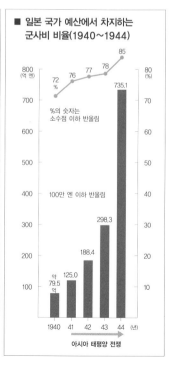

*야마다 아키라 제공

루거우차오 사건을 계기로 중국 침략 전쟁을 추진했습니다.

'국민 정신 총동원'과 국가 총동원법

중·일 전면 전쟁 직후인 1937년 9월, 정부는 거국일치(거국적으로
단결한다)·진충보국(충의를 다하여 나라에 보답한다)을 구호로 '국민 정
신 총동원 운동'에 착수했습니다. 각지에 지방 실행 위원회가 만들어졌
고, 조나이카이(町內會), 부라쿠가이(部落會), 도나리구미(隣組)가 결성
되었으며, 이러한 조직을 통해 저축이나 헌금, 근로 봉사 등이 강제적으
로 할당되었습니다. 이듬해인 1938년 4월에는 국가 총동원법이 공포되
었습니다. 이 법률에 따르면 '국가 총동원상 필요한 경우'에 정부가 의
회의 승인 없이 칙령(천황의 명령)으로 물자, 에너지 자원, 수송력 등을 전쟁 수행
을 위해 독점적으로 통제·운용할 수 있었습니다.

결전 표어 | 1943년 봄, 도쿄
유라쿠초의 원형 빌딩 일본 극
장의 벽에 가득히 걸린, '끝없
이 쏜다'는 구호가 들어간 커
다란 포스터. 3월 10일 제38
차 육군 기념일을 경축하며 일
본 육군은 대운동을 벌여 모든
잡지 표지에 이 슬로건을 인쇄
하도록 명령했다(육군 기념일
은 러·일 전쟁 펑톈 전투 승리
를 기념하여 제정된 것이다).

또한 "국가의 모든 힘을 가장 유효하게 발휘시키도록 인적·물적 자원을 통제
운용한다"고 규정하고 있어서 물자와 마찬가지로 사람도 통제·동원할 수 있었습
니다. 국민의 '건강 상태'는 오로지 전투력과 노동력으로 쓸모가 있느냐 없느냐
에 따라 결정되었습니다.

국민을 전쟁으로 총동원하는 구조

1940년 나치 독일의 '전격적 승리'에 흥분한 일본에서는 나치식 일국일당의
실현을 목표로 정당들이 차례로 해산당했고, 마침내 10월에 유일 정당인 대정익찬
회가 발족되었습니다. 이로써 복수 정당제를 전제로 한 의회 제도는 사라졌습니
다. 같은 해 일본 정부는 노동조합을 해산시키고 파업 등을 전면 금지시켰습니다.
그리고 전쟁 협력을 목표로 하는 대일본 산업 보국회를 설립했습니다.

당시 식료품, 의복, 연료 등의 생활필수품에 대해서는 배급제가 실시되었는
데, 조나이카이나 부라쿠가이, 도나리구미가 배급망이었으므로 모든 국민은 거
기에서 벗어날 수 없었습니다. 이러한 생활 통제 조직은 국민의 상호 감시 역할까
지 맡았습니다. 잡지나 신문, 영화에서 라디오, 소설에 이르기까지 모든 정보가
검열을 받았으며 전쟁을 찬미하고 긍정하는 내용만이 게재되고 방송을 허가받았
습니다. 정부는 늘어나는 전사자들을 '호국 영령'으로 찬양하고, 나라를 위해 전
쟁에서 죽는 것은 '명예'라고 하면서 새로운 병사들을 전쟁터로 내보냈습니다.

천황을 정점으로 한 군부의 지배 체제 아래서 정치, 경제, 군사, 문화, 대중 언
론, 교육 등 모든 것이 전쟁을 위해 통제·동원되었습니다. 그리하여 일본의 파시
즘 체제가 확립되었습니다.

히로히토 천황의 전쟁 책임

본래 '대일본 제국 헌법'에는 천황은 현인신이자 일본국의 주권자로서 나라의 모든 사항을 통치한다고 규정되어 있습니다. 천황에게는 군대를 지휘·통솔할 수 있는 최고의 권한(통수권)과 함께 전쟁의 시작과 끝을 결정할 권한도 있었습니다. 일본군은 천황의 군대라는 의미로 '황군(皇軍)'이라 불렸습니다.

한편 "천황은 신성불가침하다"(제3조)고 규정되어, 정치적, 군사적 책임을 지지 않았습니다. 그 대신 정치는 각 국무 대신이, 군사는 통수부가 천황을 보필하여 책임을 지게 되었습니다.

1937년에 중·일 전면전이 시작되자 전쟁을 지휘하기 위해 천황이 사는 황궁 안에 대본영을 설치했습니다. 대본영은 육해군의 최고 사령관인 대원수 히로히토 천황의 총사령부라는 의미로, 전쟁을 지휘하는 최고 통수 기관이었습니다. 대본영은 참모 총장(육군)과 군령부 총장(해군)을 핵심으로 육해군 대신들이 참가한 군부 지도자들만의 회의였습니다.

대본영의 육해군 수뇌들이 천황 어전에서 했던 회의가 대본영 어전 회의이며, 아래 사진에 보이듯 좌우에 육해군의 수뇌가 앉고 가운데 안쪽에 히로히토 천황이 앉았습니다. 이 회의에서는 중요한 전략과 작전에 관해 심의하고 결정했습니다. 또한 육군 통수부와 해군 통수부에서 올리는 상주(의견이나 사정을 천황에게 말씀드리는 것)에 대해 하문(질문)하거나 어명을 내리는 형태로 천황은 전쟁 지도와 작전 지도에 깊이 관여했습니다.

히로히토는 이 밖에도 전투의 승리와 군사 행동의 성공을 치하하고 격려하는 칙어나 가상(칭찬)하는 말을 내리는 등 국민의 전쟁 의지를 고양하면서 국위 선양을 위한 적극적인 역할을 수행했습니다.

1943년 4월 27일 대본영 어전 회의 (가운데 앉아 있는 사람이 히로히토 천황이다. ○ 표시)

전단 속의 전쟁

전쟁터에서는 적국 병사의 전투 의욕을 잃게 하거나 투항을 권유하기 위해 각종 전단이 적지에 뿌려졌습니다. 각각의 전단이 어떤 역할을 했으며, 그 효과가 무엇이었는지 생각해 봅시다.

일본군이 중국인을 대상으로 만든 전단 ①

① **일본군이 중국인을 대상으로 한 전단**

제군들은 대체 어떤 길을 선택할 것인가?

보라! 비적의 길을 택하여 저항을 지속한다면 이렇게 비참해진다.

보라! 양민의 길을 택한다면 극락정토에 이를 수 있다.

② **일본군이 미군을 대상으로 한 전단**

네 뒤에는 저 난봉꾼들, 저 징병 기피자들이 있다. 그렇고 말고. 나쁜 놈들은 부자에다 잘생기고 권력까지 있단 말이다.

지금쯤 네 애인을 품에 안고 윙크하면서, 그래 "후방의 우리들은 이렇게 감사하고 있다"고 말할 것이야.

③ **중국이 일본군을 대상으로 한 전단**

전선의 제군들! 목숨을 헛되이 하지 마라.

괴로운 생활, 불쌍한 가족을 떠올려라.

누가 제군들을 밑바닥까지 떨어뜨렸는가?

눈을 뜨라! 친애하는 일본 병사들이여!

일·중 양국의 형제여! 연합하여 침략자와 압박자 들을 타도하고 사이좋게 진정한 자유 해방으로 나아가자.

That slick fellow. That slacker.
Of course, the villain is rich and handsom
Well-groomed and full of influence, he
might be having your girl right now.
He winks and says,
"Yes, We thank you for all this and
heaven knows for more."

일본군이 미군을 대상으로 만든 전단 ②

④ **미군이 일본군을 대상으로 한 전단**

명예로운 죽음이란 무엇인가?

그것은 확실히 나라를 위해 용감하게 행동하고 최후를 맞는 것이다.

개죽음은 명예로운 죽음이 아니다.

명예로운 삶이란 무엇인가?

그것은 자기를 지키며 나라를 위해 최선을 다하는 것이다. 명예로운 삶은 명예로운 죽음보다 어려우며 용감하다.

중국 민중에 대한 일본군의 잔학 행위

1. 전쟁터의 민중과 난민

일본이 침략 전쟁을 일으킨 후 중국 민중의 생명과 안전은 어떠한 위협을 받았을까요? 그들의
가정과 재산은 어떤 손해를 입었을까요? 그들은 어떤 환경에서 살아갔을까요?

징후루의 난민

사방으로 유랑하는 난민

만주 사변이 일어난 후, 100만 명에
이르는 동북 지역의 농민과 도시 주민은
전쟁을 피하거나 일본군 점령 당국의
'순민(順民)'이 되지 않으려고 중국 북
부 지역과 남방으로 유랑했습니다. 대부
분의 난민들은 교통수단이 부족해서 걸
어갈 수밖에 없었습니다. 이들 중에는
배고픔·추위·질병과 일본 전투기의 폭
격으로 목숨을 잃은 사람이 많았습니다.

일본군의 강제 징발

일본군은 후방의 군수 공급을 소홀
히 하여 식량·연료 등의 물자가 매우 부족했습니다. 그래서 일본군이 각 지역에
서 식량, 군수 물자를 징발하는 정책을 실시하자, 스스로 전승자라고 생각한 일본
병사들은 약탈을 당연한 권리로 여겨, 함부로 민가에 뛰어들어 물품을 약탈하고
가옥을 불태우며 부녀자를 강간했습니다. 또한 사람들이 조금이라도 반항하면
마구 살해했습니다.

> 한번은 지나가던 한 무리의 일본군이 우리 마을에서 야영을 했는데…… 우리 가족 전
> 체를 방 한 칸에 몰아넣고, 그들이 두 칸을 차지하였다. 이들 일본군은 딩시라이 집의
> 큰 돼지를 잡아먹었다. 다음 날 떠나면서 우리 집 당나귀를 끌고 갔으며 나의 형을 납
> 치하여 인부로 삼았다. 형은 산시의 도로를 오가는 데 아주 익숙한지라 재빨리 도망쳐
> 서 돌아왔다. 나의 내외종사촌 형 치인촨 역시 인부로 납치되었는데, 그는 실종된 채
> 지금도 돌아오지 않고 있다.　　　 — 허베이 성 잔황 현 바이루 촌에 거주하는 농민 딩궈화의 회고

강제 노동

중국을 전면적으로 침략하던 초기, 일본에는 노동력 부족 문제가 발생했습니다. 일본 정부·군대와 기업은 중국 노동자를 노동력 공급을 해결하기 위한 방편으로 삼았습니다. 이들은 선전이나 유혹, 강제 징집, 또는 무력을 써서 많은 노동자를 끌고 갔습니다. 이들 노동자들 가운데 일부는 일본 본토로, 대다수는 중국 동북 지역으로 보내졌습니다. 아시아 태평양 전쟁 발발 후 일본은 중국 점령 지역에서 전면적인 강제 노동 제도를 실시했습니다. 일본은 이들 노동자를 이용하여 각지의 자원을 신속하게 개발하고 군사 시설을 만들었습니다. 전쟁 상황이 악화됨에 따라 다수의 청장년을 선발하여 전선으로 보내면서 일본 내 노동력은 더욱 부족해졌습니다. 그러자 1943년부터 일본은 강제로 징발한 중국 노동자를 일본 본토와 조선, 심지어 남태평양에까지 보냈습니다.

중국 노동자는 야만적인 착취와 박해를 받았습니다. 중국 동북 지역으로 보내진 노동자들은 일본군의 총칼 아래 주로 광산 개발이나 수리·건축 공사에 종사했습니다. 노동 조건이 매우 열악한 상황에서 노동자의 사망률이 매우 높았습니다. 노동자들을 매장한 곳은 종종 '만인갱(萬人坑)'으로 불렸습니다. 일본으로 이송된 중국 노동자는 거의 4만 명에 이르렀으며, 35개 기업의 135개 작업장에 배

강제 노동 | 일본군이 중국 노동자를 강제로 동원하여 도로를 만들고 있다.

치되었습니다. 이후 강도 높은 노동과 열악한 생활 환경으로 적어도 6,800명이 사망했습니다.

1,000명 가까이 되는 중국병 포로와 민간인 들이 연행된 아키타현 하나오카 광산에서는 가시마구미(현재의 가시마건설)가 강요한 가혹한 노동 때문에 사망자가 속출했습니다. 1945년 6월 30일 밤 가시마구미 출장소의 중국인 노동자들은 잔혹한 학대와 박해에 못 이겨 폭동을 일으키고 집단으로 탈주했습니다. 그러나 일본 헌병대들에게 진압되어 폭행과 고문으로 100명이 살해되었습니다. 이것이 유명한 하나오카 사건입니다. 하나오카 광산에서는 합계 419명의 중국인 노동자가 목숨을 빼앗겼습니다.

2. 난징 대학살

난징 대학살은 1937년 12월 일본군이 중국의 수도 난징을 점령한 후 죄 없는 군민에게 자행한 학살·방화·강간·약탈 등을 자행한 사건의 총칭입니다. 이 사건은 어떻게 발생했을까요?

상 하 이 살 육 에 서 난 징 으 로

루거우차오 사건 후 1937년 8월 13일 일본군은 상하이를 공격했습니다. 중국의 항전 의지를 꺾기 위해 8월 15일부터 12월까지 일본군은 당시 중국의 수도 난징에 무차별 폭격을 했습니다.

일본군은 중국군의 강력한 저항에 부닥쳐 3개월간 고전한 끝에 비로소 상하이를 점령했습니다. 뒤이어 일본군 각 부대는 3개 노선으로 나뉘어 난징을 향해 경쟁적으로 공격을 했습니다. 일본군 각 부대는 "보급품을 그 지역에서 징발하라"는 명령에 따라 난징으로 진격하는 도중에 일상적으로 살육·방화·강간·약탈 등을 저질렀습니다.

난 징 함 락

12월 1일 일본 군부는 마쓰이 이와네가 사령관을 맡은 중지나 방면군(상하이 파견군과 제10군 포함)에 "해군과 협동하여 적국의 수도 난징을 점령하라"고 명령했습니다. 따라서 일본군은 난징으로 밀고 들어갔습니다. 중국 국민당 정부의 병력 10만여 명이 난징을 방어했으나, 일본군은 아주 빠르게 난징 동부와 남부를 점령했고 비행기와 대포로 시내를 폭격하면서 12월 13일 난징을 함락했습니다.

난 징 난 민 구 의 건 설 과 해 산

일본군이 난징으로 진격하는 가장 위급한 시기에 미처 난징을 벗어나지 못한 난민들을 위해 피난처가 마련되었습니다. 1937년 11월 난징에 남아 있는 외국인 대표들은 국제 구제 기구인 '난징 안전구(난민구) 국제 위원회'를 설립했습니다. 이에 따라 그 구역 내에 25개의 난민 수용소가 설치되었는데, 최대한 수용했을 당

집단 학살(왼쪽) | 난징 중산동로에서 일본군이 체포한 시민을 교외의 집단 학살지로 끌고 가고 있다.
부녀자 강간(오른쪽) | 이 18세의 여성은 일본군에게 38일 동안 잡혀 있었는데 날마다 7~10차례 강간당했으며 후에 심한 성병에 감염되자 비로소 석방되었다.

시 난민은 약 25만 명이었습니다.

그러나 일본군은 1938년 2월 난징 안전구 국제 위원회 해산을 명령하고, 피난민에게 난민구를 떠나도록 강요했습니다.

학 살

난징을 점령한 일본군은 난징 시 안팎에서 대규모의 '소탕 작전'을 벌여 시내에 숨은 패잔병, 이른바 '펜이빙'을 다수 색출하였습니다. 그리고 미처 철수하지 못한 수많은 중국 군인들을 체포했습니다. '펜이빙'을 수색·체포하면서, 일본군은 사람들 머리 위의 모자 테 자국, 어깨와 손 위의 군은살을 군인임을 판단하는 증거로 삼았습니다. 이 과정에서 죄 없는 수많은 사람들이 체포되었습니다.

일본군은 체포한 중국 군민을 양쯔강 강변과 난징 교외로 내몰아 집단 학살했습니다. 또한 난징의 거리와 골목·주택·사원·촌락 등지에서 함부로 살인을 저질렀습니다. 1946년 중국 난징에서 열린 일본 전범 군사 재판 조사에 따르면, 난징에서 일본군에게 학살당하거나 주검이 훼손되어 흔적이 없어진 경우는 19만여 구에 이르렀으며, 이곳저곳에서 살해되었거나 난징의 자선 단체에 의해 매장된 시신이 15만여 구에 달한다고 합니다.

도쿄 재판 판결 문서에는 "일본군이 점령한 최초 6주 동안 난징 및 난징 주변에서 살해된 주민과 포로는 20만 명이 넘었다"고 기재되어 있습니다.

약 탈 과 부 녀 자 강 간

일본군은 난징에 진입한 뒤 가는 곳마다 약탈과 방화를 일삼았습니다. 난징 남쪽의 번화한 상업 지역이면서 인구가 밀집된 주택가의 피해가 가장 극심했으며, 주요 도로는 거의 폐허가 되었습니다. 일본군은 약탈·방화와 동시에 조직적으로 혹은 개별적으로 부녀자를 마구 폭행했으며, 심지어 난민구까지 진입하여 피신한 부녀자들을 강간했습니다.

독일인 라베(John H. D. Rabe)가 1938년 1월 14일 상하이 이사회 주임에게 보낸 편지에 의하면 "약 2만 명의 여성들이 강간당했다. 이 숫자에는 양쯔강에 버려지거나 구덩이에 매장된 시체, 그리고 그 외의 방식으로 처리된 사람 들이 포함되지 않았다"고 합니다. 난징 대학살에 관해 일본 정부와 군부는 당시 언론 통제를 통해 일본 국민의 눈과 귀를 가릴 수 있었지만, 난징 대학살의 폭력 행위로 세계 여론의 따가운 질책을 받았습니다.

······마을 12~13채의 집에 불을 지르자, 마을 전체가 곧 큰불에 휩싸여 불바다가 되었다. 노인 2~3명이 남아 있어 가여웠지만, 명령이기 때문에 어찌할 방법이 없었다. 이어서 3개 마을을 완전히 불태워 버렸다. 또한 5~6명을 총살하였다.
－제16사단 20연대 사병 마키하라 노부오(牧原信夫)의 11월 28일 일기

······대체로 포로로 삼지 않는다는 방침이 있었기 때문에 이들 전부를 '처리'하기로 결정했다. 후에 사사키 부대에서만 처리한 자가 약 1만 5,000명, 타이핑먼(太平門)을 수비하는 일개 중대장이 처리한 자는 약 1,300명이었다. 셴허먼 부근에 집결한 포로는 약 7~8,000명······.
－제16사단 사단장 나카지마 게사고(中島今朝吾)의 12월 13일 일기

3. 무차별 폭격·삼광 작전과 무인구 건설

중국에 대한 침략 전쟁이 지구전으로 접어든 후, 일본군은 비점령 지역에 어떠한 새로운 군사 작전 방식을 채택했을까요?

6·5 대터널 참변 | 터널 안에서 질식해서 죽은 사람들.

무차별 폭격

국민당 정부를 굴복, 투항시키기 위해, 1938년에서 1943년까지 일본군은 중국 항전의 정치·군사적 중심인 충칭에 수년간 지속적으로 '전략적 폭격'을 실시했습니다. 이로 인해 수많은 민중이 희생되었습니다. 특히 1941년 6월 5일 일본군은 24대의 전투기를 3개조로 편성하여 번갈아 충칭을 폭격했는데, 공습 시간만 5시간에 달했습니다. 이때 18제대 터널 안으로 피신했던 민중의 경우 수가 너무 많고 통풍도 되지 않아 1,200여 명이 무참하게 질식해 죽었습니다. 이 사건이 유명한 '6·5 대터널 참변'입니다.

중국의 대부분의 성들은 일본 비행기의 폭격을 받았으며, 군인과 시민을 구분하지 않는 이러한 무차별 폭격은 민중의 생활에 엄청난 재난을 가져왔고, 사람들은 공포에 떨며 생활했습니다.

삼광 작전

일본군은 중국 북부 지역 중 중국군이 장악한 지역, 특히 공산당이 장악한 항일 근거지에 대해 '소탕' 작전, 즉 가옥을 불태우고 사람들을 죽이고 재물을 약탈하여 생존 조건을 철저하게 파괴하는 이른바 삼광(三光) 작전을 실시했습니다. 일본군은 그것을 '전면 작전'이라고 불렀습니다.

베이탄 참변은 일본군이 중국 북부 지역에서 실시한 '삼광 작전'으로 일어난 가장 전형적인 사건입니다. 1942년 5월 일본군 제110사단의 부대원 500여 명이 갑자기 베이탄 마을을 습격했습니다. 이 마을은 평원에 자리하고 있었으며, 220호에 1,227명이 살고 있었습니다. 마을 사람들은 일본군을 피하기 위하여 마을 전체를 관통하는 지하도를 파 놓았습니다. 일본군이 소탕 당시 지하도에 독가스탄을 발사하여 1,100여 명이 중독사하거나 총살당했습니다. 부녀자들 가운데 중독으로 사망한 경우를 제외한 나머지는 일본군에게 강간을 당했습니다. 36채의 가옥이 불탔으며, 양식과 재물이 모두 약탈되었습니다.

무 인 구 건 설

일본군은 수많은 지역을 사람이 살지 않는 무인구로 만들어 민중과 항일 군대의 연결을 끊으려 했습니다. 해당 지역 민중은 강제 이주시켜 집단 부락을 건설하도록 했습니다. 일본군은 괴뢰 만주국을 건국한 뒤 만리장성을 만주국과 중국 북부 지역의 '접경' 지역으로 삼았습니다. 1941년 가을부터 1942년 가을까지 중국 공산당이 이끄는 팔로군은 만주국과의 접경 지역인 만리장성을 따라 항일 근거지를 건설했습니다. 이에 일본군은 만주국과 협력하여 이 지역 주민들을 강제로 집단 부락으로 강제 이주시키고 마을들을 태워 버렸습니다. 이주를 거부하는 주민들은 학살했습니다. 이렇게 일본군은 만리장성 일대에 500킬로미터에 달하는 무인구를 건설했습니다. 이로 인해 수많은 농민들이 집을 잃고 기아와 질병으로 사망했습니다.

일본은 일반 대중이 무인구에서 거주하거나 경작하는 것을 엄격히 금지했고, 집단 부락에서는 미곡 통제 정책을 시행했습니다. 그리고 농민들이 스스로 양식을 가공하는 기구도 모두 몰수했습니다. 일본군은 농민이 생산하는 모든 양식을 창고에 보관했고, 개인적으로 양식을 보유하거나 매매하는 것을 엄격하게 금지했습니다. 이를 위반할 때는 가혹한 처벌을 받았습니다. 이러한 집단 부락에서 생활하는 대중은 모든 신체의 자유를 박탈당했습니다.

항일 군민들의 저항 | 항일군과 게릴라는 일본군 거점을 포위하고 토치카를 공격하여 차단호(壕)를 메꾸고 일본군의 '근거지 봉쇄 정책'을 분쇄했다. 왼쪽 뒷부분의 원통형 구축물이 일본군의 토치카.

4. 세균전·독가스전과 인체 실험

제2차 세계 대전 동안 일본은 국제 조약을 위반하고 세균 무기와 화학 무기를 개발·제조·사용하여 중국 인민에게 어떠한 피해를 입혔을까요?

화학 부대와 세균 부대의 설립

제1차 세계 대전 후 일본 육군은 비밀리에 화학 무기를 개발하고 독가스를 전문적으로 제조하는 공장을 건설했습니다. 중국 침략 전쟁이 시작된 후 일본의 화학 부대가 중국에 파견되고, 관동군의 일부가 소련에 대한 화학전 준비를 위해 전문적인 화학 부대인 516부대를 치치하얼에 설립했습니다.

1932년 이시이 시로(육군 군의관, 의학 박사)는 도쿄의 육군 군의 학교에서 세균전을 준비하기 시작했습니다. 1936년에는 일본 '군령 육갑 제7호' 명령에 근거하여 하얼빈의 핑팡에 '관동군 방역 급수부'라는 이름의 세균 부대가 정식으로 설립되었습니다. 이시이 시로가 부대장을 맡았습니다. 이 부대는 1941년 이후 '만주 제731부대'로 불렸으며, 하이라얼·하이린·린커우·쑨우 등지에 지대를 설립했습니다.

'특별 수송'과 인체 실험

관동군 헌병대는 체포한 항일 투사 일부와 소련을 위해 첩보 공작을 한 사람을 비밀리에 731부대로 옮겨 세균 실험의 '재료'('마루타'라고 부른다)로 삼았는데, 이 작업을 '특별 이송'이라고 불렀습니다. 1999년과 2001년 헤이룽장과 지린성의 당안관(정부 문서 기록 보관소)에서는 관동군 헌병대가 남긴 '특별 이송' 문서가 발견되었습니다.

731부대는 '특별 이송'된 사람들을 비밀 감옥에 가두고 흑사병·장티푸스·파라티푸스·콜레라 등 수십 종의 세균을 실험했습니다. 또한 동상, 사람 피와 말 피의 교환, 인체 거꾸로 매달기 등의 실험을 했으며, 심지어 생체를 해부하였습니다. 화학 부대와 함께 독가스 실험을 하기도 했습

731부대의 보일러실 잔해

니다. 731부대 요원의 자백에 따르면, 적어도 이곳에서 3,000여 명이 참혹하게 죽었습니다.

화학전과 세균전의 실시

1937년 7월 27일 일본군은 참모 총장의 독가스 사용 허가 명령에 따라 중국에 파견할 화학 부대를 조직하기 시작했습니다. 그 후 각 부대에서 화학전에 종사할 인원을 훈련시켜 중국에서 화학 무기를 사용했습니다. 통계에 따르면 2,000여 차례에 걸친 화학 무기 사용으로 9만여 명의 중국 군인과 주민이 피해를 입었습니다. 그중 국민당군 부상자는 4만 7,000여 명이고 사망자는 6,000여 명이었습니다. 팔로군 부상자는 3만 7,000여 명이고 사망자는 1,500여 명이었습니다. 주민과 포로 중 사상자는 1만여 명이었습니다.

731부대 | 면적 30㎢의 731부대의 세균 연구·제조·생산 기지(하얼빈 핑팡).

1939년 731부대는 최초로 중국과 몽골의 국경 지대인 눠먼한 전투에서 세균 무기를 사용했습니다. 침략 전쟁이 확대됨에 따라, 관동군과 화북·화중·화남의 파견군, 그리고 남방의 군대에 세균 부대를 설립하고, 이어서 중국의 저장·후난, 그리고 산둥·광둥 등지에서 대규모 세균전을 실시하여 수많은 주민이 죽거나 다쳤습니다. 후난의 창더 한 곳에서만 실명이 기록된 사망자 수가 7,463명에 달했습니다.

버려진 화학 무기의 피해

1925년에 조인된 제네바 의정서는 세균 무기와 화학 무기의 사용 금지를 명확하게 규정하고 있습니다. 그래서 731부대는 철수하면서 포로를 살해하고 건물을 불태웠으며, 일본으로 중요한 자료와 물자를 가지고 돌아갔습니다. 그러나 병균에 감염된 쥐와 가축이 사방으로 흩어져 하얼빈 교외에서는 흑사병이 유행했습니다. 흑사병은 1950년대 초가 되어서야 비로소 자취를 감추었습니다.

동시에 일본군은 대량의 화학 무기를 중국에 내버렸습니다. 이 화학 무기들이 최근까지 발견되고 있으며, 버려진 무기로 사람들이 다치는 일이 끊임없이 발생하고 있습니다. 화학 무기 금지 공약의 요구에 근거하여, 1999년 중·일 간에 남겨진 화학 무기를 처리하는 문제에 대한 비망록이 작성되었고, 이를 폐기하는 작업이 진행되고 있습니다.

5. 일본 군대의 성폭력

중·일 전쟁 중에 일본군은 중국 여성에 대해 어떠한 성폭력을 가했을까요? 피해 여성들은 신체적으로뿐만 아니라 정신적으로도 심하게 상처를 입었습니다. 그것을 염두에 두고 사실을 살펴봅시다.

강간 행위

일본군 병사들 대부분이 중국 농촌에서 여성을 발견하면 강간하려고 달려들었습니다. 일본군은 부대의 전투력을 높이고 사기 저하를 막을 수 있다고 하여 병사들이 중국 여성들을 폭행하는 것을 용인했습니다. 그러나 육군 형법에서는 강간에 대해 엄벌이 규정되어 있었습니다. 그 때문에 일본군은 피해 여성이 헌병에게 호소할 것을 두려워하여 강간한 여성을 살해해 버리는 일이 적지 않았습니다. 1937년 12월 일본군 제18사단(우시지마 부대)은 안후이 우후에 침공하여 현지에서 미처 도망치지 못한 많은 여성들을 강간했습니다. 그리고 폭행을 당한 여성을 전원 사살해 버렸습니다.

일본군은 60세를 넘은 할머니로부터 10살 남짓한 소녀까지 구별 없이 폭행했습니다. 피해를 당한 여성들의 몸은 상처를 입었고 아이를 낳지 못하게 된 사람도 있었습니다. 그리고 모두 정신적 트라우마(후유증)로 괴로움을 겪었습니다.

일본군 '위안부' 제도

1931년 말 일본 해군은 장병의 성적 요구를 해결하기 위해 상하이의 일본 풍속점을 특별 위안소로 지정했습니다. 1932년 3월 상하이 파견군 부참모장 오카무라 야스지 등은 성병이 장병에게 퍼질 것과 일본군의 강간 사건이 빈번하게 일어나는 것을 막기 위해 해군의 방식을 모방한 위안소 설치를 결정했습니다. 처음에는 일본에서 '위안부단'을 오도록 하고 장병들에게 성을 제공하기 위한 장소를 설치했습니다. 이것이 일본군 '위안부' 제도의 시작입니다.

일본군 '위안부' 제도는 '만주국'으로 확대되고 일본의 중국 침략 전쟁의 확전과 더불어 중국 각지에 확대되어 갔습니다. 1937년 12월 난징에서 중국인 여성에 대한 대규모 폭행 사건이 일어나자 일본군은 화중 일대에 위안소를 설치했습니다. '위안부' 제도는 중국인 여성에 대한 강간이나 일본군 장병이 성병에 걸리는 것을 막는다는 명목으로 설치되었지만 실제로는 양쪽 다 막지 못했습니다. '위안부'가 된 것은 주로 조선인 여성이나 중국인 여성이었습니다. 전쟁터가 된 중국의 경우에는 여성들이 일본군 작전 중에 납치되거나 일거리가 있다는 말에 속기도 하고 항일 운동을 하다 포로가 된 여성이 강제로 '위안부'가 되기도 했습니다. 일본의 식민지였던 조선에서는 조선 국내에서 일거리가 있다는 말에 속아 먼 전쟁터로 끌려간 여성이 많았다고 합니다.

아시아 태평양 전쟁이 시작되자 육군 지휘부가 위안소 설치에 직접 나서 필리핀, 인도네시아 등의 동남아시아, 태평양 지역에서 현지 여성을 '위안부'로 만드는 등 위안소를 확대해 갔습니다. 일본군은 위안소의 설치, 관리, 통제, '위안부'의 모집, 수송에 관여했고 일본의 외무성, 내무성, 조선 총독부, 대만 총독부 등 일본의 국가 기관도 '위안부' 모집이나 이송에 관여했습니다. 이러한 의미에서 '위안부' 제도는 일본의 군대와 국가가 모두 관련된 '여성에 대한 전쟁 범죄'라고 할수 있습니다. 위안소 여성들은 외출의 자유, 신체의 자유가 없었으며 '위안'을 거절하면 살해당할지도 모르는 상황에 놓였습니다. 인격을 가진 여성의 성을 전쟁을 지속하기 위한 도구로 삼은 것입니다. '위안부'를 영어로는 'sexual slave(성노예)'라고 표현합니다. '위안부'가 된 여성들은 몸과 마음에 깊은 상처를 안고 평생을 트라우마에 시달렸습니다.

> 1943년 말에 1개월 정도 나는 보하이 만의 연안 지대를 휘젓고 돌아다니던 것을 떠올렸다. 남자를 발견하면 손에 잡히는 대로 구타하고 잔인하게 살해했다. 여자를 발견하면 "목숨만은 살려줄 테니 내 말을 들어라" 하며 윽박지르고 강간했다. 그래도 애원하거나 거부하려고 하면 "이것들아, 이렇게 무사의 온정을 베풀고 있는데도 뭘 모르는구나" 하며 살아나지 못할 정도로 때리고 총검으로 죽여 댄 것이다. 제59사단 제54여단 제110대대 오장 도미지마 겐지의 수기
>
> — 중국 귀환자 연락회 편, 『신편 삼광(三光) 제1집』(광문사)에서

일본군의 성노예 | 상하이 충밍 섬에서 생활하던 주차오메이는 전쟁 중 일본군에 의해 '위안부'가 되어 견디기 어려운 고난을 겪었다. 일본군의 폭행에 분개한 그녀의 남편은 항일 게릴라대에 참가했다가 희생되었다. 그녀는 2005년 2월, 95세로 사망했다.

제3장 침략 전쟁과 민중의 피해

펑이핑 - 강제 징용 노동자의 증언

1944년 8월 겨우 14세의 중학생이던 펑이핑은 상하이 사천로 다리를 지나가다가 일본 초병에게 경례를 하지 않았다고 사로잡혀, 일본 홋카이도 가쿠다 탄광으로 끌려가 노동자가 되었습니다. 매일 새벽 5시에 그는 일본인 작업 감독의 곤봉과 채찍을 맞고 일어나 석탄을 캤습니다.

밤 10시까지 일을 했으며, 소량의 밥과 두부 조각만으로 겨우 굶주림을 채웠습니다. 1년이 지나지 않아 그와 함께 일하던 290여 명의 중국 노동자 가운데 이미 90명이 사망했습니다. 그는 구사일생으로 일본이 패전할 때까지 살아남아 1945년 11월 배를 타고 상하이로 돌아왔습니다. 귀국 후에야 갑자기 실종된 아들을 걱정하다 어머니가 불행하게도 이미 세상을 떠났다는 사실을 알게 되었습니다. 1949년 8월 펑이핑은 국립 장쑤 의과 대학 의학 계열에 진학했으며, 후에 광저우 의과 대학 비뇨기 전문가이자 교수가 되었습니다. 지금까지 그는 가쿠다 탄광에서 사망한 중국 노동자의 명단을 보존하고 있습니다.

펑이핑

일본 군인의 증언

2003년 11월 17일 곤도 하지메라는 83세의 옛 일본군이 도쿄 고등 재판소 법정에 섰습니다. 그는 이 법정에서 자신이 일본군 병사로 중국 민중에게 저지른 잔학 행위를 증언했습니다. 이 재판은 중·일 전쟁 당시 산시 성 북부에 있던 항일 근거지에 대해 삼광 작전을 실시한 일본군에게 성폭력을 당한 중국인 여성들이 시작한 것입니다. 그들은 재판에서 일본 정부가 사실을 인정하고, 성실하게 사죄하고, 보상할 것을 요구했습니다. 아래 내용은 곤도 하지메 증언의 일부입니다.

우리는 교육을 통해 중국인은 인간 이하의 인종이라고 세뇌당하여, 중국인을 죽이는 것은 돼지나 닭을 죽이는 것과 같으므로 특별히 죄가 되지 않으며 천황을 위하고 일본을 위한 것이라고 생각했습니다. 1941년 9월경 산시 성 북부 항일 근거지로 소탕 작전을 벌이러 갔습니다. 일반적으로 팔로군이 있다는 정보가 들어와서 한 마을로 진격하면 팔로군은 피신합니다. 그러면 그 마을에 들어가 돈과 물자, 의류 등을 약탈하고 숨어 있는 여성을 찾아 몇몇 병사들이 강간을 하는 것입니다. 강간이나 윤간 후에는 죽이는 것이 통례였습니다. 1943년 봄, 산시 성과 허베이 성 사이에 있는 산지에서 소탕 작전을 벌였습니다. 마을의 집들을 부수고 농민들이 살 수 없도록 넓은 지역을 무인 지대로 만들었습니다. 중국인 남자를 동원하여 부순 집의 벽돌을 이용해 수십 개의 토치카를 만들었습니다. 그리고 공사가 끝나면 그 중국인들은 반드시 죽였습니다.

저를 포함한 일본군 병사가 중국에서 죽인 많은 죄 없는 사람들, 강간이나 윤간을 하고 죽이거나 치욕을 줬던 여성들을 생각하면 잠을 이룰 수 없습니다. 우리가 저지른 죄와 피해자의 고통이 사라지지는 않겠지만, 일본이 국가 차원에서 성심성의껏 사죄와 보상을 한다면 무거운 우리 마음도 조금은 편해질 것입니다.

곤도 하지메는 "목숨이 다하는 날까지 전쟁 사실을 말하고 싶습니다"라며 전국에서 증언 활동을 계속하고 있습니다.

전쟁을 증언하는 곤도 하지메

제13장 침략 전쟁과 민중의 피해

1. 황민화 정책

황민화 정책은 한국인을 '황국(皇國)의 신민(臣民)', 즉 천황에게 충성하는 일본 국민으로 만들기 위해 추진되었습니다. 그 목적은 일본의 침략 전쟁에 한국인을 총동원하는 데 있었습니다. 황민화 정책의 이념과 구체적 대책으로는 어떤 것들이 있었는지 알아봅시다.

황국 신민 서사(아동용)

1. 우리는 대일본 제국의 신민입니다.
2. 우리는 마음을 합하여 천황 폐하에게 충의를 다합니다.
3. 우리는 인고 단련하여 훌륭하고 강한 국민이 되겠습니다.

'일본과 한국은 하나다'

"내선일체는 반도 통치의 최고 지도 목표이다. 형태도, 마음도, 피도, 육체도 모두 일체가 되지 않으면 안 된다." 조선 총독 미나미 지로가 한 말입니다. 왜 이렇게 말했을까요? 일본은 중국 침략을 확대하면서 본격적인 전시 체제에 돌입했으나, 일본인만으로 전쟁을 치르기는 힘겨웠습니다. 이 때문에 한국인을 전쟁에 동원하는 것이 필요했습니다. 되도록이면 한국인이 자발적으로 전쟁에 참여하게 하는 것이 좋았을 것입니다. 그래서 일본(內)과 한국(鮮)은 하나라는 의미의 내선일체를 강조했던 것입니다. 학교에서는 귀에 못이 박히도록 내선일체를 강조했고, 마을에서는 '내선일체'라고 쓴 포스터를 붙이거나 팻말을 세워야 했습니다. 이제 내선일체는 어디서나 찾아볼 수 있는 흔한 구호가 되었습니다.

황국 신민 서사를 외워라

한국 사람들은 정오가 되면 무슨 일을 하고 있더라도 중단하고, 일본 천황이 있는 도쿄를 향해 허리를 깊숙이 굽혀야 했습니다. 학생들은 날마다 운동장에 모여

궁성 요배 | 일가족이 정오가 되자 하던 일을 멈추고 마당에 모여 도쿄를 향해 머리를 깊숙이 숙이고 있다.

일본 황궁이 있는 동쪽을 향해 절을 했습니다. 그리고 황국 신민 서사를 외워야 했습니다. 일본인이 아닌 한국인이 일본 천황의 신민으로 충성을 다하겠다는 말을 반복해야 했던 것입니다. 모든 한국인이 행사가 있는 곳에 모이면 반드시 황국 신민 서사를 큰소리로 외워야 했습니다. 결혼식에서조차 신랑과 신부는 물론 모든 참석자들이 일어서서 황국 신민 서사를 외웠다고 합니다.

내선일체 | 일본 정신의 함양을 고취하기 위해 건물에 내걸린 현수막.

일상생활에서도 일본어를 사용해라

내선일체의 목적을 제대로 달성하기 위해 가장 시급한 일은 한국인 누구나가 일본어를 할 수 있도록 교육하는 것이었습니다. 학교에서는 더 이상 한국어를 가르치지 않았습니다. 1942년부터는 일상생활에서 일본어를 쓰는 운동이 본격적으로 벌어졌습니다. 학생들은 학교 안은 물론 밖에서도 일본어를 사용하는지 서로 감시해야 했습니다. 한국말을 쓰다가 들키면 벌을 받았습니다. 관공서에서도 업무 시간에는 반드시 일본어를 쓰도록 했습니다. 이를 어기면 벌금을 내야 했습니다. 한국인이면서도 일본어를 쓰지 않고는 일상생활을 하기 힘든 그런 세상이 온 것입니다.

성을 일본식으로 바꿔라

1940년부터 조선에서는 내선일체 정책의 일환으로서 창씨개명이 시작되었습니다. 조선의 '성'과 일본의 씨는 다릅니다. 성은 혈연을 나타내는 데 비해 씨는 가문의 명칭으로 간주되었기 때문입니다. 예를 들어 성은 결혼하거나 양자로 가더라도 변하지 않지만, 씨는 그 상대편 가문의 것으로 바뀝니다. 조선에는 전혀 존재하지 않던 씨를 조선인에게 강제로 짓게 만든 것이 창씨입니다. 또한 일본식 이름으로 바꾼 것을 개명이라고 하여 합쳐서 창씨개명이라고 합니다. 이것은 개인의 이름을 바꾸는 것일 뿐 아니라 조선의 전통적 가족 제도를 해체하고 천황제 일본의 가족 제도로 재편하여 조상과의 연계를 단절하는 것을 의미했습니다.

미나미 지로 총독이 이 제도를 도입한 것은 조선에서 징병제를 실시할 것을 염두에 두었기 때문입니다. 조선인들로부터 이름까지 빼앗아 억지로 일본인으로 둔갑시켜 전쟁의 총알받이로 삼기 위해 조선의 관습을 무시한 정책을 실시한 것입니다. 총독부는 다양한 방법으로 창씨개명을 강요했습니다. 신고제였지만 사실상은 강제였습니다. 창씨개명을 하지 않는 학생은 학교에 다닐 수도 없었습니다.

창씨개명에 의해 성이 전혀 없어진 것은 아니었지만 대부분의 경우에 일본식 이름이 강요되었습니다. 일가가 모두 신고를 거부한 경우도 있었고 총독부의 압력으로 가족이 모두 창씨를 했지만 나중에 조상님들께 죄송한 일을 저질렀다며 자살한 사람도 있었습니다.

2. 전시 체제하의 군수 공업

일본의 침략 전쟁이 확대되면서 한국은 전쟁에 필요한 물자와 노동력을 제공하는 군수 기지 역할을 맡아야 했습니다. 이에 따라 군수 공업을 중심으로 한 공업화가 진전되었습니다. 그렇다면 이러한 산업 발전의 혜택이 과연 한국인에게 돌아왔을까요?

군 수 공 업 이 발 전 하 다

일본은 만주 사변 이후 한국을 군수 기지로 만드는 데 착수했습니다. 중·일 전쟁 이후 본격적인 전시 체제로 들어가게 되자, 조선 총독 미나미는 "제국의 대륙 전진 병참 기지로서의 조선의 사명을 명확히 파악해야 한다"고 강조하면서 한국에서 충분한 군수 물자를 공급할 수 있도록 군수 공업을 육성하는 데 힘썼습니다.

이러한 목적에서 일본 정부는 기업들이 한반도에 진출하도록 적극적으로 지원했습니다. 이를 위해 1938년에 만들어진 국가 총동원법이 이용되었습니다. 국가 총동원법은 정부에 전쟁에 필요한 인적, 물적 자원을 마음대로 동원할 수 있는 권한을 주었습니다. 조선 총독부는 이 법에 따라 공업 원료인 면화, 철, 석탄 등을 군수품으로 지정하고, 이를 생산자에게서 직접 거두어 조선에 진출한 일본 기업에 싼값으로 공급했습니다. 그리고 금융 기관을 통해 싼 이자로 자금을 융자해 주었습니다. 이 덕분에 여러 일본 기업들이 한반도에 진출하면서 중화학 공업 기지가 형성되었습니다. 미쓰이, 미쓰비시, 스미토모 등과 같은 일본 재벌도 한국에 진출하여 군수 산업을 키워 나갔습니다. 경성 방직, 대흥 무역, 조선 비행기 공업 등 일부 한국인 기업도 군수 공업 정책의 혜택을 받았습니다.

흥남 질소 비료 공장 | 일본 재벌을 대표하는 노구치가 1927년 흥남에 최초로 화학 비료를 생산하는 조선 질소 비료 주식 회사를 설립했다. 이 지역에는 무려 600만 평의 면적에 비료, 석유, 카바이드, 유지 산업 등 중화학 공업 단지가 건설되어 당시 세계 굴지의 대규모 콤비나트(복합 공업 지대)로 주목을 받았다.

중화학에 집중된 공업 구조

1938년 무렵에는 공업 생산액이 농업 생산액보다 더 많아질 정도로 공업화가 진전되었습니다. 주로 금속 공업, 화학 공업, 전력 등의 성장이 두드러졌습니다. 1930년에는 경공업의 비중이 73%, 중화학 공업의 비중이 27%였지만, 1940년이 되면 경공업은 48%로 줄고 중화학 공업이 52%를 차지했습니다. 중화학 공업은 지하자원이 풍부한 북부 지역에 집중되었습니다. 값싼 원료와 노동력을 이용하여 많은 이윤을 남길 수 있는 방직 공업, 기계 공업 등은 서울을 중심으로 남부 지역에서 성장했습니다. 그러나 그래프에서 보듯이 규모가 큰 공장들은 일본인 소유였고, 그들이 생산하는 제품도 대부분 일본으로 수출되는 군수 공업 관련 제품들이었습니다.

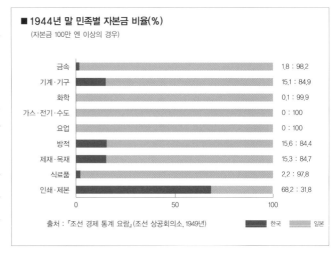

■ 1944년 말 민족별 자본금 비율(%)
(자본금 100만 엔 이상의 경우)

	한국 : 일본
금속	1.8 : 98.2
기계·기구	15.1 : 84.9
화학	0.1 : 99.9
가스·전기·수도	0 : 100
요업	0 : 100
방적	15.6 : 84.4
제재·목재	15.3 : 84.7
식료품	2.2 : 97.8
인쇄·제본	68.2 : 31.8

출처 : 『조선 경제 통계 요람』(조선 상공회의소, 1949년)   ■ 한국 ■ 일본

몰락하는 상공업자, 고통받는 민중

군수 산업은 성장했지만, 일반 상공업자들은 몰락을 거듭했습니다. 은행 돈이 모두 군수 산업에 몰려, 중소 상공업자들은 비싼 이자를 물어야 하는 사채 말고는 필요한 돈을 구할 데가 없었기 때문입니다. 민중들은 생활고에 시달려야 했습니다. 모든 물자가 전쟁에 동원되었으므로 농산물이건 공산품이건 모두 조선 총독부의 통제를 받았습니다. 당연히 생필품은 턱없이 부족했습니다. 이 때문에 꼭 필요한 물건은 암시장을 통해서 사야 했으므로 물가는 자꾸 올랐습니다. 공업 발달로 신흥 도시가 생겨나고, 항구는 붐볐지만, 그 성장의 몫은 나라 잃은 한국인이 아닌 점령자 일본과 일본인의 차지였습니다.

3. 전쟁 물자 동원

일본은 침략 전쟁에 필요한 각종 물자를 한국에서 거두었습니다. 전쟁 물자로 징수된 품목은 다양했습니다. 금을 비롯해서 석탄·철강, 쌀·보리, 소·돼지, 목재·목탄, 생선·김 등 한국에서 생산되는 거의 모든 것을 가져갔습니다. 그중에서 특히 지하자원과 식량의 약탈이 가장 많았습니다.

광산을 개발하라

조선 총독부는 전쟁 물자를 조달하기 위해 광산 개발에 나섰습니다. 이를 위해 한반도에 진출한 일본 재벌에게 '보조금' 또는 '장려금'이라는 이름으로 광산 개발 자금을 집중적으로 제공했습니다. 일본이 가장 관심을 보인 광물은 금이었습니다. 금이 국제 무역의 대금으로 사용되고 있었기 때문입니다. 1944년 무렵 일본인 광산업자가 캐낸 금의 양이 한반도 전체 금 생산량의 90%에 달했습니다. 금 못지않게 심혈을 기울여 개발한 품목은 텅스텐·흑연·마그네사이트·형석·운모 등이었습니다. 전쟁 무기를 생산하는 데 반드시 필요했지만, 일본에서는 거의 생산되지 않았기 때문입니다.

미국과 전쟁이 시작되자, 지하자원뿐 아니라 모든 금속제 그릇이 수탈의 대상이 되었습니다. 농기구, 음식 그릇, 제사용 그릇은 물론이고, 교회의 종이나 절의 불상까지 강제로 빼앗아 무기로 만들었습니다.

공출되는 식량, 굶주리는 민중

한국인의 삶에 가장 심각한 타격을 준 것은 식량 수탈이었습니다. 조선 총독부는 전쟁에 필요한 군량미를 확보하기 위해, 농민들이 생산한 쌀을 헐값에 거두어 갔

강제 공출 | 강제로 수집한 놋그릇 등을 모아 놓고 기념 사진을 찍고 있다.

습니다. 이를 공출이라고 합니다. 전쟁이 막바지에 이르자, 쌀은 물론 보리 등의 잡곡과 감자, 고구마까지 거둬 갔습니다. 군인들이 입는 의복의 원료인 면화, 삼베 등도 수탈의 대상이 되었습니다.

전쟁의 와중에는 모든 사람의 삶이 힘들고 어렵기 마련입니다. 그러나 일본인에 비해 한국인의 생활은 더욱 고달팠습니다. 식량을 배급할 때, 한국인은 일본인보다 훨씬 못한 대접을 받았습니다. 일본인에게는 쌀을 배급했습니다. 하지만 한국인에게는 만주에서 들여온 잡곡과 베트남에서 들여온 안남미를 나누어 주었습니다. 생선, 달걀 등의 식료품은 아예 일본인에게만 지급되었습니다. 게다가 배급량은 턱없이 부족했습니다. 이미 한 사람당 쌀 소비량이 일본의 5분의 1 정도에 불과했던 한국인에게, 전쟁이 막바지에 이르자 허기를 채울 수 없을 정도로 적은 양이 배급되었습니다. 곳곳에서 식량 도둑이 생겨났고, 봄이면 산과 들은 나물을 캐거나 나무껍질을 벗겨 내는 굶주린 사람들로 북적거렸습니다. 파냐 이사악코브나 샤브쉬나는 『식민지 조선에서』라는 책에서 당시의 상황을 아래와 같이 묘사하고 있습니다.

날마다 서울은 침침하고 음울하게 변해 갔다. 대부분의 가게와 수리점이 문을 닫았다. 배급소 근처에는 헤아릴 수 없을 만큼 많은 사람이 줄을 서 있었다. 사람들은 굶주림뿐만 아니라 추위에도 고통을 당했다. 1944~1945년 겨울에 거의 모든 집들이 불을 때지 못했다. 공공시설도 마찬가지였다. 석탄 한 봉지에 40원이었는데 그것도 겨우 하루 분량이었다. 다른 도시들 역시 똑같은 상황이었다.

4. 인력 동원

침략 전쟁에 동원된 것은 물자만이 아니었습니다. 일본은 한국인을 군인으로, 노동자로, '위안부'로 강제로 전쟁에 내몰았습니다. 자신의 조국을 빼앗은 '적'을 위해 목숨을 내걸어야 했기에 한국인들의 고통과 상처는 더욱 깊었습니다. 인력 동원의 실태가 어떠했는지 알아봅시다.

지 원 병 제 에 서   징 병 제 로

일본의 식민지 지배 아래에서 원래 한국인은 군대에 갈 수 없었습니다. 그러나 전쟁이 장기화되자 일본은 부족한 병사를 채우기 위해 한국 청년들을 전쟁터로 끌고 갔습니다. 1938년에는 초등학교를 졸업한 17세 이상의 청년을 대상으로 한 육군 지원병 제도를 실시했습니다. 하지만 관리와 경찰이 앞장선 지원병 모집은 사실상 강제성을 띠고 있었습니다. 전황이 악화되자, 1943년에는 한국 학생들을 학도병이란 이름으로 죽음의 전쟁터로 내몰았습니다. 1944년부터는 일정한 나이가 된 모든 남성을 군대로 끌고 가는 징병제를 한국에도 적용했습니다.

이렇게 해서 일본이 패망할 때까지 약 20만 명이 넘는 한국 청년들이 조국이 아니라 '침략국' 일본을 위해 목숨 바쳐 싸워야 했습니다. 징병으로 끌려간 한국인 중 일부는 탈출하여 독립 운동에 합류하는 감격을 맛보기도 했습니다.

한 국 인 을   전 쟁 에   총 동 원 하 라

한국인을 전쟁에 동원하기 위해, 조선 총독부는 국민 정신 총동원 운동을 벌이고 한반도 전역에 전시 총동원 체제를 수립했습니다. 위로는 조선 총독부에서 아래로는 마을에 이르기까지 총동원 연맹을 만들었습니다. 각 마을에 결성된 부락 연맹 아래에는 열 집을 하나로 묶은 애국반이 설치되었습니다. 애국반에는 공동 작업반

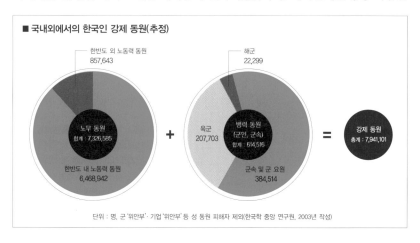

단위 : 명, 군 '위안부'·기업 '위안부' 등 성 동원 피해자 제외(한국학 중앙 연구원, 2003년 작성)

을 두어 농기구와 가축을 공동 이용했으며, 공동 탁아소를 만들고, 공동으로 밥을 짓도록 했습니다. 참으로 숨 막히는 감시 구조였습니다. 이처럼 촘촘히 짜인 각 조직들은 물자는 물론 인적 자원을 통제하고 동원하는 기능을 했습니다.

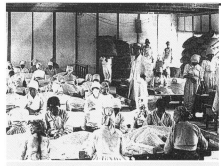

강제로 끌려간 노동자들

왼쪽 그래프에서 보듯이, 한국인은 주로 노동자로 전쟁에 동원되었습니다. 노동력 동원은 처음에는 공개 모집 형태를 띠었으나, 나중에는 관공서가 주도하는 방식으로 바뀌었습니다. 전쟁 막바지에는 필요한 노동력을 언제든지 동원할 수 있도록 징용제를 실시했습니다.

일본으로 끌려간 노동자들은 탄광이나 비행장, 항만의 건설 공사, 터널 공사, 군수 공장 등 위험한 작업장에 배치되었습니다. 이들의 삶은 비참했습니다. 제대로 먹지도 못하고, 임금도 받지 못한 채, 민족 차별을 견디며 목숨을 건 위험한 일을 했으며, 죽음의 공포에 치를 떨어야 했습니다. 이러한 고통 속에서 많은 사람들이 목숨을 잃었지만, 죽음에 대한 보답은 아무것도 없었습니다. 신체적, 정신적 고통으로 신음하던 한국인 노동자들에게는 그저 살아 돌아가는 것만이 유일한 희망이자 목표였습니다.

부녀자들의 집단 노동(위) | 조선 총독부는 여자 정신대 근로령을 내려 한국 여성들을 군수 공장 등에 강제로 동원했다.
지원병 훈련소(아래) | 지원병들이 전쟁터로 나가기 전에 군사 훈련을 받고 있다.

하루 작업 시간은 정해진 양을 다 해야 교대가 되었고, 양을 다 채우지 못하면 10시간도 넘게 일을 했습니다. 옷을 주지 않아 매일 입던 옷을 그대로 기워서 입었습니다. 굴 안에서 일하는 사람들은 거지가 따로 없었습니다. 잠자리도 마루를 깔아 놓은 침상에 담요 하나 가지고 추운 겨울을 지내야 했고, 벼룩이 많아서 잠도 제대로 잘 수 없었습니다. 배가 많이 고파서 쓰레기장에서 무 토막 따위의 먹을 것만 눈에 띄면 다 주워 먹었습니다. 제일 참지 못할 것이 배고픔이었기 때문입니다. 도망가다 잡히면 죽을 지경으로 구타당하기 때문에 도망갈 엄두도 못 냈습니다. 2년 동안 다람쥐 쳇바퀴 돌듯 똑같은 굶주림의 생활이었습니다.
　　　　　　　－ 가이지마 탄광 주식회사 오노우라 탄광에서 근무한 한국인 노동자 박노식의 경우

그들이 떠난 고향에서 수십 년 동안 소식조차 없이 끝내 돌아오지 않는 남편을, 아버지를, 형제를 기다리는 가족들의 고통과 상처는 아직까지 치유되지 않고 있습니다.

5. 일본군 '위안부'로 끌려간 한국 여성들

일본군 '위안부'란 일본의 침략 전쟁 당시, 일본군 '위안소'로 끌려가 강제로 성폭행당하며 살아야 했던 여성들을 가리킵니다. 일본군이 저지른, 성폭력이라는 끔찍한 전쟁 범죄로 한국 여성들이 어떤 고통을 당했는지 알아봅시다.

군 '위안부'로 끌려간 여성들

군 '위안부' 중에는 일본인 여성들도 있었지만, 대거 동원된 것은 한국인 여성들이었습니다. 한국인 '위안부'들은 중국, 동남아시아를 비롯하여 일본군이 있는 곳이면 어디든지 끌려갔습니다. 일본은 점령지인 중국, 필리핀, 인도네시아 등의 현지 여성들도 군 '위안부'로 동원했습니다. 일본군 '위안부'로 끌려간 각국 여성의 수는 최소 8만에서 최대 15만 명에 이르는 것으로 추정됩니다.

군 '위안부'로 끌려간 한국 여성은 대부분 미혼의 10대 소녀들이었습니다. 간혹 결혼한 여자들도 있었습니다. 이들 중에는 공장에 취직시켜 주겠다거나 돈을 많이 벌게 해 주겠다는 모집인의 말에 속아서 '위안소'로 간 경우가 많았습니다. 전쟁이 막바지로 가면서, 유괴 또는 인신매매, 납치를 당해 끌려가는 경우도 점차 늘어났습니다.

지옥 같은 군 '위안소' 생활

군 '위안소'는 일본 국내는 물론 일본군이 주둔하는 곳이면 어디든지 존재했습니다. 군 '위안부'들은 처음에는 군인들에게 반항하거나 도망갈 궁리를 했습니다. 하지만 무시무시한 감시에 곧 팔자를 탓하며 체념해야 했습니다. 이름도 '하나코', '요시코' 등 일본식으로 바꿔야 했으며, 이름 없이 번호로만 불리는 경우도 있었습니다. 한국말 사용은 물론

■ 일본군 '위안소' 분포도

러시아
몽골
중국
한국
일본
오키나와 제도
타이완
홍콩
하이난다오
필리핀
미얀마
타이
베트남
캄보디아
일로일로
말레이시아
인도네시아

● 공문서 등에서 확인된 '위안소'   ◉ '위안부'들의 증언으로 확인된 '위안소'   ○ 군부대 기록, 병사 등의 증언으로 확인된 '위안소'
◎ 중국의 한국인 '위안부'의 생존 지역

금지되었습니다. 이름도 말도 잃어버린 채, 피눈물로 세월을 달래며 악착같이 버텨야 했습니다.

1924년 9월 2일 경상남도 밀양에서 출생한 박두리 할머니의 경우 열일곱 살(1940년) 되던 해에 마을을 찾아온 일본인 모집 업자의 "일본 공장에 넣어 준다"는 말에 속아 타이완으로 끌려가 '위안부' 생활을 시작했습니다. '위안소'에서는 20여 명의 한국인 여성들과 함께 5년 정도 생활했습니다. 거기서는 '후지코'라고 불렸으며, 하루에 10명 정도의 군인을 상대해야 했습니다. 일본말을 쓰라고 강요당했으며, 밥도 제대로 주지 않아 굶기 일쑤였습니다. 월경을 할 때도 쉬지 못했습니다. '위안소'에서 오른쪽 허벅지가 심하게 부어오르는 일종의 성병에 걸려 수술을 받아야 했습니다. 또한 '위안소' 주인과 관리인에게 심하게 구타당한 것이 원인이 되어 귀도 멀었습니다.

끝나지 않은 고통

일본이 패하자, 군 '위안부'들은 그대로 버림받았습니다. 일본군이 도망가면서 집단으로 학살한 경우까지 있었습니다. 연합군 포로 수용소에 갇혀 있다가 겨우 고향으로 돌아온 이들도 있었습니다. 참으로 가슴 아픈 일은 일본인으로 취급받아 현지 주민들에게 죽임을 당한 경우도 적지 않다는 사실입니다. 가족과 고향 사람 볼 낯이 없다며 평생 수치심에 억눌려, 고국으로 돌아오지 않는 경우는 더욱 많았습니다. 일본군 '위안부'로 끌려간 한국 여성들, 그들은 일본의 식민지 지배가 남긴 상처의 가혹한 피해자입니다. 그들은 여생을 끔찍한 기억과 병마에 시달리며 고통스럽게 보내고 있습니다.

친일파와 한간

　　1945년 일본의 패전으로 전쟁이 끝나자 한국에서는 '친일파', 중국에서는 '한간(漢奸)'이라고 불리는, 일본 통치에 적극적으로 협력했던 사람들의 처리가 문제가 되었습니다.

왕징웨이의 '평화의 문' | 왕징웨이 괴뢰 정권을 풍자한 만화.

　　독립 이후, 대다수 한국인들은 징병과 징용을 천황에게 충성을 바치는 애국적 행동이라고 찬양하며 일본의 침략 전쟁에 적극 협조했던 친일파의 처단을 간절히 원했습니다. 그런데 미군정은 조선 총독부 관료와 경찰 들을 그 자리에 계속 등용하면서 친일파 문제를 외면했습니다. 1948년 대한민국이 수립되면서 국민의 여망에 따라 곧바로 친일파를 청산하기 위한 '반민족 행위 처벌법'이 제정되고 반민족 행위 특별 조사 위원회가 구성되었지만, 이승만 정권에 참여한 친일파들의 방해로 제대로 활동하지 못했습니다. 이러한 친일파 청산의 좌절을 극복하고자 해방된 지 60여 년 만인 2004년에 '일제 강점하 친일 반민족 행위 진상 규명에 관한 특별법'이 제정되어 진상 규명과 조사가 진행되고 있습니다.

　　한간의 원래 의미는 한족 가운데 간신을 가리키는데, 일반적으로 역사의 갈림길에서 외래 침략자에게 투항한 인물을 뜻합니다. 만주 사변 이후 일본은 동북·화북·화동 등지에 괴뢰 정권을 세우고, 한간 세력을 이용해 일본과 합작을 한 뒤 국민당 정부와 중국 인민을 적으로 삼았습니다. 중국 근현대사에서 이들 정권을 '한간 정권' 혹은 '괴뢰 정권'이라고 부릅니다. 이들 정권은 괴뢰 만주국의 '오족 공화'와 왕징웨이 정권의 '평화 건국'과 같은 당당하고 훌륭한 구호를 내세웠지만, 사실상 모두 일본 통치자에 의지하는 꼭두각시였을 뿐입니다. 항일 전쟁 승리 후부터 1947년까지 중국에서는 일본에 협력한 적이 있는 수만 명에 대해 대규모 재판을 진행했습니다. 1949년 신중국 성립 후에는 매국노를 없애자는 민중 운동이 벌어졌습니다.

그림으로 일본군 '위안부' 피해를 고발한 강덕경 할머니

강덕경 할머니는 1929년 경남 진주에서 태어나, 아버지가 일찍 돌아가신 후 외가에서 자랐습니다. 1944년 열여섯 살 되던 때 요시노 국민학교 고등과 1학년에 다니다가, 정신대에 나가라는 일본인 담임 교사의 말에 여자 근로 정신대 1기로 일본으로 떠나 도야마 현 후지코시 군수 공장에서 일하게 되었습니다. 일주일마다 낮일과 밤일을 교대하면서, 하루에 12시간씩 일해야 하는 것이 너무 힘들었지만, 그보다 더 힘든 것은 배고픔이었습니다. 밥과 된장국, 단무지가 고작인 생활이 너무 고달파 한밤중에 도망을 쳤는데, 그만 군인에게 잡히고 말았습니다. 이때부터 일본군 부대를 따라다니며 위안부 생활을 강요당했습니다. 해방이 되자 고향으로 돌아온 그는 결혼을 하지 않은 채 평생 홀로 살았습니다.

「**책임자를 처벌하라**」(강덕경 작)

1993년부터 1997년까지 강덕경 할머니는 피해자들을 위한 치료의 한 방법으로 시작한 그림 그리기에서 재능을 발휘하여, 돌아가실 때까지 '위안부' 생활을 묘사한 수십 장의 그림을 남겼습니다. 할머니의 그림은 피해 증언과 함께 자신이 경험한 피해 사실을 세계의 많은 사람들에게 알리는 계기가 되었습니다. 돌아가시는 그날까지 그림을 통해 일본 정부의 사죄를 요구한 강덕경 할머니는 '위안부' 피해를 세상에 당당하게 알린 역사의 피해자로 기억될 것입니다.

일본 민중의 가해와 피해

1. 전시 총동원과 민중의 전쟁 협력

일본의 침략 전쟁은 국민 생활을 희생시키며 강제로 진행되었습니다. 일본이 침략 전쟁을 위해 물자와 인력을 어떻게 총동원했는지 구체적으로 살펴봅시다.

모든 것은 전쟁을 위하여

아시아 태평양 전쟁이 시작되자 군수 공장 노동자가 병사로 차출되어 인력이 부족해졌습니다. 이를 보충하기 위해 실업계 학교의 졸업생과 전쟁과 무관한 일을 하던 노동자를 차출하여 강제로 군수 공장에 보냈습니다. 미혼 여성과 중등 학생, 대학생을 가리지 않고 동원했습니다. 이렇게 해도 노동력이 부족하자 조선이나 중국에서 강제 연행을 자행했습니다.

군대가 국민을 억압하다

유사시 병역 의무를 진 예비군을 일본에서는 재향 군인이라고 합니다. 이들은 재향 군인회에 소속되어 국민을 전쟁에 협력하게 만드는 여러 사업을 했으며 학교의 군사 교련을 지도했습니다. 이리하여 초등학생에서 현역병과 재향 군인까지, 취학 연령부터 40세까지의 남자를 군이 장악하는 구조가 만들어졌습니다.

학도 근로 동원 | 이와테 현에서 요코스카 해군 항공대로 동원된 도노 고등 여학교 4학년생들. 기숙사에 집단으로 숙박하면서 공장에서 노동을 했다. '가미카제(神風)'라고 쓴 일장기 머리띠를 하고 있다.

만주 사변이 시작된 1931년에 31만 명이었던 군인은 전쟁이 확대되자 그 수가 지속적으로 늘어 1945년에는 719만 명에 이르렀습니다. 전쟁 말기에는 징병 연령이 19세에서 45세까지로 확대되어, 대학생도 수십만 명이 군대에 갔습니다. 그래도 모자라 조선과 타이완에서 징병제를 실시하여 젊은이들을 '일본군'으로 전쟁터에 내몰았습니다.

전쟁 협력의 구조

국민들을 서로 감시하게 하고 전쟁에 협력하도록 하기 위한 조직으로서 경찰과 관청의 관리 아래 만들어진 것이 도나리구미입니다. 약 10가구를 단위로 전국에서 130만 개가 조직되었습니다. 국민들은 도나리구미에 소속되어 출정 병사를 배웅하고 국방 헌금과 금속 수집, 근로 봉사, 방공 연습을 주도하는 등 전쟁에 협력해야 했습니다. 식료품을 비롯한 생활필수품이 도나리구미를 통해 배급되었기 때문에 국민들은 이에 협력하지 않으면 살아갈 수 없었습니다.

전쟁으로 몰아넣은 교육

학교에서는 "천황은 신의 자손이며, 국민의 사명은 천황을 따르지 않는 자를 없애 세계를 하나의 집으로 만드는(팔굉일우) 대사업에 협력하는 것이다"라고 가르쳤습니다. 이것을 누가 정했는지 의심하는 일은 절대 허용되지 않았습니다.

> 일본은 좋은 나라,
> 깨끗한 나라,
> 세계에서 유일한 신의 나라.
> 일본은 좋은 나라,
> 강한 나라,
> 세계에 빛나는 위대한 나라.
>
> −소학교 2학년 수신 교과서
> (1941년판)

학교 행사에서는 천황과 황후의 사진을 보고 최대한 예를 갖추어 경례를 했습니다. "유사시에는 몸을 내던져서 천황을 받들어라"라는 교육 칙어를 읽고 '천황 폐하가 통치하시는 이 시대가 영원히 계속되도록 하는 노래'라고 가르쳤던 '기미가요'를 불렀습니다.

수업에서는 다른 아시아인들에 대한 근거 없는 멸시와 우월감을 부추겨, '신의 나라'인 일본이 아시아 각 민족을 지배하는 것은 당연하다고 가르쳤습니다. "군함 1척에 대포가 7개씩 있습니다. 7척에 있는 대포를 합치면 얼마나 될까요?"와 같은 내용의 산수 교과서처럼 교육 전반이 전쟁 일색이었습니다.

일본 정부는 '신의 나라'라는 거짓말로 국민을 교육했습니다. 신문과 라디오도 "난폭한 중국을 혼내 주자", "귀축미영(짐승 같은 미국과 영국)을 격멸하자"고 선전했습니다. 교육, 보도, 군대, 도나리구미 등 힘으로 국민이 침략 전쟁에 협력하도록 했던 것입니다.

2. 민중의 생활과 저항

15년에 이르는 전쟁의 시대에 민중은 어떤 생활을 했을까요? 또 어째서 일본의 민중은 무모한 전쟁을 반대하지 않았을까요? 전쟁을 반대한 사람은 없었던 것일까요?

전쟁 당시 우체국 저금을 장려하는 이동 우편차 | 아시아 태평양 전쟁 중 국민은 모든 것을 희생하고 전쟁에 협력할 것을 요구받았다. '국채(國債)'는 싸우는 조국의 혈액'이라고 선전하고 있다(1942년 6월).

전 시 하 민 중 의 생 활

일본 정부는 아시아 태평양 지역까지 확대한 전쟁을 수행하기 위해 군수 산업의 확충과 경제의 군사화를 추진했습니다. 1938년 4월의 국가 총동원법은 일본 내의 경제 활동과 국민 생활 전반을 국가가 강제로 통제하고 국민을 전쟁에 동원하기 위한 것이었습니다.

1940년 이후에는 식품, 일용 잡화, 의류 등 생활필수품 대부분을 배급했는데, 전황이 악화될수록 배급량은 줄어들었습니다. 그 때문에 배급 없이는 하루도 살 수 없었던 일본 국민은 식량난에 따른 영양 부족과 물자 부족을 겪으며 매우 궁핍한 생활을 해야 했습니다. 어느 초등학교 5학년 학생은 다음과 같이 그 때 상황을 말하고 있습니다.

> 배고픈 나는 소중히 남겨 두었던 '식빵'을 조금 떼어 먹은 적이 있다. 이미 곰팡이가 슬어 있어 그 부분은 떼고 먹었다. "전쟁터의 군인들을 생각하라. 흙탕물을 마시고 잡초를 먹으며 싸우고 있다"라며. 쌀은 1944년 무렵에는 좀체 구하기가 어려웠고 1945년에는…… 좀처럼 보기 힘들어졌다. (고구마나 콩이라면 감지덕지이고 호박이나 해바라기 씨도 볶아 먹었다.)

정부는 "사치는 적이다!", "아무것도 원하지 않습니다, 이길 때까지는!" 등의 슬로건을 내걸고 절약을 강요했습니다. 여성 단체는 길거리에서 조금이라도 화려한 복장을 한 여성을 발견하면 "화려한 복장은 삼갑시다"라고 인쇄된 전단지를 들이밀며 주의를 주었습니다. 남성은 국민복, 여성은 몸뻬 차림으로 통일하도록 강요했습니다. 도시 주민들은 암거래나 물물 교환 등으로 간신히 생명을 유지했습니다. 농촌도 노동력 부족으로 식량 생산량이 줄었고 강제로 쌀을 공출해야 했기 때문에 자신들이 먹을 식량조차 부족했습니다.

민중의 저항

일본이 만주 사변을 일으킨 1931년 무렵까지는 반전 운동이 활발해졌습니다. 국제 반제 동맹 일본 지부가 만들어져 조선이나 중국 민중과의 연대를 주장했으며, 전국 각지에서 전쟁 반대, 일본의 중국 침략 반대 등을 선전했습니다. 그러나 일본 정부는 치안 유지법으로 전쟁에 반대하는 사람들을 대대적으로 탄압했습니다. 많은 국민은 '충군애국' 교육으로 어릴 때부터 천황·국가에 대한 충성과 복종 정신을 교육받았으므로 전쟁을 반대한다는 것은 상상도 할 수 없게 되었습니다. 게다가 사상과 종교의 자유, 언론·출판·보도의 자유 등도 없었으므로 국민 대부분은 무비판적으로 전쟁에 내몰리게 되었습니다.

그런 가운데에도 미국의 기독교 단체인 등대사*의 일본 지부는 "전쟁은 살인 죄이다"라며 병역 거부를 주장하다가 1939년 치안 유지법으로 검거되었습니다. 종교인과 사회주의자 등 일부 사람들은 감옥에 갈 것을 각오하고 전쟁에 반대했습니다. 전쟁이 장기화되자 민중들 간에는 전쟁을 혐오하는 기운이 퍼졌습니다. 노동자 중에서는 도주하거나 결근하는 사람이 늘었고 무기를 파괴하거나 의식적으로 불량품을 만드는 사람까지 생겨났습니다. 극히 소수이기는 하지만 중국 대륙에서 하세가와 데루와 같이 반전 활동을 했던 일본인과 일본군 출신자 들이 있었습니다. 나아가 군대 안에서 반전 조직을 만들어 전쟁 반대 선전 활동을 한 사람들도 있었습니다.

류런과 하세가와 데루 부부

하세가와 데루[중국에서는 미도리가와 에이코(綠川英子)라는 이름을 썼다]는 1932년 나라 여자 고등 사범 학교 재학 중에 에스페란토를 배우다가 체포되고 퇴학 처분을 받았습니다. 24살이 되던 1936년 중국인 유학생인 류런과 결혼하고 류런이 항일 구국 운동을 위해 귀국하자 그 뒤를 따라 이듬해 봄 상하이로 건너가 전쟁에 반대하는 대일 방송에 종사했습니다. 1937년 9월 중국 상하이에서 '온 목소리를 다해 일본 형제들에게', '그릇되게 피를 흘려서는 안 된다. 당신들의 적은 바다 건너 이쪽에는 없다!'고 외쳤습니다(1947년 35세로 사망).

● 등대사(燈臺社) 여호와의 증인.

3. 도쿄 대공습과 도시 공습

일본은 침략 전쟁을 확대한 결과 연합군의 반격을 받게 되었습니다. 그래서 아시아 태평양 전쟁 말기에 일본 각지가 미군의 공격을 받았습니다. 사람들은 이 공습으로 어느 정도 피해를 보았을까요?

일 본 본 토 에 대 한 공 습

1944년 여름 괌·사이판 등 마리아나 제도의 일본군을 전멸시킨 미군은 그곳을 기지로 삼아 B29 폭격기 편대로 일본 본토를 폭격했습니다. 처음에는 비행기 공장 등 군사 시설을 공격했습니다.

그러나 1945년에 접어들자 도시도 무차별 폭격을 해서, 일반 시민의 희생이 잇따랐습니다. 3월 도쿄 대공습을 시작으로 요코하마, 오사카 등 전국에서 약 150개의 도시가 폭격을 받았습니다. 이 공습과 원자 폭탄으로 사망한 민간인은 약 38만 명, 소실된 가옥은 240만 호 이상이라고 합니다.

각지에서 공습이 시작되자 일본 정부는 초등학생을 도시에서 농촌으로 옮겼

도쿄 대공습 | 대공습 후 폐허로 변한 도쿄 거리(현재 도쿄도 주오 구 니혼바시, 신오하시 부근).

습니다. 이것을 '학동 소개'라고 합니다. 초등학교 3학년(후에 2학년) 이상의 아이들이 부모와 떨어져 학교별로 지방의 여관과 절에서 배고픔에 시달리며 공동생활을 한 것입니다.

도쿄 대공습

1945년 3월 9일 밤부터 다음 날까지 도쿄의 서민 지역(현재의 스미다 구, 고토 구 등)에는 '하루이치반'이라는 강풍이 불었습니다. B29 폭격기 334대는 소이탄(고열로 태우는 폭탄)으로 2시간 동안 '무차별 융단 폭격'을 했습니다. 이것은 융단을 까는 것처럼 그 지역 전체를 태워 버리는 공격입니다.

먼저 일정 지역의 주위를 도넛 모양으로 폭격하여 화재를 일으켜 주민이 도망가지 못하게 한 다음에 그 도넛 안에 빈틈없이 소이탄을 투하했습니다. 불행하게도 때마침 불어온 강풍으로 서민 지역 일대는 '불바다'가 되었습니다. 이 2시간 남짓한 폭격으로 약 10만 명이 사망했고, 약 100만 명이 집을 잃거나 다치는 등 큰 피해가 발생했습니다. 학동 소개로 집을 떠나 있는 사이에 도쿄에 남아 있던 가족이 모두 죽어 고아가 된 학생도 있었습니다.

나는 젖먹이 아들을 등에 업고 부모와 함께 도망쳤다. 다리 가까이 가니 창고가 타고 있었고, 그 불이 강풍을 만나 거대한 버너의 화염같이 타올랐다. 등에 업힌 아들이 "앙" 하며 울어 뒤돌아보니 입 안에 불똥이 들어가 목구멍이 새빨갛게 타고 있었다. 그 불똥을 손가락으로 꺼내고 울부짖는 아이를 가슴에 안았다. "요시코, 뛰어들어!" 그 소리에 아이를 꼭 안고 정신없이 강으로 뛰어들었다. 그것이 부모와 이별이었다.

― 도쿄 대공습의 체험을 전하는 하시모토 요시코 씨의 이야기 중에서

무엇을 위한 무차별 폭격인가

일본이 저지른 아시아 태평양 전쟁은 일본 국민 모두가 침략 전쟁에 동원되어 협력한 총력전이었습니다. 따라서 일본의 총력전 체제를 뒷받침하던 일반 시민도 미군 폭격의 표적이 되고 말았습니다. 일본군도 중국 도시를 무차별 공격하여 커다란 피해를 주었습니다.

전투원도 아닌 일반 시민을 상대로 왜 이런 무차별 폭격을 한 것일까요? 그것은 총력전의 전략 목표가 상대국의 군 병력, 군수 공업을 파괴하는 것은 물론이고 국민의 생활과 생명까지 파괴하여 전투 의욕을 상실시킴으로써 항복을 재촉하는 데 있었기 때문입니다.

4. 오키나와 전투

오키나와 전투는 일본 남단인 오키나와에서 아시아 태평양 전쟁 최후로 또는 최대 규모로 일본 군과 미군이 싸운 전투입니다. 사람이 폭탄을 안고 돌격한 특공대가 가장 많이 투입된 전투이기 도 합니다. 오키나와 전투의 특징은 무엇이었을까요?

작은 섬에서 벌어진 3개월간의 격전

서태평양까지 뻗었던 일본군의 거점을 미국이 차례로 점령하여 일본의 패색 이 짙어진 1945년 3월 23일, 미군의 포격으로 오키나와 전투는 시작되었습니다. 이후 4월 1일 미군이 오키나와 섬 중부 해안에 상륙하여 6월 23일 일본군이 공격 을 포기할 때까지 3개월간 이어졌습니다.

오키나와 섬은 남북 120킬로미터의 작은 섬입니다. 미군은 이 섬을 군함 1,500척으로 포위하고 전투 부대원 18만 명을 포함한 54만 명의 대병력으로 공격 했습니다. 일본군은 현지에서 징집된 보조 병력을 포함하여 11만 명이었습니다.

작은 섬에서 그것도 압도적으로 열세인 병력임에도 전쟁이 3개월이나 이어 진 것은 일본군이 지구전을 취했기 때문입니다. 산호 석회암으로 이루어진 오키 나와 섬 중남부에는 수많은 종유 동굴이 있습니다. 일본군은 그런 동굴과 새로 판 지하 진지에 숨어서 계속 싸웠습니다.

일본군은 왜 '지구전'을 택했을까요? 당시 일본 정부와 군은 미군과 일본 '본토'에서 맞서 싸우는 '본토 결전'을 예상했습니다. 그러나 준비가 다 되어 있 지 않은 상황에서 시간을 벌 필요가 있었습니다. 그래서 미군을 가능한 한 오랫동 안 오키나와에 붙잡아 두기 위해 '지구전' 작전을 펼쳤습니다. 그러나 이 지구전으로 모든 주민이 전투에 휘말렸고, 약 60만이 던 오키나와 현민 중 4분의 1이 목숨을 잃어야 했습니다.

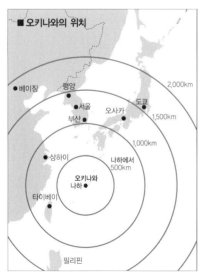

■ 오키나와의 위치

군인 사망자를 웃돈 주민 사망자

오키나와 전투의 사망자 수는 오키나와 현 자료로는 약 20 만 명이고, 미군 전사자는 약 1만 2,500명이었고 일본군 전사자 는 약 9만 4,000명입니다. 한편 주민 사망자 수도 약 9만 4,000명 으로 나와 있지만, 군대 명령으로 말라리아 발생 지대로 강제 이주당한 병사자 등을 포함하면 사망자 수는 그보다 수만 명 더 되는 것으로 추정되고 있습니다.

민간 사망자들 중에는 전투에 휘말려 사망한 사람뿐 아니

라 군대의 '군민공사(軍民共死)' 사상에 따라 '집단 자결'로 내몰린 결과 초래된 사망자나, 스파이 의혹을 받고 살해된 경우, 또한 피난해 있던 참호에서 일본 군대에게 내쫓겨 나온 사망자가 수없이 포함되어 있습니다.

이러한 오키나와 전투의 쓰라린 경험에서 '군대는 주민을 지켜주지 않는다'는 교훈이 평화에 대한 강한 염원과 함께 오키나와 사람들의 마음에 깊이 새겨진 것입니다.

'평화의 주춧돌'

오키나와 남단 이토만 시 마부니에는 제2차 세계 대전 50돌을 기념하여 건립된 '평화의 주춧돌'이 있습니다. 거기에는 적과 아군, 가해자와 피해자를 가리지 않고 23만 9,092명(2004년 6월 현재)의 전사자 이름이 새겨져 있습니다.

일반 주민, 일본군·군속, 미군 외에 한국인 전몰자 341명의 이름도 새겨져 있습니다(한인 82명, 대만인 28명). 이는 한반도에서 무려 1만 명(추정)이나 끌려와서, 진지 구축과 탄약 운반 등에 동원되었기 때문입니다. 또한 현지 조사에 따르면 오키나와 전투 이전에 오키나와에는 100개가 넘는 군 위안소가 설치되었으며, 거기에는 한국에서 끌려온 여성들이 위안부로 다수 수용되었다는 사실도 밝혀졌습니다.

최근 매년 40만 명이 넘는 일본의 중고생이 오키나와를 수학여행지로 선택하고 있습니다. 일본에서는 이색적인 역사, 자연, 문화를 배울 수 있는 동시에 전쟁의 실체를 가장 절실하게 깨달을 수 있는 곳이기 때문입니다.

제3장 침략 전쟁과 민중의 피해

5. 히로시마·나가사키의 원폭 투하

1945년 8월 6일 히로시마, 9일 나가사키에 미군은 세계 최초로 원자 폭탄을 투하했습니다. 미국이 갓 개발한 원자 폭탄의 투하를 서두른 것은 조속히 일본의 항복을 받아내어 전후 세계에서 소련보다 우위에 서려고 했기 때문이었습니다. 원폭의 피해는 과연 어느 정도였을까요?

인류 사상 최초의 원자 폭탄

원폭은 지상 500~600미터 상공에서 폭발하여 큰 불덩어리를 만들었습니다. 그 아래에 있던 사람들은 지금까지 겪어 보지 못한 큰 피해를 입었습니다.

첫 번째는 열선으로 인한 피해입니다. 폭발 순간의 온도는 수백만 도, 1초 후의 불덩어리 표면은 태양의 표면 온도와 같은 5,000도나 되었습니다. 폭발 중심지 가까이 있던 사람은 뼈까지 탔습니다. 3~4킬로미터나 떨어져 있었는데도 심한 화상을 입은 사람도 있습니다.

두 번째는 폭풍으로 인한 피해입니다. 폭발과 함께 주변 공기가 팽창하며 엄청난 폭풍이 일었습니다. 폭발 중심지에서 0.5킬로미터 지점까지는 초속 280미터, 2.6킬로미터 지점에서도 초속 36미터의 폭풍이 일어 사람이 날아갔습니다. 7킬로미터 떨어진 집의 유리창이 날아간 예도 있습니다.

세 번째가 방사능으로 인한 피해입니다. 다량의 방사능에 노출되어 잇몸 출혈이나 코피, 구토, 설사, 고열, 피부 반점, 탈모 등 급성 방사능 장애를 일으켜 많은 사람들이 죽어 갔습니다. 다음 글은 피폭된 어느 어머니의 이야기입니다. 이 어머니와 같이 소중한 가족을 잃은 사람이 많았습니다.

커다란 섬광과 함께 와르르 집이 무너지기 시작했다. 정신없이 밖으로 뛰어나가 놀고 있던 두 아이를 끌어안고 그 자리에서 주저앉고 말았다. "엄마"라고 부르는 큰딸의 비명에 정신이 들었다. 무너진 집은 흙먼지를 자욱하게 일으키고 있었다. 기와를 헤치고 나무판자를 잡아당기고 굵은 나무를 치우면서 소리가 나는 곳을 계속 팠다. 도와줄 사람도 도구도 없었다. 이윽고 큰딸의 목소리가 "아파요", "뜨거워요"로 바뀌더니 점점 희미해졌다. 불똥이 떨어져서 큰딸을 누르고 있던 목재에 불이 붙고 말았다. 검은 연기와 불의 열기 속에서 결국 "얘야, 조금만 참고 있어"라고 말하고는 내달렸다. "엄마, 뜨거워요"라는 소리가 언제까지고 나를 쫓아왔다.

원·수폭 금지를 요구하며

원폭으로 1945년 말까지 히로시마에서 14만 명, 나가사키에서 7만 명이 사망했습니다. 일본인뿐만 아니라 강제 연행된 한국인과 포로로 연행된 중국인 등 다른 나라 사람들도 큰 피해를 입었습니다. 살아남은 사람들도 가족을 잃어 고생하거나 눈에 보이지 않는 방사능이 몸을 계속 망가뜨리고 있다는 불안을 느끼며 살아가야 했습니다.

피폭자는 비인도적인 원폭 피해의 실태를 호소하며 원·수폭 금지 운동에 나섰습니다. 한편 약 7만 명이라고 알려진 한국인 등 외국인 피폭자는 일본 정부의 피폭자 원호 정책의 대상에서 제외되어 이중의 고통을 겪고 있습니다.

사사키 사다코는 두 살 때 히로시마에서 피폭을 당했습니다. 당시는 상처 하나 없이 초등학교에서 릴레이 선수를 할 정도로 건강한 아이였습니다. 그런데 열두 살 때 갑자기 원폭 증세의 하나인 백혈병에 걸렸습니다. 병원에 입원한 사다코는 빨리 건강해져서 다시 공부하고 싶어 했으며, "종이학을 1,000마리 접으면 병이 낫는다"는 이야기를 듣고는 종이접기를 계속했습니다. 그러나 644마리째를 접고 사다코는 죽었습니다. 발병한 지 9개월 만의 일이었습니다.

이 이야기를 들은 사다코의 친구들은 '앞으로 절대 전쟁을 하지 않았으면 한다'는 소원을 담아 '원폭의 아이' 동상을 만들자고 일본 전국에 호소했습니다. 히로시마의 평화 공원 안에 있는 '원폭의 아이' 동상 앞에는 세계 각지에서 밀려온 평화의 염원을 담은 종이학이 장식되어 있습니다.

원폭으로 다 타버린 히로시마 시 | 원폭 투하 직후의 히로시마 시. 오른쪽은 '세계 유산'으로 등록된 원폭 돔으로 지금까지 그대로 보전되어 있다.

특공대와 청년 학도

일본 해군은 미국 해군과의 전투에서 패하여 항공기를 띄우는 데 필요한 항공모함을 대부분 잃었습니다. 그 후 폭탄을 탑재한 항공기를 육상 기지에서 발진시켜 적의 군함에 육탄으로 공격하는 항공 특공을 실시했습니다. 항공 특공으로 육해군이 잃은 항공기는 2,443대, 비행사는 3,940명으로 추정됩니다. 특공기의 명중률은 총 출격 수의 12%로 추정되고 있으므로, 대부분은 그저 격추되기 위해 미국 함대로 돌진해 간 것입니다.

특공대 조종사에는 대학생 출신의 학도병들이 많았습니다. 그중에는 일본의 침략 전쟁에 의문을 가지거나 반대를 한 이도 적지 않았습니다. 또 특공대원이 되어 전사한 한국인 젊은이들도 있었습니다.

긴 학생 시절을 통해 얻은 신념으로 보자면 자유의 승리는 명백하고 권력주의 국가는 일시적으로 흥했다가도 결국에는 망합니다. 파시즘의 이탈리아와 나치즘의 독일이 패한 것이 그 증거입니다.

특공대 조종사는 그저 조종간을 잡는 기계일 뿐 인격도 없고 감정도 없고 이성도 없으며, 그저 적의 항공모함을 향해 돌진하는 마치 자석 속의 철 분자와 같습니다. 이는 이성을 가진 자로서는 생각할 수 없는 일로 자살하는 것과 다를 바 없으며, 정신의 나라 일본에서만 볼 수 있는 일입니다.

이러한 정신 상태로는 죽어도 아무런 의미가 없을지도 모릅니다. 내일은 출격입니다. 내일 자유주의자 한 사람이 이 세상에서 사라질 것입니다.

─ 우에하라 료지의 유서(일부). 게이오 대학 경제학부생.
1945년 5월 특공대원으로 오키나와에서 전사. 22세.

학도 특공병 우에하라 료지

일본의 총력전과 여성

오른쪽 그림은 당시 여성지의 '총력전 체제에서 부인의 역할'이라는 제목의 삽화로 여성의 역할을 선전하고 있습니다.

가운데에는 '낳자, 인적 자원'이라는 문구와 함께 아기가 그려져 있습니다. 결국 여성에게 부여된 첫 번째 역할은 '전쟁을 위해 인간 재료'를 대량 생산하는 '군국의 어머니'가 되는 것이었습니다.

일본 정부는 '대동아 공영권' 건설을 위해 인구를 늘리는 것이 시급하다고 하면서 조혼과 다섯 자녀 낳기 정책을 추진했습니다. 10명 이상을 낳은 다산 부부는 표창하기도 했습니다. 그야말로 '낳자, 늘리자, 국가를 위해'였습니다.

'국가'를 '가정'의 확장으로 간주하여 개인의 문제인 결혼·출산·가족애도 국가 정책과 직결시켰고, 전쟁에 나가 죽는 것을 집안의 명예로 여겼습니다.

'낳자, 늘리자' 선전 포스터 | '총력전 체제'에서 여성이 해야 할 일들을 선전하고 있다.

> 아오키 도키는 일곱 아들 중 다섯이나 징병되어 그중 하나가 전사하자, '5용사의 어머니'로 추앙되었다. 〈도쿄니치니치 신문〉에 "자식이 다섯이나 군국의 방패가 되니 이렇게 기쁜 일이 없다. 욕심대로라면 일곱 모두가 군인이 아닌 것이 아쉽다"고 말했다. 그러나 아들의 유품이 집에 도착했을 때, 도키는 유품인 셔츠에 코를 들이대고 필사적으로 냄새를 맡았다. "아, 틀림없어. 이것은 소이치야"라며 셔츠에 얼굴을 파묻고 울었다.
>
> – 「'국군의 어머니'의 탄생」, 〈아사히 신문〉, 1976년 7월 9일

여성의 두 번째 역할은 부족한 남자를 대신하는 '산업 전사'입니다. 전쟁 말기에는 식민지를 포함하여 미혼 여성까지 강제 동원했습니다. 그 밖에도 여성들은 가정을 지키고 도나리구미에 소속되어 본토 결전에 대비하고 대일본 국방 부인회에서 활동하는 등 후방에서 방비를 단단히 하여 아래로부터 전쟁을 지탱하는 역할을 맡았습니다.

그런데 선거권도 없이 가사와 육아에 얽매여 있던 여성 중에는 사회 활동 무대가 주어져 삶의 보람을 느끼는 사람도 있었습니다. 여성 운동의 지도자들도 대부분 공직을 맡아 국가 정책에 협력했습니다. 왜 여성들은 침략 전쟁에 협력하게 되었는지 다양한 각도에서 생각해서 미래의 교훈으로 삼아야 합니다.

1. 중국의 항일 전쟁

1931년 일본이 중국을 침략하면서 중국 인민은 민족의 생존을 위해, 국가의 재난을 구하기 위해 항쟁을 시작했습니다. 중국 인민은 어떻게 일본에 저항했을까요? 또한 일본 제국주의를 어떻게 이길 수 있었을까요?

일본군의 속전속결 계획의 실패

전쟁이 시작되었을 때, 일본군은 속전속결의 방침을 채택했습니다. 심지어 "3개월 만에 중국을 멸망시키겠다"고 호언장담을 했습니다. 중국은 일본군의 강력한 공세에 직면하자, 제2차 국공 합작을 토대로 항일 민족 통일 전선을 결성했습니다. 전국적으로 항일 군사 방침을 제정하고 전 민족이 항전하는 정치·군사 체제를 만들었습니다. 전쟁 초기 일본군은 우수한 군사 장비를 기반으로 베이징·상하이·난징 등 주요 도시와 중요한 교통의 요지를 장악했습니다. 무기 장비가 뒤떨어진 상황에서 중국 군대는 광대한 국토를 이용해 일본군 병력을 점차 소모시키는 방어 전략을 채택하여 일본군의 속전속결 계획은 차질을 빚게 되었습니다.

국공 합작에 의한 지구전

일본이 중국을 멸망시키려고 하는 위급한 시기에 국민당과 공산당은 항일 동맹을 결성하여 국민당군은 주로 전선에서, 공산당군은 일본군 점령지 안의 항일 근거지에서 일본과 전쟁을 했습니다. 중국 군대는 일본의 공격에 완강히 저항했습니다. 일본군 점령지 안의 군민은 '지뢰전', '땅굴전', '각개 격파전(분산 작

루거우차오를 지키는 중국 전사 | 루거우차오 사건 중 완핑성을 지키는 중국 군대가 긴급히 출동하고 있다.

전)' 등의 광범한 유격전을 벌여 일본군을 견제하고 약화시켰습니다. 1940년에는 '백단 대전'*을 전개하여 일본군에 타격을 입혔습니다. 일본군은 비록 중국 국토의 많은 부분을 점령했지만 중국을 전면적으로 공격할 능력도 없었고, 중국을 정복한다는 목적을 실현할 수도 없었습니다. 따라서 일본군은 부분적인 군사 공격을 통해 국민당 정부를 투항시킨다는 방침을 채택했습니다. 그리고 군사 공격의 중점을 점령지 쪽으로 돌려 일본군 점령지 안에 있는

항일 근거지에 대해 대규모 '소탕' 작전을 벌였습니다. 1941년 아시아 태평양 전쟁이 시작된 후, 중국은 연합국의 일원이 되었습니다. 미·영 등의 연합국은 중국 전쟁 구역을 설정하고 중국에 공군 기지를 건설했습니다. 중국은 미얀마에도 출병하여 연합군의 대일 작전에 참여했습니다.

중국군의 반격 작전

1943년 세계 반파시스트 전쟁이 전략적 반격으로 전환된 후, 중국군은 점차 일부 지역에서 일본군 점령 지에 대한 공세 작전을 시작했습니다. 최전선의 중국 군은 1944년 미얀마 북부 및 윈난 성 서부 지역의 일본 군에 대한 연이은 반격 작전을 개시하여 중국 서남부의 국제 교통선을 확보하고, 구이린과 류저우 지역을 수복했습니다. 1945년 여름까지 일본군 47만 명을 섬멸하고 70여 개의 도시를 공격하여 국토 대부분을 수복했습니다. 1945년 8월 9일 소련군이 중국 동북을 지키고 있는 관동군에 대한 공격을 시작함과 동시에 중국 각지 항일 근거지에서는 부분적 반격전에서 전면적 공격을 시작했습니다.

'백단 대전' 중인 팔로군 병사

항일 전쟁의 최후 승리

1945년 8월 8일 소련은 얄타 비밀 회담에 따라 대일 전쟁을 선포하면서 중국 동북 지역에 출병하였고, 계속해서 한반도 북부를 점령했습니다. 8월 6일과 9일 미국이 연달아 히로시마·나가사키에 원자탄을 투하했습니다. 미·소 연합과 중국 군민의 공격으로 일본은 이미 전쟁을 계속할 힘이 없어졌으며, 8월 15일 무조건 항복을 발표했습니다. 9월 9일 중국에 있던 일본군은 난징에서 항복 조인식을 거행했습니다. 이리하여 중국 인민은 마침내 항일 전쟁의 최후 승리를 거둘 수 있었습니다. 항일 전쟁에서 중국은 모두 3,500만 명이 다치거나 죽었으며 재산 손실은 6,000억 달러에 달했습니다. 민족의 독립과 해방을 위해 커다란 대가를 치른 것입니다. 중국의 항일 전쟁은 세계 반파시즘 전쟁에 크게 공헌했습니다. 이로 인해 전후 중국의 국제적 지위는 크게 높아졌습니다.

● 백단 대전(百團大戰) 100개의 연대로 공격하는 대전투라는 뜻으로 1940년 공산당군이 감행한 동시 다발적인 대일 공격의 작전명이기도 했다.

2. 한국인의 저항과 건국 준비

일본이 전시 총동원 체제를 강화하고 전쟁에서 승승장구하면서 한국인 사이에는 독립의 신념을 포기하는 사람들이 있었습니다. 그런데 거꾸로 지금이야말로 해방에 대비하여 건국 준비를 해야 할 때라고 생각한 사람들도 많아졌습니다. 한국 독립 운동 단체들의 건국 준비에 대해 알아봅시다.

건국 방향에 합의하다

일본이 전쟁을 확대하면 할수록 대규모 전쟁 수행 능력이 앞선 연합국이 결국 승리할 것이 예상되었습니다. 상황이 유리하게 전개된다고 내다본 한국 독립 운동가들은 자력으로 조금이라도 시기를 앞당겨 독립을 쟁취하기 위해 더욱 활기차게 움직이기 시작했습니다. 당시 대표적인 독립 운동 단체로는 대한민국 임시 정부, 조선 독립 동맹, 재만 한인 조국 광복회, 건국 동맹이 있었습니다. 중국 충칭과 옌안을 중심으로 활동한 대한민국 임시 정부와 조선 독립 동맹은 1941년에, 건국 동맹은 1944년에 건국 강령을 발표했습니다.

■ **대한민국 임시 정부 건국 강령**

4. **국민의 권리와 의무:** 보통 선거에는 만 18세 이상 남녀로 선거권을 행사하되 신앙, 교육, 거주 연수, 사회 출신, 재정 상황과 과거 행동을 분별치 아니한다.

6. **경제 체제:** 대생산 기관의 공구와 수단을 국유로 하고 토지, 광산, 어업, 농림, 수리, 소택과 수상·육상·공중의 운수 사업과 은행·전신·교통 등과 대규모 농·공·상 기업과 성시·공업 구역의 공용적 주요 방산은 국유로 하고 소규모 및 중등 기업은 사영으로 한다.

7. **교육:** 6세부터 12세까지의 초등 기본 교육과 12세 이상의 고등 기본 교육에 관한 일체 비용은 국가가 부담한다.

■ **조선 독립 동맹 건국 강령**

1. 전 국민의 보통 선거에 의한 민주 정권의 수립.

6. 조선에 있는 일본 제국주의 자산 및 토지를 몰수하고, 일본 제국주의와 밀접한 관계에 있는 대기업을 국영으로 귀속하며 토지 분배를 실행한다.

9. 국민 의무 교육 제도를 실시하고, 이에 필요한 경비는 국가가 부담한다.

■ **건국 동맹 건국 강령**

3. 건설 부문에 있어 일체 시정을 민주주의적 원칙에 의거하고, 특히 노동 대중의 해방에 치중할 것.

대한민국 임시 정부와 조선 독립 동맹의 건국 강령을 살펴보면 해방 뒤 민주 공화국을 수립하고 민주주의와 사회주의 제도의 장점을 딴 사회 경제 체제를 확립한다는 데 대체로 의견을 같이하고 있었음을 알 수 있습니다. 건국 동맹도 구체적 내용은 없지만 같은 방향이었습니다.

모두 힘을 합쳐 일본을 몰아내자

건국 방향에 합의했다는 것은 이념의 차이를 넘어 모든 세력이 독립을 위해 힘을 합쳤음을 뜻합니다. 물론 연합 전선을 형성하는 것이 결코 쉬운 일은 아니었습니다.

하지만 일본을 몰아내고 독립을 하기 위해서는 힘을 합쳐야 한다는 공감대가 형성되었기 때문에, 여러 단체들의 통합 움직임이 활발하게 벌어진 것입니다.

인도로 파견되는 한국 광복군 | 한국 광복군은 1943년 가을 영국군의 협조 요청으로 미얀마, 인도 전선에 파견되어 포로 심문, 선전 활동을 담당했다.

나아가 각 단체는 지역을 뛰어넘어 모든 세력을 하나로 묶어 내기 위한 노력을 시작했습니다. 그러나 안타깝게도 일본이 생각보다 일찍 항복하는 바람에 결실을 보지 못했습니다. 하지만 건국 방향에 합의하고 통합을 위해 노력했다는 것은 소중한 경험이라고 할 수 있습니다.

손을 맞잡은 것 못지않게 중요한 사실은 이들 단체가 무장 독립 운동을 강화했다는 점입니다. 대한민국 임시 정부는 1941년 12월 일본에 정식으로 선전 포고를 하고 한국 광복군의 무장력을 강화했습니다. 미얀마 전선에 한국 광복군을 파견하고 미군과 함께 한국 국내 침투를 위한 특수 훈련을 하기도 했습니다.

조선 독립 동맹은 중국 팔로군과 함께 후자좡 전투 등 크고 작은 항일 전쟁에 참여했습니다. 건국 동맹도 비록 실현되지는 못했지만, 노농군과 유격대를 조직하여 군사 행동을 개시하려는 계획을 세웠습니다. 1945년 5월 독일이 항복을 선언하고, 오키나와가 미군에게 점령되자, 소련에 있던 한국인 유격 대원들은 건국에 대비해 조선 공작단 위원회를 결성했습니다.

1945년 한국의 독립은 연합국의 승리로 얻은 선물이라고 볼 수도 있습니다. 하지만 숱한 어려움 속에서 줄기차게 독립 운동을 전개하지 않았다면 결코 이루어 내지 못했을 것입니다.

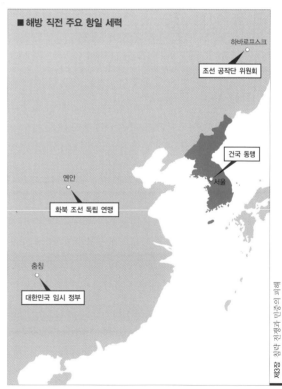

■ 해방 직전 주요 항일 세력

하바로프스크
조선 공작단 위원회
건국 동맹
옌안
화북 조선 독립 연맹
서울
충칭
대한민국 임시 정부

3. 동남아시아 점령지 민중의 저항

일본의 동남아시아 침략에 대해 각지에서 저항 운동이 거세지고 있었습니다. 일본이 선전한 '대동아 공영권'은 어떻게 동남아시아 사람들에게 받아들여졌을까요? 동남아시아에서 살고 있던 민중의 관점에서 살펴봅시다.

오랜 세월 독립을 꿈꾸었던 동남아시아 민중

동남아시아 국가들은 대부분 일본이 침략하기 전 서양 열강의 식민지였습니다. 식민 지배로 민주적인 정치와 풍요로운 생활을 빼앗긴 동남아시아 민중은 독립과 평화로운 세계를 바라며 끈질기게 저항했습니다.

여기에 일본은 서양 열강의 식민지 지배에서 해방시키는 것을 전쟁의 대의명분으로 내세우고 각 민족의 공존공영을 외치면서 군대를 진격시켰습니다. '독립과 해방'을 강하게 바라던 동남아시아 사람들은 일본에 큰 기대를 걸었습니다. 그런데 일본군이 들어오자 기대는 실망으로 바뀌어 갔습니다.

점령지 지배의 실태와 저항 운동

일본군은 동남아시아 점령지에서 군정을 펴고 직접 지배를 했습니다. 각지에서 전쟁에 필요한 식량과 석유 등의 자원을 빼앗고 비행장과 철도 건설을 위해 노동력을 징발했습니다. 인도네시아에서는 약 400만 명의 노동자가 식사도 충분히 주어지지 않는 혹독한 환경에서 강제로 노동을 해야 했습니다(일본말로 노동자를 '로무샤'라고 하는데 이 말은 오늘날 인도네시아어가 되었습니다). 게다가 민족 깃발과 민족 노래를 금지하고 일장기와 기미가요를 강제하고 신사를 세워서 참배하도록 강요하는 등 황민화 정책을 추진했습니다.

동남아시아 사람들에게서 일상생활과 재산, 문화에서 언어까지 모든 것을 빼앗은 일본군은 그때까지 그들을 지배해 온 서양 열강을 대신하는 새로운 침략자 그 이상도 이하도 아니었던 것입니다.

그러자 동남아시아에서는 항일 운동이 활발해졌습니다. 미국한테 독립을 약속받은 바 있는 필리핀은 일본군의 침공이 새로운 지배의 시작임을 곧 간파했습니다. 후크발라하프(항일 인민군) 등 저항 조직이 각지에서 만들어져 격렬하게 저항했습니다. 또한 일본의 중국 침략에 대해 동포로서 강한 반감을 갖고 있던 싱가포르와 말레이시아의 화교들은 일본군에 대한 재산 제공을 거부하는 동시에 의용병이 되어 저항했습니다. 일본군은 이들을 가차 없이 탄압하고 학살했습니다. 이런 일본군의 행동은 동남아시아 항일 운동을 더욱 거세게 만들었습니다.

아시아의 저항에 무너진 일본

일본의 지배에 저항하는 조직이 동남아시아 각지에서 형성되었습니다. 타이의 자유 타이, 싱가포르에 있는 말레야 인민 항일군, 버마 바사바라(반파시스트 인민 자유 연맹) 등이 그것에 해당합니다. 베트남에서는 옛 지배자인 프랑스와 새로 들어온 일본의 이중 지배에 저항하기 위해 베트민(베트남 독립 동맹)이 결성되었습니다.

이들은 동남아시아 각지에서 게릴라전을 펴고 일본군을 괴롭혔습니다. 또한 황민화 정책에 대항하여 예부터 전해 온 노래와 역사를 촌락마다 가르치거나 일반 주민을 대상으로 신문을 발행하면서 항일 기운을 높였습니다.

이렇게 동남아시아 민중은 전쟁이 없는 평화로운 생활과 식민지 지배로부터의 독립을 요구했고, 지역에 깊이 뿌리를 내리고 조직적인 항일 운동을 펼쳤습니다. 일본이 내건 '대동아 공영권'은 일본의 패전으로 소멸했고, 그 후 얼마 안 있어 동남아시아 각 민족은 차례로 독립을 달성했습니다.

후크발라하프 | 필리핀에서 일본군과 게릴라전을 한 후크발라하프(항일 인민군).

4. 반파시즘 전쟁의 승리와 일본의 항복

제2차 세계 대전은 제1차 세계 대전과는 다른 특징을 지녔으며, 이는 전후 사회에도 영향을 주었습니다. 제2차 세계 대전이 어떤 점에서 제1차 세계 대전과 다른지 살펴봅시다.

반 파 시 즘   전 쟁 으 로 서 의   제 2 차   세 계   대 전

각 정부는 적국에 대한 완전한 승리가 생명·자유·독립 및 종교적 자유를 옹호하기 위해, 그리고 자국 영토와 타국 영토에서 인류의 권리와 정의를 보호하기 위해 필요함을 확신한다. 또한 각 정부는 세계를 정복하려는 야만적인 군대에 대해 공동 투쟁을 하고 있음을 확신한다.　　　　　　　　　　　　　　－ 연합국 공동 선언(1941년 1월 1일, 워싱턴)

　　제2차 세계 대전은 파시즘 국가인 독일·이탈리아·일본이 일으킨 침략 전쟁에서 미국·영국·소련·중국을 중심으로 한 연합국이 승리한 전쟁입니다. 항복 방식은 세 나라가 서로 달랐고, 그 때문에 전후 삼국의 사회 상황도 달라졌습니다.

추 축 국   삼 국 의   항 복   모 습

　　이탈리아: 1943년 7월 국왕과 군부가 손잡고 무솔리니 수상을 쫓아내고 감금하여 파시즘 정권을 무너뜨렸습니다. 신정권은 독일에 대해 선전 포고를 했고 이탈리아는 연합국의 일원이 되었습니다. 1945년 4월 독일에 구출되어 스위스로 도망가려던 무솔리니는 빨치산에게 잡혀 처형되었습니다.

　　독일: 1944년 7월 일부 독일군 장교들이 히틀러를 암살하려다 실패했습니다. 1945년 4월 소련군이 베를린으로 돌격하자 히틀러가 자살했고 나치 정부는 붕괴되었습니다. 독일군은 5월 7일에 연합국에 무조건 항복을 했고, 독일은 미·소·영·프 4개국에 의해 분할 점령되었습니다.

　　일본: 1945년 8월 15일 미국, 영국, 중국이 일본에 무조건 항복을 권고한 포츠담 선언을 천황이 수락했습니다. 그것을 '종전의 조서'로 방송하여 전쟁 종결을 선언했습니다. 8월 말에 미군이 일본 본토에 상륙하고, 9월 2일 도쿄 만의 미군 전함 미주리호 선상에서 항복 문서 조인식이 거행되었습니다. 연합국은 일본 정부를 존속시켜 간접 점령 통치를 했습니다.

포 츠 담 선 언 － 일 본 의   항 복   조 건

세계에서 무책임한 군국주의를 없애고 평화, 안전, 정의의 새로운 질서를 구축하기 위해, 일본 국민을 속이고 세계를 정복하려는 과오를 범한 권력과 세력을 영구히 제거한다. 일본의 전쟁 수행 능력이 파괴될 때까지 연합군이 점령을 계속한다. 일본 정부는 일본 국민의 민주주의적 경향을 부활·강화시켜야 하며, 언론·종교·사상의 자유와 기본적 인권의 존중이 반드시 확립되어야 한다.

– 포츠담 선언(1945년 7월 26일 포츠담에서 미국, 영국, 중국 서명) 요약

제2차 세계 대전이 파시즘에 반대하는 전쟁이었기 때문에 일본은 독립과 주권, 영토를 보장받고 비무장, 전쟁 포기를 정한 일본국 헌법을 제정하여 민주주의 국가로 다시 태어날 수 있었습니다.

미국에 의한 천황의 면책

미국은 침략 전쟁의 책임을 묻는 도쿄 재판에서 천황을 전쟁 범죄인으로 재판하지 않는다는 방침을 세웠습니다. 군부와 우익의 반란을 방지하고 일본 국민의 혁명을 막아 점령 정책을 안정적으로 수행하기 위해서였습니다. 나아가 민주주의 국가로 재건될 일본의 상징으로 천황을 세우기로 했습니다.

이러한 일본의 항복 조건이 전쟁 책임 문제를 포함한 전후 일본 사회의 양상에 커다란 영향을 주게 되었습니다.

천황 앞으로 평화로운 신일본을 건설하기 위해 가능한 일은 모두 하고 싶습니다.

맥아더 폐하의 성단(聖斷)이 내려졌고, 일본 군대와 국민이 모두 이를 따른 것은 훌륭한 일이었습니다.

천황 각하의 지휘 아래 미군의 점령이 무사하게 이루어져 만족합니다. 앞으로도 각하께서 전력을 다해 주시기를 기대합니다.

– 맥아더와 천황의 회견(1945년 9월 27일, 도쿄 미국 대사관)

맥아더를 방문한 히로히토 천황

대한민국 임시 정부

1919년 한국인은 일본의 식민 지배에 저항하는 3·1 운동을 전개했습니다. 그 성과로 상하이에 대한민국 임시 정부가 수립되었습니다. 대한민국 임시 정부는 국무원, 임시 의정원, 법원을 갖춘 삼권 분립의 공화제 정부로 출발했습니다.

대한민국의 주권은 대한 인민 전체에 있음.
대한민국의 인민은 일체 평등함.
대한민국의 입법권은 의정원이, 행정권은 국무원이, 사법권은 법원이 행사함.

– 대한민국 임시 헌법

대한민국 임시 정부 지도자들은 처음부터 독립 운동의 방법으로 각각 외교와 무장 투쟁을 중시하는 쪽으로 갈렸습니다. 두 입장의 차이를 좁히기 위해 1923년에 국민 대표 회의를 열었으나 결국 합의에 실패했고, 대한민국 임시 정부는 큰 타격을 입었습니다.

겨우 명맥만 유지하던 대한민국 임시 정부가 다시 활발하게 활동할 수 있게 된 것은 한인 애국단 덕분이었습니다. 한인 애국단은 대한민국 임시 정부 주석이던 김구의 지휘 아래 조직된 항일 투쟁 단체였습니다. 애국단원인 이봉창과 윤봉길이 일본군 사령관을 향해 던진 폭탄이 세상의 주목을 받아 중국 국민당 정부의 지원을 얻게 되면서, 재기의 기회를 마련했습니다.

일본의 침략 전쟁이 확대되면서, 대한민국 임시 정부는 무장 세력인 한국 광복군을 창설하고 대일 선전 포고를 했습니다. 국제적으로는 각국에게서 정부로 공식 승인을 받고자 외교적인 노력을 기울였습니다. 해방을 맞을 준비가 착실히 진행되고 있었던 것입니다.

그런데 1945년 8월 한국 광복군이 계획한 국내 진공 작전은 갑작스런 일본의 항복 선언으로 불발에 그치고 말았습니다. 더구나 미국이 대한민국 임시 정부를 승인하지 않았기 때문에, 김구를 비롯한 지도부는 1945년 11월 정부 요인이 아니라 개인 자격으로 귀국해야 했습니다. 그렇지만 국민들은 수십 년 동안 이역만리에서 조국의 독립을 위해 온갖 역경을 견뎌낸 대한민국 임시 정부 지도자들을 열렬히 환영해 주었습니다.

충칭 임시 정부 청사 | 1944년 4월부터 1945년 12월까지 대한민국 임시 정부 청사로 사용했던 곳이다.

일본군 반전 동맹

전쟁 중 일본군에게는 포로가 되어 서는 안 되며 포로가 되기 전에 자살하라는 규정이 있었습니다. 그런 중에도 중국 전선에서 중국군의 포로가 된 일본 군들이 교육을 받고 제국주의 전쟁의 실상에 눈을 떴습니다. 이들은 목숨을 걸고 일본군을 향해 투항과 전선 이탈을 호소하는 반전 운동을 벌였습니다.

일본군 반전 동맹 | 일본 병사 반전 동맹 조직자. 가운데가 가지 와타루이다.

이러한 일본군 포로의 반전 운동을 조직·지도한 일본인 두 명이 있었습니다. 한 명은 가지 와타루로 프롤레타리아 문화 운동의 지도자였습니다. 중국 국민 정부 쪽에서 활동을 했으며 일본 인민 반전 동맹 서남 지부(1939년 11월 결성)를 조직하여 운동을 벌였습니다. 다른 한 사람은 노사카 산조라는 공산주의자입니다. 모스크바의 코민테른에서 활동하고 있을 때 중국 공산당의 요청을 받아 중국 옌안으로 파견되어 일본 인민 반전 동맹 옌안 지부(1940년 5월 결성)를 조직했고, 나아가 포로가 된 일본 병사의 교육을 위해 옌안에 일본 노농 학교를 창설했습니다.

> 제1 황국. 대일본은 천황의 나라이다. 그것은 만세 일계의 천황을 연막으로 삼아 실권을 재벌과 지주의 앞잡이인 군부 관료들이 장악하고 국민 위에 영원히 군림하는 것이다.
>
> 제2 황군. 군은 천황의 통수라는 명목으로 보호받아 정치의 간섭을 받지 않으며, 역으로 군은 정치에 간섭하여 황국을 내몰아 전쟁으로 이끄는 동력이다. 정의에 대해서는 폭력을, 약자에 대해서는 전제 정치를 가한다. 이는 세계의 조류에 역행하는 신과 무력의 정신이다.
>
> 제3 군규. 황군 군규의 핵심은 대원수 천황 폐하의 이름을 등에 업고 날뛰는 군부에 대해 절대 순종하고 따르는 숭고한 정신에 있다.
>
> – 바꿔 쓴 「전진훈 팸플릿」

위에 소개한 것은 '전진훈'을 고쳐 쓴 것입니다. '전진훈'은 1941년에 당시 도조 히데키 육군상이 문란한 일본군의 군기를 강화하기 위해 하달한 것입니다. 일본 병사 반전 동맹은 표지가 진짜와 같도록 팸플릿을 인쇄한 뒤에 위와 같이 내용을 고쳐 몰래 일본군에게 배포했습니다.

생 각 해
봅 시 다

제3장에서 우리는 일본이 일으킨 침략 전쟁 때문에 중국과 아시아 민중이 거대한 희생을 치렀으며 한국·타이완 등 식민지 민중 역시 엄청난 재난을 입었음을 알았습니다. 중국·일본과 한국의 젊은 세대는 피해자와 가해자라는 서로 다른 관점에서 침략 전쟁 중 일본군이 행한 잔인한 폭력 행위와, 중국과 아시아 각국의 커다란 손실과 피해 그리고 그들이 받은 굴욕과 고난을 어떻게 바라볼 것인가 하는, 매우 어렵지만 그렇다고 회피할 수도 없는 문제에 직면해 있습니다. '과거를 잊지 않고 후일의 본보기로 삼듯이', 일본이 시작한 침략 전쟁과 식민지 통치의 역사에서 어떠한 역사적 교훈을 끌어내야 할 것인가, 동아시아 평화를 위한 공동의 역사 인식을 어떻게 만들어 갈 것인가 생각해 봅시다.

👆 침략 전쟁에서 일본은 아시아의 '맹주'로 자처하여 아시아 각국에 대한 침략과 통치를 당연하게 여기고, 침략당한 아시아 각국의 사람들에게 큰 고통과 재난을 주었습니다. 동아시아사적 시각에서 일본의 군국주의가 어떻게 만들어졌는지, 어떻게 군국주의를 반대하고 새로운 전쟁의 발생을 방지할 것인지를 생각해 볼 필요가 있습니다.

👆 일본 국민은 총력전이라 불린 침략 전쟁의 체제에 동원되었습니다. 어째서 그렇게 이성을 잃고 모두 전쟁에 합류했을까요? 이것은 일본의 천황제와 군부 독재의 정치 체제 그리고 군국주의 국민 교육이라는 관점에서 생각해 볼 필요가 있습니다.

👆 중국·한국과 아시아 각국 민중은 일본 침략자에 맞서 비할 바 없이 힘들고 매우 감동적인 영웅적 투쟁을 벌였습니다. 침략당한 나라 사람들의 항일 투쟁은 일본 제국주의를 이겨 내는 데 중요한 의미를 갖고 있습니다. 또한 세계 반파쇼 전쟁의 중요한 구성 부분이기도 합니다. 동아시아 역사의 관점에서 이러한 투쟁의 의의를 평가해 봅시다.

👆 일본이 시작한 침략과 가해의 전쟁에 대하여, 인류 전체의 관점에서 고찰해야 합니다. 특히 일본인은 침략당한 동아시아 민중의 고통스러운 처지에 서서 자신의 피해 경험을 당시 일본 군국주의의 가해 행위와 연결지어 함께 생각해야 합니다. 그렇게 했을 때에만, 일본 민중은 비로소 동아시아 사람들과 화해하고 평화와 번영에 찬 새로운 동아시아 사회를 함께 건설할 수 있을 것입니다.

제2차 세계 대전 후의 동아시아

1945 일본의 패전, 한국 해방　　1948 대한민국 수립, 도쿄 재판　　1950 한국 전쟁　　1951 샌프란시스코 강화 조약

1945 년 8월 15일 동아시아 각국은 서로 다른 8·15를 경험했습니다. 일본에서는 이날 히로히토 천황의 라디오 방송을 통해 패전이 알려졌습니다. 그래서 전쟁에 패한 '패전일'이지만, '전쟁이 끝난 날'이라는 의미로 '종전일'이라고 하기도 합니다.

그러나 같은 8월 15일을 아시아 각국은 정반대로 맞게 됩니다.

한국에서는 일본의 식민지 지배에서 해방된 기쁨으로 '독립 만세'를 외치는 사람들로 가득했습니다. 한국은 이날을 1910년부터 1945년까지 35년에 걸쳐 일본이 지배한 암흑의 시대에서 '빛이 되살아난 날'이라고 하여 '광복' 또는 '해방'이라고 합니다.

1931년부터 일본과 15년 동안이나 전쟁을 했던 중국에서도 이날 항일 전쟁 승리를 맞이했습니다. 중국은 일본이 항복 문서에 서명한 이튿날인 9월 3일을 항일 전쟁

제4장 제2차 세계 대전 후의 동아시아

승리일로 정해 축하했습니다.

한편 제2차 세계 대전 중에 같은 연합국으로 협력해서 싸웠던 미국과 소련은 전쟁이 끝나갈 즈음 전후 처리를 둘러싸고 대립했습니다. 제2차 세계 대전이 끝나자 미·소 대립은 미국을 중심으로 하는 자본주의 국가와 소련을 중심으로 하는 사회주의(공산주의) 국가의 대립으로 발전했습니다. 이를 '냉전(차가운 전쟁)'이라고 합니다. 냉전이란 실제로 전쟁을 하지는 않지만 치열하게 대립하는 긴장 관계를 말합니다. 전 세계로 확대된 냉전은 동아시아 각국의 성립과 국제 관계에도 커다란 영향을 주었습니다. 냉전은 도대체 어떠한 것이었을까요?

제4장에서는 동아시아 각국이 제2차 세계 대전이 끝난 1945년 8월 15일부터 각각 어떻게 출발하여, 어떤 길을 걸어갔고, 서로 어떠한 관계였는지를 살펴보도록 하겠습니다.

삼국의 새로운 출발

1. 일본의 패전과 전후 개혁

제2차 세계 대전의 패배와 더불어 일본은 연합군에게 점령되었습니다. 연합국은 아시아의 많은 사람들에게 커다란 피해를 입힌 침략 전쟁을 다시 일으키지 못하도록 일본의 군사력을 해체하고(비군사화) 민주주의를 뿌리내리게 하는 것(민주화)을 전후 개혁의 목적으로 삼았습니다. 이 개혁으로 일본은 과연 어떻게 변했을까요?

민주 국가로 출발

아래는 '하늘에서 떨어지는 선물'이라는 제목의 그림입니다. 위에서 떨어지는 건 폭탄이 아니라 '민주주의 혁명'이라고 써 있는 드럼통을 매단 낙하산입니다. 떨어뜨리고 있는 건 미국이고, 그것을 기쁘게 받으려고 하는 사람들은 일본인입니다. 일본을 점령한 GHQ*(연합군 최고 사령관 총사령부)는 아래 표와 같은 명령을 내렸습니다. 그러나 개혁이 단순히 GHQ의 명령 때문에 이루어진 것만은 아니었습니다. 전후 개혁 내용의 대부분은 민중이 바라던 바였으며, 전쟁 전부터 개혁 운동을 하던 사람들이 주장하던 것이었습니다. 이 때문에 개혁은 급속히 진행될 수 있었습니다.

「하늘에서 떨어지는 선물」|
가토 에쓰로 그림(1946년).

인권 명령	정치범의 석방, 치안 유지법의 폐지 등
5대 개혁 명령	1. 여성 해방 2. 노동 운동의 신장 3. 교육의 자유화·민주화 4. 압제적인 제도의 폐지 5. 경제 기구의 민주화
재벌 해체 명령	대기업의 분할 등
토지 개혁 명령	지주의 토지 소유 제한
신도 명령	국가와 신도의 분리 등
공직 추방령	전직 관료의 직장 추방 등

일본국 헌법의 제정

이런 개혁 과정에서 현재의 일본국 헌법이 제정되었습니다. 1946년 11월에 새로운 헌법이 공포되고 다음 해 5월 실행에 들어갔습니다. 이 헌법은 이전의 헌법과 달리 국민에게 주권이 있으며, 전쟁을 포기한다고 밝히고, 기본적 인권 보장을 포괄적으로 정해 놓은 것 등을 커다란 특징으로 하고 있습니다. 오른쪽 그림은 헌법 제9조에 담긴 '전쟁 포기'를 설명한 그림으로, 평화 헌법의 특징을 잘 보여 주고 있습니다. 평화 헌법에 대해 어떤 바람을 갖고 있었는지 그림의 내용을 바탕으로 생각해 봅시다.

전쟁의 최고 책임자였던 히로히토 천황은 어떻게 되었을까요? 대일본 제국 헌법에서 천황은 전군을 통수하는 권한을 가지고 있었습니다. 그렇지만 전후의 극동 국제 군사 재판(도쿄 재판)에서 천황의 전쟁 책임을 묻지 않았으며, 새로운 헌법으로 천황은 일본 국민의 '상징'으로 남게 되었습니다. 제4장 2절에 있는 도쿄 재판(206쪽)에 관한 항목을 보면서 그 의미를 생각해 봅시다.

문부성 발행 중학생용 교과서 「새로운 헌법 이야기」(1947년) 안에 헌법9조를 설명한 삽화 | 〈일본국 헌법 제9조〉 1. 일본 국민은 정의와 질서를 기조로 하는 국제 평화를 성실히 희구하고 국권의 발동인 전쟁과 무력에 의한 위협 또는 무력 행사는 국제 분쟁의 수단으로서는 이를 영구히 포기한다. 2. 전항의 목적 달성을 위해 육해공군 그 밖의 전력은 이를 보유하지 않는다. 국가의 교전권은 이를 부인한다.

전후 개혁에 드리운 '냉전'의 그림자

전후 개혁은 일본 사회의 방향을 민주주의와 평화주의로 바꾸는 커다란 전환점이 되었습니다. 그러나 한계도 있었습니다.

예를 들어 오키나와는 일본 본토와 상황이 전혀 달랐습니다. 오키나와는 일본의 패전 직전에 미군에 점령되어 직접 통치가 시작되었습니다. 1972년 일본에 반환될 때까지 오키나와에서는 주민의 본토 왕래도 미군의 엄격한 관리를 받아 여권이 없으면 갈 수 없었습니다. 미군이 발행하는 군표와 달러가 통화로 사용되는 등 미국의 지배 아래 놓였습니다. 미군 기지도 많이 건설되었습니다. 오키나와 전체 면적의 10분의 1이 미군 기지로, 일본 전체 미군 기지 면적의 4분의 3에 달했습니다. 전쟁이 끝난 후의 오키나와는 민주화나 비군사화와 거리가 멀었습니다.

또한 전후 개혁은 오래 지속되지 않았습니다. 미·소 대립, 중국 내전, 한반도의 남북 분단 등 동서 냉전이 심각해짐에 따라 미국은 1948년 무렵부터 점령의 방침을 바꿔 '반공의 요새'로서 일본의 부흥을 꾀했습니다. 한신 교육 투쟁으로 비상 사태가 선포된 것이 그 상징적 사건이었습니다. 전후 개혁은 서서히 초기의 기세를 잃고 냉전의 영향이 강해졌습니다. 이런 한계를 지니면서 일본의 제2차 세계 대전 이후 역사는 시작되었습니다. 한국이나 중국의 경우와 비교하면서 일본의 전후 개혁의 의의와 문제점을 생각해 봅시다.

●GHQ 일본의 패전(1945년 8월)부터 샌프란시스코 강화 조약 발효(1952년 4월)까지 일본을 점령 통치한 연합국 최고 사령관(SCAP)의 총사령부를 말한다. 형식적으로는 13개국으로 이루어진 극동 위원회가 정책을 결정하도록 되어 있지만, 실제로는 미국이 실권을 잡고 있었다.

2. 한국의 해방과 분단

1945년 8월 15일 일본이 연합국에 항복함으로써 한국은 마침내 식민지에서 벗어날 수 있었습니다. 그러나 한국인이 정부를 세운 것은 이로부터 3년이 지난 다음이었습니다. 그것도 남쪽과 북쪽에 각각 다른 정부가 들어서고 말았습니다. 왜 한국은 해방을 맞이하고도 바로 독립을 하지 못하고, 결국 분단이 되고 말았을까요?

북위 38도선이 분단선이 되다

아래 사진은 북위 38도선을 표시한 기둥입니다. 원래 북위 38도선은 미국과 소련이 일본군의 무장 해제를 명목으로 그어 놓은 경계선이었습니다. 그러나 냉전 체제가 깊어지면서, 이 선은 한국을 나누는 분단선으로 굳어졌습니다.

건국을 위한 자치 조직

해방을 맞이한 한국인들 사이에서는 사회를 안정시키고 나라를 새롭게 일으켜 세우려는 움직임이 나타났습니다. 해방이 되자 곧 서울과 전국 각지에는 조선 건국 준비 위원회*라는 조직이 만들어졌습니다. 이 조직에 참여한 사람들은 치안과 행정을 맡아서 사회를 안정시키고자 하였습니다. 각 지역의 조선 건국 준비 위원회 지부는 인민 위원회**라는 자치 조직으로 이어졌습니다.

남한을 점령한 미군은 인민 위원회를 비롯하여 한국인이 스스로 만든 자치적인 행정 조직을 인정하지 않았습니다. 이에 비해 소련군은 인민 위원회를 인정하되, 뒤에서 공산 정권이 들어서는 것을 지원했습니다.

북위 38도선을 나타내는 말뚝 | 38도선을 경계로 남쪽은 미군이, 북쪽은 소련군이 점령하였다.

계속되는 정치적 대립

새롭게 생겨나는 한국을 어떤 성격의 나라로 만드는 것이 좋은지에 대해 한국인들 사이에서도 의견이 엇갈렸습니다. 자본주의 사회가 되어야 한다는 사람도 있었고, 사회주의를 지지하는 사람도 있었습니다. 남한에서는 미군정의 통치에 협력하는 정치인들도 있었고, 반대하는 정치인도 있었습니다. 양쪽 사람들을 통합해 힘을 모으려는 움직임도 나타났습니다. 그러나 이러한 움직임은 성공을 거두지 못했습니다.

한국 사회의 갈등은 1945년 12월 모스크바에서 열린 미국, 영국, 소련 삼국 외상 회의 이후 더욱 극심해졌습니다. 이 회의에서는 한국의 독립을 위해 임시 정부를 세우되, 독립 능력을 갖출 때까지 최장 5년을 기한으로 미국, 영국, 중국, 소련이 신탁 통치를 한다는 데 합의했습니다. 일부에서는 이 결정이 임시 정부를 세워서 한국의 독립을 가져다 줄 것이라고 보고 찬성한 반면, 다른 편에서는 신탁 통치가 한국인의 통치 능력을 과소평가한 것이라고 반발했습니다.

미국과 소련은 모스크바 삼국 외상 회의의 합의 사항을 실행에 옮기기 위해 1946년과 1947년 두 차례에 걸쳐 미·소 공동 위원회***를 열었습니다. 그러나 두 나라는 자기 주장만을 되풀이하다가 별다른 성과 없이 회의를 끝내고 말았습니다.

남·북에 분단 정부의 수립

미·소 공동 위원회가 실패로 돌아가자, 국제 연합은 인구 비례에 의한 총선거로 한국에 정부를 세울 것을 결정했습니다. 그러나 북한과 소련은 국제 연합의 결정이 인구가 많은 남한에 유리하다고 생각했으며, 이를 따를 경우 정치적 주도권을 남한과 미국에 빼앗길지도 모른다고 우려하여 거부했습니다. 북한과 소련의 거부에 부딪힌 국제 연합은 우선 남한만의 단독 정부를 세우기로 했습니다. 이 계획이 실행에 옮겨지면 분단이 굳어질 것을 우려한 사람들은 평양에서 남북 정당과 사회 단체들이 참가하는 협상을 벌였습니다. 남한만의 선거에 반대하는 무장 봉기가 제주도에서 일어나기도 했습니다. 그러나 이러한 움직임들은 단독 정부의 수립을 막지 못했습니다. 제주도의 봉기를 진압하는 과정에서는 군과 경찰, 우익 청년 단체들에게 많은 민간인이 학살당하기도 했습니다.

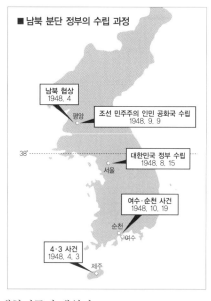

■ 남북 분단 정부의 수립 과정

남북 협상
1948. 4.

조선 민주주의 인민 공화국 수립
1948. 9. 9

38°

대한민국 정부 수립
1948. 8. 15

여수·순천 사건
1948. 10. 19

4·3 사건
1948. 4. 3

결국 해방된 지 꼭 3년 만인 1948년 8월 15일 남한에서는 대한민국이 세워지고, 북한에서도 다음 달인 9월 곧바로 조선 민주주의 인민 공화국이 들어섰습니다. 결국 한국은 세계적인 냉전 체제와 국내의 대립으로 통일 정부를 세우지 못한 채 남북으로 갈라지고 말았습니다. 남북한의 대립과 더욱 깊어진 냉전 체제는 한국을 전쟁으로 몰고 갔습니다.

● 조선 건국 준비 위원회 일본이 항복한 직후 한국에서 만들어진 건국 준비 단체.
●● 인민 위원회 일본이 항복한 이후 한국 각지에서 만들어진 민중의 자치 조직. 곧바로 인민 위원회가 되기도 하고, 조선 건국 준비 위원회 지부가 바뀐 경우도 있다.
●●● 미·소 공동 위원회 모스크바 삼국 외상 회의의 결정 사항을 실행에 옮겨 한국 문제를 해결하기 위해 열린 미·소 양국의 대표자 회의.

3. 중화 인민 공화국의 수립

1949년 중화 인민 공화국이 베이징에서 성립을 선포했습니다. 이는 제2차 세계 대전이 끝난 이후에 일어난 세계 역사상의 중대한 사건입니다. 신중국은 어떻게 탄생했을까요? 신중국의 출현은 국제 정세에 어떠한 영향을 끼쳤을까요?

신 중 국 의   수 립

제2차 세계 대전이 끝난 직후 국제 관계의 변화, 특히 냉전이 시작되면서 국공 합작은 종결되었습니다. 정권을 장악한 국민당은 미국의 원조 아래 공산당과 내전에 들어갔으나, 민중, 특히 농민의 지지를 얻지 못하여 패했습니다. 국민당 지도자 장제스는 남은 집단을 이끌고 타이완으로 이동했으며, 마오쩌둥이 영도하는 중국 공산당이 집권당이 되었습니다.

1949년 10월 1일 마오쩌둥은 베이징의 톈안먼(천안문) 성루에서 중화 인민 공화국의 성립을 선포했습니다. 사람들은 신생 독립국에 대한 애정을 표현하기 위하여 '신중국'이라고 불렀습니다. 신중국은 수도를 베이징으로 정하고, 국가 주석은 마오쩌둥, 정무원 총리는 저우언라이가 맡았습니다. 중국의 육지 면적은 960만 평방킬로미터이며, 당시 인구는 4억 6,000만 명이었습니다.

신중국은 건국 이후 소련이 주도하는 사회주의 진영에 가입하여 세계 정치에서 힘의 판도를 크게 변화시키고, 국제 정치 구조에 큰 영향을 미쳤습니다. 또한 제국주의의 압박을 받고 있는 제3세계 사람들에게 희망을 주었습니다.

건 설   사 업 의   전 개

신중국 건국 후 농민은 토지 개혁을 통해 꿈에도 바라던 토지를 얻었고, 노동자도 공장의 주인이 되면서 사회적 지위에 근본적인 변화가 일어나 노동 열정이

개국 대전 | 1949년 10월 1일 베이징에서 중화 인민 공화국이 수립됐다. 당시 마오쩌둥을 핵심으로 하는 신중국 설립자들이 톈안먼 위에 모여 있다. 화가 동시원의 그림.

아주 뜨거워졌습니다. 국가가 대규모 기초 시설을 건설하는 데 투자하여 많은 공장과 광산 및 발전소를 세웠습니다. 유럽, 미국, 일본 등 해외에 거주하는 많은 중국 지식인들이 신중국을 지지하면서 더 나은 생활과 근무 조건을 버리고 중국으로 돌아왔습니다. 이것은 지식인의 귀국 열기를 불러일으켰습니다. 첸쉐썬, 리쓰광, 화뤄겅 등이 대표적인 인물로, 이들은 신중국의 건설과 발전에 크게 기여했습니다.

중화 인민 공화국 헌법

1954년 중화 인민 공화국 헌법이 반포되어, "법률상 공민은 모두 평등하다"는 원칙이 확정되었고, 사람들은 광범위한 자유와 권리를 누리게 되었습니다. 특히 소수 민족 거주 지역에 대한 지방 자치를 규정했습니다. 중국 소수 민족은 한족보다 인구는 매우 적지만 물질적 생활 조건과 문화 교육을 받

> **■1954년 중국 헌법 규정**
>
> • 중화 인민 공화국은 통일적 다민족 국가다.
>
> • 각 민족은 모두 평등하다. 어떠한 민족에 대한 차별 대우와 억압도 금지하며, 각 민족의 단결을 파괴하는 행위를 금지한다.
>
> • 각 민족은 모두 자기의 언어와 문자를 사용하고 발전시킬 권리를 가지며, 모두 자기의 풍속과 관습을 유지하거나 개혁할 자유를 갖는다.
>
> • 각 소수 민족이 거주하는 지역에는 구역 자치를 실시한다. 각 민족 자치 지역은 모두 중화 인민 공화국의 분리할 수 없는 부분이다.

을 기회 등에서는 동등한 지위를 가지게 되었습니다. 또한 소수 민족의 언어와 풍속 등도 보호를 받았습니다. 동시에 헌법은 여성의 참정권, 교육을 받을 권리와 노동 취업권을 보호하여, 여성이 사회 활동을 할 권리를 충분히 누리게 함으로써 교육의 기회와 취업률을 크게 향상시켰습니다. 이때 중국에서는 "여성은 세상의 절반이다!"라는 말이 유행했습니다.

평화 공존 5개항 원칙

신중국이 수립된 시기는 자본주의와 사회주의 이념이 극도의 대립을 보인 냉전 시기였으므로, 서구 열강은 중국을 고립시키고 봉쇄하고자 했습니다. 중국 정부는 적극적으로 아시아 각국과 연합하여 국제 문제에 참여했습니다. 1954년 중국 총리 저우언라이는 한반도 문제를 처리하는 제네바 회의에 참석했다가 인도를 방문하여 인도 수상 네루와 만났습니다. 두 사람은 사회 제도가 다른 국가간의 관계를 처리하는 5개항의 원칙에 합의했습니다. '상호 영토 주권 존중', '상호 불가침', '상호 내정 불간섭', '호혜 평등', '평화 공존'이 그 원칙입니다. 이 원칙은 1955년의 반둥 회의(아시아·아프리카 회의)에서 통과된 '세계 평화 및 협력에 관한 선언'에서 받아들여져, 점차 국제 관계의 기본 원칙 중 하나가 되었습니다.

반둥 회의

제4장 제2차 세계 대전 후의 동아시아

맥아더의 두 얼굴

더글러스 맥아더(1880~1964)는 미국 군인이지만 동아시아에 커다란 영향을 준 인물입니다. 제2차 세계 대전 때 육군 원수였던 그는 전후 연합군 최고 사령관에 임명되어 일본과 한반도 남부를 통치하는 최고 책임자가 되었습니다.

전후 맥아더에 대한 평가는 다양하지만, 그중에서 매우 상이한 두 측면을 보도록 하겠습니다.

'해방자' 맥아더

본문에서 본 바와 같이 맥아더는 일본의 비군사화를 추진하겠다는 강한 신념으로 개혁을 했습니다. 그 때문인지 미군의 일본 점령 초기 맥아더를 일본의 '해방자'로 여기는 여론이 형성되었습니다. 맥아더에게 일본 국민이 보낸 편지가 하루에 수백 통씩이나 도착했으며, 그 대부분은 감사 편지였습니다. '살아 있는 구세주', '세계 최고의 분' 같은 말이 연발되고 천황 사진 대신 맥아더 사진을 거는 사람까지 생겨날 정도였습니다.

냉엄한 반공주의자 맥아더

그러나 맥아더에게는 아주 다른 냉엄한 얼굴이 있었습니다. 그는 강력한 반공주의 사상의 소유자였습니다. 그래서 냉전이 깊어짐에 따라 사령관으로서 자신의 권한을 최대한 발휘했습니다.

맥아더의 전선 시찰 | 한국 전쟁 당시의 모습. 차 오른쪽에 앉아 있는 사람이 맥아더이다.

맥아더의 그러한 모습이 가장 강하게 나타난 것이 한국 전쟁 때입니다. 전쟁이 일어나자 그는 모든 작전을 지휘하는 사령관이 되어 일본에서 한반도에 미군을 보냈습니다. 그 공백을 메우기 위해 일본으로 하여금 경찰 예비대를 조직하게 한 것도 그입니다. 맥아더는 북한군을 전멸시키겠다는 의욕을 보였으나 전쟁이 어려움에 빠지자 원자 폭탄 사용과 중국 본토 공격을 주장했습니다. 이와 같은 극단적 주장과 행동으로 맥아더는 해임되었습니다.

이러한 두 얼굴은 맥아더 개인의 성격이기도 하지만, 미국의 동아시아 정책이 지닌 '두 얼굴'을 상징한다고도 말할 수 있지 않을까요?

멀었던 고국

전쟁 중에 약 72만 명의 한국인,
약 4만 명의 중국인이 일본에 강제로
옮겨져 일했습니다. 한국인 중에는
사할린과 중국 동북 지방, 남방으로
보내진 사람도 있습니다. 한편 군인
을 포함한 약 660만 명의 일본인이 일
본 바깥에 나가 있었습니다. 그중 약
77만 명은 한국에, 약 155만 명은 만주
에 있었습니다. 전쟁이 끝난 후 이들

'중국 잔류 고아'들의 제1차 방일 | 신
칸센을 타고 교토를 방문하러 가고 있
대(1981년 3월).

은 고향으로 돌아가려고 했습니다. 그러나 돌아가지 못하거나 돌아가는 도중에
죽은 사람도 많았습니다.

만 몽 개 척 단 의 비 극

일본의 국가 정책에 따라 만주에 이주한 일본인 농민(만몽 개척단)과 '만몽
개척 청소년 의용'으로 갔던 소년들 중에는 1945년 8월 9일의 소련 참전 후 일본
군의 방패막이가 되거나 도망치는 도중에 기아와 추위로 목숨을 잃은 사람이 적
지 않았습니다. 어쩔 수 없이 부모와 헤어져 중국에 남아 중국인 양부모 밑에서
자란 아이(중국 잔류 일본인 고아)가 3,000명이 넘습니다.

우 키 시 마 호 사 건

전쟁이 끝나고 9일째 되는 8월 24일, 교토의 마이즈루 항에 입항한 우키시마
호가 갑자기 폭발하여 침몰했습니다. 우키시마호는 전시하에 동원된 한국인 노
동자와 그 가족 약 4,000명을 태우고 일본 아오모리에서 부산으로 향하던 도중이
었습니다. 전쟁 중에 미군이 투하했던 기뢰를 건드려 폭발했다고 하지만 일본군
이 관여했다는 설도 있습니다. 일본 정부의 발표로는 549명이 죽었으며 그 외의
정황은 파악되지 않았습니다.

사 할 린 에 버 려 진 사 람 들

제2차 세계 대전이 끝날 때까지 일본 영토였던 사할린 남부에는 많은 일본
인이 건너가 살았으며, 전시에는 한국인이 노동자로 동원되었습니다. 전후 소련
영토가 된 사할린에는 일본인 약 30만 명, 한국인 약 4만 3,000명이 남았습니다.
그러나 귀환 협상의 대상이 된 것은 일본인뿐이었고, 한국인은 그대로 사할린에
버려져 고국으로 돌아갈 수 없었습니다.

일본의 과거 청산이 남긴 문제

1. 도쿄 재판

도쿄 재판의 정식 명칭은 '극동 국제 군사 재판'입니다. 독일 뉘른베르크 재판과 함께 제2차 세계 대전을 일으킨 나치스 독일과 일본 국가 지도자들의 전쟁 범죄를 심판하기 위해 연합국이 연 재판입니다. 제1차 세계 대전까지는 전승국이 패전국에 배상금과 영토의 할양 등을 요구했으며, 그것이 다음 전쟁의 불씨가 되었습니다. 그래서 국제 재판을 열어 전쟁의 원인과 전쟁 중 일어난 일에 대해 조사한 다음 책임을 묻는 생각이 싹텄습니다. 이들 국제 재판은 '통상의 전쟁 범죄' 이외에 '인도에 관한 죄', '평화에 관한 죄'라는 새로운 원칙을 추가해서 국가 지도자의 형사 책임을 물을 수 있는 길을 열었습니다. 도쿄 재판은 과연 무엇을 심판했을까요?

■ 도쿄 재판

평화에 관한 죄	침략 전쟁 또는 조약에 위반하는 위법 전쟁의 계획, 준비, 개시, 수행, 공동 모의
인도에 관한 죄	전쟁 전의 행위를 포함하여 일반 주민에 대한 살육, 섬멸 등의 비인도적 행위, 또는 정치적·인종적·종교적 이유에 의한 박해
통상의 전쟁 범죄	전투원 또는 비전투원이 상대 교전국에 대해 행한 일정 행위

재판받은 것

도쿄 재판은 도쿄 이치가야의 옛 육군성·대본영(현재의 방위청 소재지)에서에서 1946년 5월부터 2년 반에 걸쳐 열렸습니다. 연합국 11개국 출신* 재판관은 '평화에 관한 죄'를 저지른 A급 전쟁 범죄인으로 28명(후에 3명은 재판 중에 병으로 죽는 등의 이유로 면소)을 심리했습니다. 일본 정부와 군이 패전 직후에 증거 인멸을 위해 막대한 자료를 소각했기 때문에 증인의 증언을 중심으로 증거를 찾아야 하는 어려움도 있었습니다. 그러나 아시아 태평양 전쟁의 개전 과정, 일본군에 의한 고문·강간·난징 대학살·포로에 대한 비인도적 행위 등 이 재판이 아니었다면 결코 밝혀지지 않았을 사실이 알려진 것은 커다란 의미가 있습니다. 일본 국민은 이런 사실을 처음 알고 큰 충격을 받았습니다. 1948년 11월 판결에서 도조 히데키(아시아 태평양 전쟁 개전 때 수상 겸 육군상), 이타가키 세이시로(육군상, 만주 사변을 일으켜 '만주국' 설립), 마쓰이 이와네(중지나 방면군 사령관, 난징 대학살의 최고 책임자) 등 7명에게 사형이 선고되었고, 미나미 지로(육군상, 전 조선 총독) 등 16명에게 종신금고형 판결이 내려졌습니다.

재판받지 않은 것

일본을 거의 단독으로 점령한 미국은 재판에서 강한 발언권을 가졌습니다. 천

황을 이용하여 무리 없이 통치하려던 방침에 따라 천황 측근 및 정치가와 손을 잡고 "전쟁 책임은 도조 히데키 등 육군에 있다"고 판결해서 히로히토 천황에게 면죄부를 주었습니다. 관료, 재벌 등의 책임도 묻지 않았습니다. 오스트레일리아 출신의 웨브 재판장이 "전쟁을 하는 데는 천황의 허가가 필요했다. 만약 그가 전쟁을 원하지 않았다면 허가를 유보했어야 했다"며 이례적으로 개별 의견을 발표했으나, 판결에는 영향을 미치지 못했습니다.

미·영과의 전쟁에 초점을 맞추었으므로 식민지였던 한국·타이완 문제는 재판의 대상이 아니었으며, 군 '위안부' 제도 등 성폭력도 본격적으로 다루지 않았습니다. 731부대와 독가스 등의 화학전 책임자도 연구 자료를 미국에 넘겨주는 조건으로 면책되었습니다.

남 겨 진 과 제

일본은 샌프란시스코 강화 조약에서 도쿄 재판의 판결을 수용했습니다. 미국의 냉전 정책으로 재판은 한 차례만 열렸고, 그 밖의 전범 용의자는 모두 석방되었습니다. 25명의 A급 전범 용의자도 사형 판결을 받은 7명 이외에는 전원 석방되었습니다. 도조 내각의 상공 대신으로 A급 전범 용의자 중 한 명인 기시 노부스케는 후에 수상이 되었습니다. 아시아에 대한 전쟁 책임은 극히 모호하게 처리되었으므로, 이를 분명히 밝히는 것이 남겨진 과제입니다.

●도쿄 재판 판사의 출신국 미국, 캐나다, 중국, 필리핀, 프랑스, 영국, 인도, 네덜란드, 뉴질랜드, 오스트레일리아, 소련. 모두 11개국.

2. 샌프란시스코 강화 조약과 배상·보상 문제

아시아 태평양 전쟁에서 일본군에게 받은 피해에 대해 아시아 각국의 피해자들은 여전히 아무런 보상도 받지 못했다고 소리 높여 호소하고 있습니다. 그러나 일본 정부는 보상 문제는 모두 해결되었다는 태도를 취하고 있습니다. 왜 이러한 의견 차이가 생기는 것일까요? 샌프란시스코 강화 조약을 통해 생각해 봅시다.

샌프란시스코 강화 회의와 강화 조약

샌프란시스코 강화 조약의 정식 명칭은 '대일 평화 조약'입니다. 아시아 태평양 전쟁을 공식적으로 종결시키고 전쟁이 가져온 피해에 대한 배상을 정하고, 연합국과 관계를 정상화하기 위해 체결된 것입니다. 그 때문에 1951년 9월에 열린 샌프란시스코 강화 회의에는 일본과 전쟁을 한 52개국이 참가했습니다.

그러나 이웃 나라인 한국과 중국에서는 반대의 목소리가 높았습니다. 이승만 한국 대통령은 "일본 제국주의와 가장 오랜 시간 동안 싸운 한국인이 대일 강화 조약 서명국에서 제외되었다는 것은 도저히 이해할 수 없다"라고 했으며, 중국의 저우언라이 외교부장은 "미국이 멋대로 강화 회의를 진행하여 중국과 같이 일본과 전쟁한 나라를 제외시켰다는 것은 진정한 평화 조약 체결을 파괴하는 행위다"라고 강하게 항의했습니다.

더욱이 일본 국내에서도 난바라 시게루 도쿄 대학 총장을 비롯하여 대표적인 지식인들의 모임인 평화 문제 담화회가 "일본은 두 세계의 한쪽에 있는 나라와 강화할 것이 아니라 헌법의 평화 정신을 지켜 모든 나라와 강화하지 않으면 안 된다"라는 성명을 발표했습니다.

평화 조약 | 샌프란시스코 강화 조약에 조인하는 요시다 시게루 수상(1951년 9월 8일).

회의에 초대되지 않은 중국과 한국

어째서 이러한 반대 의견이 나온 것일까요?

사실 강화 회의에는 중화 인민 공화국, 타이완 그리고 한국(대한민국)과 북한(조선 민주주의 인민 공화국) 모두 초대받지 못했습니다. 중국·타이완의 참가에 대해서는 미국과 영국의 의견이 엇갈려서 결국은 모두 초대하지 않기로 했습니다. 한국도 참가하기를 원했으나 패전국의 식민지는 연합국이 아니라는 이유로 제외되었습니다. 북한은 국제 연합 가맹국이 아니라서 처음부터 논의의 대상조차 되지 못했습니다. 또한 회의에 참가한 나라 중 소련

등 3개국은 조약에 서명하지 않았습니다.

샌프란시스코 강화 조약이 조인되던 바로 그날 미·일 안전 보장 조약이 조인되었습니다. 이로써 일본은 미국이 주도하는 서방 측 국제 사회에 복귀했으나, 중국 및 한국과의 관계는 개선되지 않았습니다.

애 매 한 채 로 남 겨 진 배 상 · 보 상 문 제

샌프란시스코 강화 조약에서는 배상에 관해서 다음과 같이 정했습니다.

> 제14조 일본은 전쟁으로 준 피해에 대해 연합국에 배상하는 것이 마땅하다. 그러나 현재의 일본 경제 상태로는 어렵다. 연합국이 배상을 요구하는 때에는 (돈이나 물건이 아니라) 일본인이 일하여 갚도록 하는 배상에 대한 교섭을 시작할 것. 그렇지 않으면 연합국은 배상을 포기할 것.

이 조항을 바탕으로 대부분의 연합국이 배상을 포기했습니다. 동남아시아 4개국에만 배상이 이루어졌습니다. 그러나 이 경우도 '배상'이라는 이름의 경제 협력 또는 무역일 뿐, 피해자 개인에 대한 보상은 없었습니다.

강화 조약에서 일본은 중국 내의 권리와 이익을 포기하고, 한국의 독립을 인정하고, 타이완의 영토권을 포기했습니다. 그러나 식민지였던 한국과 타이완에 대해 이 조약에 기초한 배상은 인정되지 않고, 다만 재산을 어떻게 할 것인가(청구권)에 대해서 일본과 직접 교섭하여 결정하도록 했을 뿐이었습니다. 결국 강화 조약에서 식민지 지배와 전쟁으로 한국과 중국이 입은 피해에 대한 배상·보상은 인정되지 않았고, 모든 것이 일본과의 직접 교섭에 맡겨졌습니다.

이렇게 동아시아의 평화와 화해라는 관점에서 볼 때 샌프란시스코 강화 조약은 많은 문제를 남겼습니다.

■ 샌프란시스코 강화 조약과 배상·보상

참가국	연합국 중 46개국(미국, 영국 등)	배상 포기
	필리핀, 인도네시아, 남베트남	배상(=경제 협력, 무역)
	소련, 폴란드, 체코슬로바키아	서명 거부. 일·소 공동 선언(1956년)으로 소련은 배상 포기
비참가국	버마	참가 거부, 강화 회의 후에 배상 협정(=경제 협력·무역)
	중화 인민 공화국	중·일 공동 선언(1972년)에서 배상 포기 타이완은 일본·타이완 평화 조약(1952년)에서 배상 단념
	대한민국	한·일 협정(1965년)에서 경제 협력
	조선 민주주의 인민 공화국	일본과 국교가 아직 정상화되지 않았음

3. 식민지 지배와 전쟁이 남긴 사회 문제

제2차 세계 대전의 종전 당시, 일본의 식민지 지배 아래서 강제 연행된 사람을 비롯한 많은 한국인과 타이완인이 일본 국적을 가지고 일본에 살고 있었습니다. 그리고 전쟁 중에 일본에 강제 연행된 중국인도 있었습니다. 전쟁이 끝난 후 이들은 어떻게 되었을까요?

일본에 살게 된 한국인 · 타이완인

패전 당시 일본에는 200만 명 이상의 한국인이 있었습니다. 당시 한국 인구의 약 10%입니다. 식민지 지배가 아니었다면 이렇게 많은 한국인이 바다를 건널 일은 없었겠지요? 일본이 패전한 다음 해에 4분의 3이 자력으로 귀국했습니다. 그러나 귀국을 원해도 일본에서 재산을 가지고 나가는 것을 엄격히 금지하거나 한반도의 남북 분단에 따른 혼란으로 조국에서 살아갈 길이 막막했기 때문에 약 65만 명이 일본에 남았습니다. 이들과 그 자손이 현재의 재일 한국(조선)인(경우에 따라 일본 국적도 포함)이 되었습니다. 같은 이유로 일본에 남은 타이완인도 있습니다.

'일본 국민'에서 '외국인'으로

일본이 연합군 점령 아래 있는 동안 재일 한국인과 타이완인은 국적은 일본이지만 실제로는 '외국인으로 간주'되는 모순된 취급을 받았습니다. 예를 들어 일본 정부는 이들이 '일본 국민'이니까 일본 교육을 받아야 한다면서 한국인의 민족 교육을 단속했지만, 다른 한편으로는 1947년 5월에 '외국인 등록증'을 적용하여 '외국인'으로 등록하도록 의무화했습니다. 1952년 4월 샌프란시스코 강화 조약의 발효로 일본이 주권을 회복하자마자 '일본 국적'을 빼앗기고, 일반 외국인과 마찬가지로 출입국 관리령의 적용 대상이 되었습니다. 그리고 '국적상으로도 일본인이 아니다'라는 이유로 국민 연금과 아동 수당 등 사회 보장과 취직 · 주거 등에서 차별을 받았습니다.

잊혀진 전후 보상

식민지 지배하에 약 45만 명의 한국인과 타이완인이 일본인 군인 · 군속으로서 전쟁터로 내몰리고, 그중 5만 명이 전사했습니다. 또한 일본 각지와 사할린 등의 탄광이나 광산, 군수 공장 등에 집단적으로 연행되어 노동자로 일을 했습니다. 일본

한신 교육 투쟁 1주년 기념 대회(1949년 4월) | 1948년 연합군 최고 사령관 총사령부 (GHQ)의 반공 정책하에서 일본 정부는 조선 학교 설립을 인정하지 않고 일본 학교에 갈 것을 강요했다. 이에 대해 재일 조선인은 각지에서 반대 투쟁에 나섰다. 특히 고베에서는 구속자가 300명이 넘는 대투쟁이 벌어졌다.

본토에 연행된 한국인만도 약 72만 명에 이릅니다.

일본 정부는 1952년 4월부터 일본인 군인·군속에 대해 개인 보상을 시작했습니다. 그런데 한국인이나 타이완인 군인·군속에게는 일본인이 아니라는 이유로 보상하지 않았습니다. 이것이 부당하다며 일본에 사는 한국인 군인·군속은 1952년부터 보상 요구 운동을 시작했습니다. 전후 최초의 보상 요구였습니다.

1970년대에 히로시마와 나가사키에서 피폭을 당하여 귀국한 한국인(4만 3,000명), 사할린에 남겨진 한국인(4만 3,000명), 타이완인 일본군 병사 중 일부가 보상을 요구하며 일본의 법정에 제소했습니다. 그러나 관심을 가진 일본인은 많지 않았습니다.

전쟁 중에 일본은 중국의 점령지에서 중국인 약 4만 명을 연행하여 일본 각지에서 강제 노동을 시켰습니다. 전쟁이 끝난 후 이들은 대부분 중국으로 돌아갔습니다. 그러나 류롄런과 같이 패전 직전에 탈주하여 13년 동안이나 홋카이도의 산중에서 도망자 생활을 계속하다 1958년에 발견된 중국인도 있었습니다.

이렇게 전후 보상을 요구하는 소송이 다시 빛을 보게 된 것은 1990년대에 들어와 군 '위안부' 문제가 국제적으로 부각되면서부터입니다.

■ 구 식민지 출신의 군인·군속

단위: 명

출신지	귀국자	전몰자	합계
조선	220,159	22,182	242,341
타이완	176,877	30,306	207,183
합계	397,036	52,488	449,524

자료: 일본 후생성 원호국 업무1과 조사(1990년 9월)

남 겨 진   사 회 적   차 별

2003년 말 현재 일본에는 약 191만 명의 외국인이 살고 있습니다(총인구의 1.5%). 이 중에 가장 많은 것이 한국인(약 61만 명)이고, 그다음으로 많은 것이 중국인입니다. 재일 한국(조선)인의 대부분은 일본에서 태어나 자란 2~5세입니다. 일본 정부는 1982년 '내외국인 평등'을 정한 난민 조약*을 비준했기 때문에 사회 보장 등에서 국적에 따른 차별은 적어졌습니다. 하지만 전후 보상 문제나 사회적 차별은 여전히 해결되지 않은 채 남아 있습니다.

●난민 조약 '난민의 지위에 관한 조약'(1951년 국제 연합에서 채택, 1954년 발효)으로, 난민이란 박해의 염려가 있어서 본국을 떠날 수밖에 없는 사람을 가리킨다. 난민 조약은 사회 보장에 대해 외국인에게 자국민과 같은 대우(내외국인 평등)를 할 것을 규정하고 있기 때문에, 조약 가입을 계기로 일본 정부는 법 개정을 하여 외국인에게도 자녀 수당을 지급하고, 국민 연금 가입과 공영 주택 입주 권리를 부여했다.

전범 재판

도쿄 재판 외에 제2차 세계 대전의 전쟁 범죄를 심판한 재판을 살펴봅시다.

독일 · 뉘른베르크 재판

뉘른베르크 군사 재판 법정

뉘른베르크 재판은 미·소·영·프 4개국이 나치스의 주요 전쟁 범죄자와 조직을 심판한 국제 군사 재판입니다. 도쿄 재판에 앞서 1945년 11월부터 1년에 걸쳐 독일 뉘른베르크 시 재판소에서 열려 사형을 포함한 판결이 내려졌습니다. 이 재판은 '인도에 관한 죄'와 '평화에 관한 죄'를 새로 도입했으며, 역사상 최초로 전쟁을 일으킨 개인의 형사 책임을 물어 도쿄 재판 등 그 후의 전범 재판에 큰 영향을 주었습니다.

독일에서는 뉘른베르크 재판 후에도 독자적으로 국내법으로 나치스에 가담한 관료, 기업가, 법률가, 의사 등을 재판하고 추적하여 처벌하는 일을 계속했습니다. 1979년에는 시효를 폐지하여 영구히 죄를 물을 수 있게 되었습니다.

일본 · BC급 재판

일본의 전쟁 범죄에 대해서는 도쿄 재판 외에 BC급 재판이 있었습니다. 도쿄 재판이 전쟁 지도자인 A급 전쟁 범죄인을 심판한 것이라면, BC급 전범 재판은 포로와 일반 시민 등에 대한 학살·학대 등 '통상의 전쟁 범죄'를 대상으로 한 것입니다. 미국·영국·오스트레일리아·필리핀·중국(국민 정부) 등 연합국 7개국이 1945년 10월부터 1951년 4월까지 49개의 법정에서 일본인 군인·군속 5,700명을 기소하여 984명에게 사형 선고를 내렸습니다. 필리핀의 마닐라 재판에서는 야마시타 도모유키 육군 대장이 '마닐라 대학살'의 지휘 책임을 지고 사형 선고를 받았습니다. 이 BC급 전쟁 범죄인 중에 '옛 일본군'으로 재판을 받은 한국인 148명, 타이완인 173명이 있었다는 것은 그다지 알려져 있지 않습니다. 이들은 대부분 포로 수용소의 감시원이었던 군속이었습니다. 이들 한국인·타이완인은 '일본 국민'으로 형이 집행되었는데, 이 중에는 사형당한 사람도 각각 23명, 26명이 포함되었습니다. 그러나 교도소를 나오자 일본 정부는 이들의 전후 보상 요구를 일본인이 아니라는 이유를 들어 무시했습니다. 이에 반해 일본인 전범은 보상을 받았습니다.

> "우리는 구걸하고 있는 것이 아니다. 일본 정부가 그저 한마디 '잘못했다'고 고개를 숙여 주었으면 할 따름이다. 그것이 우리를 징용으로 끌고 가고, 심지어 전범으로 만든 일본의 책임이기 때문이다."
> – 우쓰미 아이코, 「조선인 BC급 전범의 기록」에서 이학래 씨의 증언(1925년 한국 출생. 타이 포로 수용소 근무. 오스트레일리아 재판에서 사형 판결 후 감형), 1955년 동진회를 결성하여 원호와 보상을 요구했고, 지금도 운동을 계속하고 있다.

전후 보상의 국제 비교

일본의 전후 보상은 일본인 군인·군속 등 전쟁에 공헌한 사람들을 중심으로 이루어졌고, 국내의 민간인(원폭 피해자 이외)이나 식민지 출신자, 아시아의 전쟁 피해자 개인에 대한 보상은 거의 제외되었습니다. 일본 이외의 다른 나라는 전쟁 피해자에게 어떤 식으로 전후 보상을 했을까요?

독 일

독일(옛 서독)에서는 1950년에 연방 원호법을 제정하여 군인과 민간인의 차이를 두지 않고 전쟁 희생자에 대한 원호 사업을 시행했습니다. 1956년에는 연방 보상법이 성립되어 유대인 대량 학살 등 나치스 범죄에 따른 피해자에게 연금 등을 지급하는 조치가 취해졌습니다. 그 후에도 연방 보상법 등으로는 구제할 수 없었던 희생자를 위한 특별 기금과 규정이 만들어졌습니다. 전후부터 2030년까지 지급될 보상 예정 금액은 1,200억 마르크(약 95조 원)에 달할 것으로 추정됩니다. 국가 간의 법적 책임은 끝났으나 2000년 7월에는 '기억·책임·미래' 기금으로 강제 노동을 했던 사람들에 대한 개인 보상을 시작했습니다.

프 랑 스

프랑스 정부는 1919년 이래, 식민지 출신자에 대해서도 군인의 부상과 유족에 대한 배상을 실시하고 있습니다. 예를 들어 프랑스 식민지였던 아프리카의 세네갈은 1960년에 독립했지만 식민지 시대에 프랑스군으로 근무하여 전쟁에서 병사한 세네갈 인이나 유족에 대해 세네갈 국적이 된 후에도 상해 연금과 유족 연금을 지급하고 있습니다.

미 국 · 캐 나 다

제2차 세계 대전 중에 미국 정부는 일본계 12만 명을 '적성(敵性) 외국인'으로 분류하여 강제로 집단 수용했습니다. 1970년대에 일본계 2·3세가 보상을 요구하는 운동을 벌였고 1988년에 '시민 자유법'이 만들어졌습니다. 오른쪽의 편지는 1990년부터 생존자 개인에게 보낸 대통령의 공식 사죄 편지입니다. 이와 함께 2만 달러(당시 약 2,000만 원)의 개인 보상금도 지급되었습니다. 그 대상자는 6만 명이었는데, 과오를 범한 것이 정부이므로 대상자를 찾는 책임을 정부가 져야 한다는 방침 아래 어느 국적이든 어디에 살든 보상을 했습니다.

캐나다에서도 미국을 좇아 같은 방식으로 사죄와 보상을 했으며, 일본계 공동체도 조성했습니다.

제2차 세계 대전 중 일본계 사람들의 강제 수용을 사죄하는 조지 H.W. 부시 미 대통령의 편지 「핸드북 전후보상·증보판」에서.

THE WHITE HOUSE
WASHINGTON

A monetary sum and words alone cannot restore lost years or erase painful memories; neither can they fully convey our Nation's resolve to rectify injustice and to uphold the rights of individuals. We can never fully right the wrongs of the past. But we can take a clear stand for justice and recognize that serious injustices were done to Japanese Americans during World War II.

In enacting a law calling for restitution and offering a sincere apology, your fellow Americans have, in a very real sense, renewed their traditional commitment to the ideals of freedom, equality, and justice. You and your family have our best wishes for the future.

Sincerely,

GEORGE BUSH
PRESIDENT OF THE UNITED STATES

OCTOBER 1990

1. 동아시아의 냉전과 한국 전쟁

제2차 세계 대전이 끝난 후에도 동아시아에는 곧바로 평화가 오지 않았습니다. 오히려 대립이 깊어져 갔습니다. 전후의 세계는 급속하게 냉전 체제를 향해 나아갔습니다. 동아시아에서는 특히 날카로운 대립이 계속되어 결국 한국 전쟁(1950~1953년)으로까지 발전했습니다. 전후 동아시아 냉전은 어떤 것이었는지 생각해 봅시다.

한 국 전 쟁

다음은 전후 동아시아의 국교 수립 과정과 국경을 보여 주는 지도입니다. 1953년까지 국제 관계가 크게 요동치고 있습니다. 제2차 세계 대전이 끝난 후에도 동아시아에서는 격동이 계속되었습니다. 그리고 마침내 전쟁이 다시 일어났습니다.

한반도에 세워진 남북 두 정부 사이에는 대립이 계속되었습니다. 이 대립은 결국 1950년 6월 25일 '차가운 전쟁'을 넘어 한국 전쟁이라는 '뜨거운 전쟁'으로 바뀌었습니다. 북한의 인민군이 무력 통일을 목표로 38도선을 넘어온 것입니다.

이 전쟁은 남북 정부 간의 일로 그치지 않았습니다. 먼저 미국을 중심으로 한 유엔군이 남쪽의 한국 편으로 참전했습니다. 유엔군은 서울과 38선을 회복하는 데 그치지 않고, 남한에 의한 통일을 목표로 북한의 인민군을 중국 국경 부근까지 내몰았습니다. 그러자 이 번에는 중국의 인민 의용군이 북한 편으로 참전했습니다. 일본은 평화 헌법이 있었기 때문에 직접 참전하지는 않았지만, 미군의 후방 기지로서 전쟁에 협력했습니다. 이와 같이 한국 전쟁은 동아시아를 중심으로 벌어진 국제전이 되었습니다.

그 후 전선은 38도선 전후에서 일진일퇴를 반복했습니다. 결국 1953년 7월 27일 휴전 협정을 맺었으나 지금까지도 평화 조약은 체결되지 않고 있습니다.

■ 전후 동아시아 냉전(1945~1953년)

1950. 6. 25 한국 전쟁 발발
→ 북한 인민군, 중국군
--→ 한국군, 유엔군

1950. 10 중국 인민 의용군 참전

1949. 10 중화 인민 공화국 수립
베이징

1948. 9 조선 민주주의 인민 공화국 수립
평양

1951. 10 한일 교섭 개시
도쿄

북위 38도선

1948. 8 대한민국 수립
서울

1950. 9 미군, 인천 상륙

유엔군

공산당군과의 내전에서 지고, 국민당 정부는 대만으로(1949. 2)

미국 폭격기

북위 29도선

1952. 4 샌프란시스코 조약 발효로 일본은 독립했으나, 북위 29도 이남은 계속 미군 점령 통치하에 놓이게 되었다. (아마미 제도는 1953년 복귀)

아마미 제도

오키나와

타이베이

1952. 4 일본·타이완 평화 조약 조인

한국 전쟁은 무엇을 초래했는가

한반도 전역에서 전투가 벌어졌기 때문에 한국 전쟁의 피해는 실로 엄청난 규모에 이르렀습니다. 희생자의 다수는 민간인이었습니다. 전쟁으로 가족과 헤어진 사람도 약 1,000만 명 정도로 당시 한반도 인구의 약 3분의 1에 달합니다.

이 전쟁으로 한반도에서는 휴전선을 경계로 한 남북 분단이 굳어졌습니다. 또한 휴전 후에도 한국에는 미군이 계속 주둔하여 한국 사회에 커다란 영향을 끼치고 있습니다.

일본 경찰 예비대 | 사진은 1952년 8월의 열병식 장면.

한국 전쟁은 한반도뿐만 아니라 중국과 일본에도 커다란 영향을 주었습니다.

중국은 중화 인민 공화국 건국 후 숨 돌릴 겨를도 없이 참전하게 되었습니다. 중국도 많은 희생자를 냈습니다. 희생자 중에는 중국 동북 지방에 살던 조선족도 다수 포함되어 있습니다. 또한 이 전쟁이 진행되는 동안 타이완에 대한 미국의 영향력이 더욱 강화되어, 타이완 해협을 사이에 두고 대립이 더욱 날카로워졌습니다.

일본에 끼친 영향은 이와는 정반대였습니다. 먼저 일본은 미군의 군수 물자 공급지가 되어 경기가 좋아졌습니다. 이것을 당시 '조선 특수'*라고 불렀습니다. 또한 개전 직후 일본 정부는 맥아더의 지령을 바탕으로 경찰 예비대(현 자위대의 전신)를 발족시켰습니다. 결국 한국 전쟁을 계기로 일본은 경제를 재건하고 헌법이 정한 전쟁 포기의 틀을 넘어 재군비를 하기 시작했습니다. 또한 샌프란시스코 강화 조약을 시작으로 많은 나라와 관계를 정상화한 것도 한국 전쟁이 절정에 달했을 때였습니다. 이와 같이 냉전의 강한 영향으로 일본의 배상·보상 문제도 애매해져 갔습니다.

이렇게 한국 전쟁은 동아시아의 냉전 체제를 더욱 심화시켰습니다. 오늘날 세계적으로는 냉전이 끝났다고 하지만, 한반도의 남북 분단과 중국과 타이완의 대립 등 동아시아는 여전히 냉전 체제에서 벗어나지 못하고 있습니다. 그만큼 냉전은 동아시아 사회에 뿌리 깊은 영향을 주었습니다.

● 조선 특수 미군은 한국 전쟁을 수행하기 위한 물자와 서비스를 대부분 일본에서 조달했다. 그 결과 병기, 자동차, 섬유, 식품 등의 업계를 중심으로 일본 경제가 급속하게 발달했다.

2. 한·일 국교 수립

1965년 6월 한국과 일본은 국교를 정상화하는 조약을 체결했습니다. 그러나 지난날의 문제들에 대한 두 나라 사이의 의견차와 갈등은 지금도 계속되고 있습니다. 국교를 정상화한 다음에도 이런 문제들이 남게 된 이유는 무엇일까요?

한·일 국교 수립의 배경

미국은 동아시아에서 사회주의 세력이 퍼지지 않도록 한국과 일본이 손을 잡고 방파제 노릇을 하기를 원했습니다. 미국의 정책에 영향을 받아서 두 나라는 한국 전쟁 중이던 1951년 10월 국교 수립을 위한 회담을 시작했습니다. 그러나 과거 청산을 둘러싼 의견 차이로 회담은 부진했습니다.

1961년 5·16 쿠데타로 정권을 잡은 박정희 정부는 일본과 국교 수립을 서둘렀습니다. 일본에서 자금을 들여와 경제 개발을 추진하려고 했기 때문입니다. 일본도 한국에 대한 경제적 진출과 영향력 확대를 꾀하고 있었습니다.

한·일 조약의 내용에 대한 엇갈리는 해석

여러 차례 회담 끝에 한국과 일본은 국교 수립에 관한 기본 조약을 맺었습니다. 두 나라는 1910년의 '합방 조약'과 그 이전에 체결된 조약을 '이미(already) 무효'라고 선언했습니다. 청구권* 회담에서는 일본이 한국에 3억 달러 정도를 무상으로 주고, 2억 달러를 낮은 이자로 장기간 빌려 준다는 데 합의했습니다. 기본 조약과 함께 체결된 협정을 통해 이 5억 달러로 청구권 문제를 '완전히 최종적으로' 해결하기로 했습니다. 이 밖에 협정의 집행 과정에서 일본은 한국에 3억 달러의 민간 자금을 추가로 빌려 주었습니다. 그러나 조약 내용에 대한 해석을 둘러싸고 일본과 한국은 아래와 같이 의견이 엇갈리고 있습니다.

■ 한·일 조약에 대한 한국과 일본의 주장

쟁점 사항	한국 측 주장	일본 측 주장
합방 조약	원천 무효, 식민지 지배 불법	1948년 한국 정부 수립 이후 무효
3억 달러 제공	배상금의 성격	경제 협력 자금, 독립 축하금

국교 수립의 문제점

한·일 국교 수립에 대해 오른쪽 사진에서 보는 바와 같이 한국과 일본 양쪽 사회에서 반대의 움직임이 일어났습니다.

한국에서는 지난날의 침략과 식민지 지배에 대한 일본의 사죄가 없는 상황에

서 국교를 수립하는 것
은 굴욕적 외교라는 비
판의 목소리가 높았습니
다. 일본에서는 한·일 국
교 수립이 한·미·일 세
나라의 군사 동맹으로
이어져 아시아 평화를
위협할 것을 우려한 반대의 목소리가 있었습니다.

한·일 협정 반대 시위 | 한·일 협정에 대한 한국(왼쪽)과 일본(오른쪽)의 반대 시위.

　결국 한·일 협정에는 식민지 지배의 책임과 반성, 사죄에 대한 조문이 일체 없었습니다. 피해자 문제에 대한 논의를 의식적으로 피해 오늘날까지도 이들의 아픔을 그대로 남게 했습니다. 이처럼 지난날의 문제를 말끔히 청산하지 못한 채 국교를 수립함으로써 두 나라 사이의 갈등은 계속되었습니다. 이 점에서는 한국 정부도 어느 정도 책임이 있습니다. 한·일 국교 정상화 이후 한국과 일본 모두 동 아시아 냉전 체제 아래에서 미국과 삼각 동맹 관계를 형성했습니다. 이는 북한을 더욱 소외시켜 남북 분단을 더욱더 고착시켰습니다.

진정한 정상화로 나아가는 길

　국교 수립 이후 몇 차례 일본 천황과 수상이 지난날의 '불행한 관계'를 유감으로 생각한다는 의사 표현을 했습니다. 1995년 8월 일본 수상 무라야마 도미이치는 "지난날 일본의 식민 지배와 침략으로 아시아 각국의 국민들에게 커다란 피해와 고통을 준 데 대해 통절한 반성과 마음에서 우러나오는 사죄를 한다"는 담화를 발표했습니다. 그러나 도덕적 책임만을 언급했을 뿐, 정치적·법적 책임은 뒤따르지 않았습니다. 두 나라 정부도 양국의 관계를 정상화하기 위한 노력을 하고 있습니다. 그 결과 1998년에는 한국의 김대중 대통령과 일본의 오부치 게이조 수상이 양국 사이의 정치적, 경제적 협력과 문화적, 인적 교류의 확대를 강조하는 한·일 공동 파트너십 선언**을 했습니다. 그러나 지난날에 있었던 사실의 진상을 밝히고 책임을 명확히 하지 않은 채 한·일 협력의 확대만 강조하는 것은 문제를 그대로 덮어 두는 것이라는 우려를 낳고 있습니다.

●청구권 다른 사람에 대해 어떤 행위를 하거나 하지 말라고 요구할 수 있는 권리. 한·일 회담에서는 일본의 침략과 식민 지배로 인한 피해 보상과 배상을 요구할 수 있는 권리를 말한다.
●●한·일 공동 파트너십 선언 1998년 10월 7일 한국의 김대중 대통령과 일본의 오부치 게이조 수상이 공동으로 발표한 한국과 일본의 관계에 대한 선언. 불행했던 지난날의 관계를 딛고, 21세기 평화와 번영의 동북아시아를 위한 동반자 관계로 나아갈 것을 선언했다.

3. 중·일 국교 정상화

1970년대 중국과 일본 양국은 마침내 국교를 회복했습니다. 중·일 국교 정상화는 아시아의 평화와 발전에 크게 이바지했습니다. 그러면 중국과 일본은 어떻게 외교 정상화를 실현했을까요?

중·일 국교 회복의 배경

장기간 계속되던 중·일 양국의 우호적인 관계는 일본의 중국 침략 전쟁으로 커다란 굴곡을 겪었습니다. 중화 인민 공화국 건국 이후 일본 정부는 미국을 이념적으로 추종하고, 중국을 적대시하는 외교 정책을 취했습니다. 중·일 관계는 계속 비정상적인 상태에 놓였으며, 양국은 공식적인 접촉을 하지 않았습니다. 그러나 1950년대부터 양국 사이에 민간 무역이 시작되고 문화적 교류도 빈번해졌습니다. 1965년 중국의 15개 도시에서 중·일 청년의 우호적인 친목 활동이 거행되었습니다.

1970년대 초 소련·미국·중국은 대치 상태에 있었습니다. 미국은 중국과 관계를 개선하여 소련에 대처할 힘을 증강시켜서 막다른 골목에 몰린 아시아 정책을 개선하려고 했습니다. 중국 또한 소련의 커다란 위협에서 벗어나기 위해 주변 환경을 개선하고자 했습니다.

1972년 2월 미국 대통령 닉슨의 중국 방문은 중·미 관계의 문을 열었으며, 장기적으로 대립하고 있던 양국이 역사적인 화해를 이루도록 했습니다. 이러한 변화는 미국만 추종하던 일본에 커다란 충격을 주었습니다. 일본의 야당과 기업계는 중·일 국교 정상화의 실현을 거듭 요구했습니다. 국교 정상화를 요구하는 목소리가 계속해서 높아지자, 새로 정권을 잡은 다나카 가쿠에이 수상은 시대의 흐름에 따라 중국에 대한 적대 정책을 바꾸어 양국의 국교 정상화를 실현하기로 결정했습니다. 중국은 일본과 관계를 개선하는 것이 중국과 아시아의 안전 및 안정에 유리하며, 동시에 세계를 향한 중국의 발걸음을 더욱 빠르게 할 것으로 판단하여 적극적인 자세를 취했습니다.

국교 정상화

1972년 9월 다나카 수상이 중국을 방문해서 양국 정부는 '중·일 공동 성명'에 조인하고 비정상적인 관계의 종결을 선포했습니다. 또한 1952년에 맺어진 일본·타이완 평화 조약을 폐지하여 일본과 타이완의 외교 관계를 종식시키고, 중·일 국교 정상화를 실현했습니다. 일본의 전쟁 배상과 관련해 타이완 당국은 이전에 미국의 압력으로 대일 배상 요구를 포기한다고 선포했습니다. 이것은 중국 정부의 대일 배상 요구에 불리한 영향을 주었습니다. 그러나 중국 정부는 주로 중·일 양국의 우호와 일본 국민의 경제적 부담을 가중시키지 않는다는 관점에서 일본에 대한 전쟁 배상 요구를 포기했습니다.

　1978년 8월 중·일 양국은 정식으로 '평화 우호 조약'에 조인하였습니다. 이러한 기반 위에서 1998년 11월 양국은 공동으로 '연합 성명'을 발표했습니다. 이러한 문서에서 확립된 기본 원칙은 양국의 선린 우호 관계의 기초가 되었습니다.

　중국과 일본의 국교 정상화는 양국 민족의 근본적인 이익에 합치할 뿐만 아니라 아시아 태평양 지역의 번영과 세계 평화에 크게 기여했습니다. 국교 정상화 이후 양국의 경제·문화적 관계는 더욱 밀접해지고 민간 교류는 빈번해졌습니다. 수만 명의 중국 유학생이 일본에서 연구하고

중·일 정상의 만남(위) | 1972년 9월 마오쩌둥과 저우언라이가 일본의 다나카 가쿠에이 수상을 맞이하고 있다.
'중·일 평화 우호 조약' 조인식(아래) | 1978년 8월 12일 베이징에서 거행되었다.

있으며, 일본 학생의 중국 유학도 지속적으로 증가하고 있습니다. 중국에 남아 있던 수천 명의 일본 고아들도 중국의 협조로 순조롭게 일본으로 돌아갔습니다. 1979년부터 일본 정부는 중국에 정부 개발 원조(Official Development Assistance, ODA)를 제공했습니다. 저리의 엔화 차관, 무상 자금과 기술 합작 등은 에너지원 개발, 기반 시설 건설, 환경 보호 등에서 중요한 구실을 하여 중국의 개혁 개방과 경제 건설에 커다란 역할을 했습니다. 많은 일본 기업이 중국에 직접 투자하여 중국 경제가 급속히 발전했으며, 대중국 투자와 무역의 증가를 가져왔습니다. 또한 일본 정부의 개발 원조는 일본이 세계 경제 대국의 지위를 유지하는 데 커다란 역할을 했습니다.

- 일본은 일본국이 과거 전쟁으로 중국 인민에게 입힌 중대한 손해와 책임을 통감하며 심각한 반성을 표한다. (서언 부분)
- 이 성명이 공포된 날부터 중화 인민 공화국과 일본국 사이에 비정상적 상태가 종식되었음을 선포한다. (제1조)
- 일본국 정부는 중화 인민 공화국 정부가 중국의 유일한 합법 정부임을 승인한다. (제2조)
- 중화 인민 공화국 정부는 중·일 양국 국민의 우호를 위하여 일본에 대한 전쟁 배상 요구를 포기할 것을 선포한다. (제5조)　　　　　- '중·일 연합 성명'의 내용 중

4. 한·중 국교 수립

제2차 세계 대전이 끝난 뒤 나타난 냉전 체제로 한국과 중국은 서로 교류할 수 있는 기회를 가지지 못했습니다. 그러나 냉전 체제가 약해지면서 화해 분위기가 조성되자, 양국은 다시 가까워지기 시작했습니다. 그렇다면 한·중 수교 이후 두 나라 사이에는 어떤 변화가 일어났을까요?

한·중 관계의 단절과 이어짐

1949년 세워진 중화 인민 공화국은 조선 민주주의 인민 공화국과 외교 관계를 맺었습니다. 1970년대 들어서는 일본, 미국 등과 잇따라 국교를 수립했습니다. 한국과 중국 역시 서로 정상적인 관계를 회복할 필요성을 느끼게 되었습니다.

양국 정부의 접촉은 1983년 중국 민항기가 한국에 불시착한 사건*에서 시작되었습니다. 이 사건을 해결하기 위해 중국 고위층이 한국을 방문했고, 한국은 성의껏 중국에 편의를 제공했습니다. 이를 계기로 1984년에는 중국 내 조선족과 한국인 상호 간에 친지 방문이 시작되었습니다. 1986년 서울에서 열린 아시아 경기 대회와 1988년 서울 올림픽에는 중국 선수단이 참가했습니다. 한국인도 중국을 여행할 수 있게 되었고, 양국 국민도 서로 호감을 갖게 되었습니다.

한국과 중국의 외교 관계 수립

양국 간의 교류와 협력이 점차 확대되었지만, 중국은 건국 이래 줄곧 가까운 사이였던 북한과의 관계를, 한국은 국교를 맺고 있던 타이완을 중시했습니다. 또한 한반도를 둘러싼 국제 환경도 여전히 냉전의 영향을 받고 있었기 때문에 한·중 수교는 쉽게 이루어지지 못했습니다. 그러나 두 나라는 국교를 맺는 것이 경제적으로 서로에게 이익이며, 한반도의 대결 구도를 바꾸어 동아시아 평화에도 도움이 된다는 것을 알고 있었습니다. 이에 1992년 8월 두 나라는 마침내 외교 관계를 맺었습니다. 한국과 중국의 국교 수립으로 한반도를 둘러싼 국제 사회에는 화해 분위기가 높아졌습니다.

한국과 중국이 국교를 수립하자, 한국과 타이완 간의 외교 관계는 '중국은 하

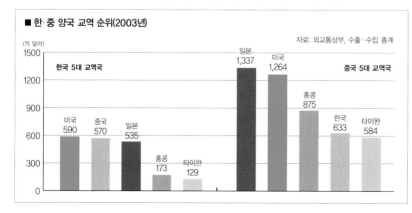

■ 한·중 양국 교역 순위(2003년)

자료: 외교통상부, 수출·수입 총계

(억 달러)

한국 5대 교역국

중국 5대 교역국

- 미국 590
- 중국 570
- 일본 535
- 홍콩 173
- 타이완 129
- 일본 1,337
- 미국 1,264
- 홍콩 875
- 한국 633
- 타이완 584

나'라는 원칙에 따라 단절되었습니다. 최근에는 한국과 타이완 사이에 민간 차원의 인적 교류가 늘어나면서 그 동안 단절되었던 항공 노선이 2004년에 복원되었습니다. 한·중 국교 수립에 따라 한반도를 둘러싸고 화해의 분위기가 높아졌습니다.

한 · 중 관 계 의 발 전

국교 수립 이후 한국과 중국 사이에는 활발한 경제 협력과 교류가 이루어졌습니다. 무역 규모가 크게 증가하여, 서로 상대방의 5대 교역국이 될 정도로 경제적으로 매우 밀접한 관계가 되었습니다. 인적 교류도 크게 늘어나 2000년 중국을 여행한 외국 관광객 가운데 한국인은 134만 5,000명으로, 일본에 이어 2위를 차지했습니다. 한국을 여행한 중국 관광객 수도 2000년 32만 명으로, 1993년의 4만 명보다 8배나 증가했습니다. 또한 1992년부터 2002년까지 한·중 양국의 도시, 지방 자치 단체 상호 간에 체결된 자매 결연 건수는 180여 건에 달하고 있습니다. 이러한 중국과의 관계 발전으로 한국에서는 '서해안 시대'**가 왔다는 이야기도 하고 있습니다.

날로 발전하는 중국의 모습이 한국인의 가슴에 강렬하게 다가옴에 따라 최근 한국에는 중국어 학습 및 중국 유학 열풍이 일어나는 등 '한류(漢流)' 바람이 불고 있습니다. 중국에서는 '한류(韓流)'로 알려진 호의적인 정서로 한국 영화 및 드라마, 가요가 인기를 끌고 있습니다. 이러한 흐름을 상호 이해와 협력을 강화하는 데 어떻게 활용할 것인지가 한·중 양국의 과제일 것입니다.

● 중국 민항기 불시착 사건 1983년 5월 중국 민항기가 타이완 망명을 요청하는 무장 괴한들에게 납치당해 한국의 춘천 부근 미군 기지에 불시착한 사건. 이 사건의 해결 과정에서 한국과 중국은 상대방을 우호적으로 대함으로써 양국의 관계를 개선하는 계기가 되었다.
●● 서해안 시대 서쪽에 있는 중국과의 교류가 활발해짐에 따라, 앞으로 서해안이 한국 발전의 중심지가 될 것이라는 의미로 붙여진 명칭.

재일 한국인의 권리 획득 투쟁

제2차 세계 대전이 끝난 다음 재일 한국(조선)인*들은 민족 교육 등의 권리를 지키고 차별을 철폐하기 위한 운동을 끈기 있게 전개해 왔습니다.

일본의 패전 직후에 재일 한국(조선)인이 가장 먼저 한 일은 식민지 지배를 당할 당시 빼앗긴 조선의 말과 문화·역사를 가르치는 민족 교육을 위한 학교를 세우는 일이었습니다. 그러나 1948년, 일본 정부는 연합국 최고 사령관 총사령부(GHQ)의 지원 아래 이들의 국적이 일본이므로 일본 교육을 받아야 한다고 통고하고 민족 학교를 폐쇄했습니다.

이에 맞서 각지의 재일 한국(조선)인은 학교를 지키기 위해 격렬하게 저항했으나, 일본 경관이 발포한 총탄에 16세의 소년이 목숨을 잃고(한신 교육 투쟁), 대부분의 학교는 폐쇄되거나 폐교당했습니다. 그러나 이후에도 민족 교육을 지키려는 투쟁이 이어지고 민족 학교들이 재건되었습니다. 2000년 7월 현재, 초등학교에서 대학까지 131개의 조선 학교에서 약 2만 명의 아동·생도·학생이 배우고 있습니다.

재일 한국(조선)인은 세대 교체가 진행되어도 여전히 취직·주택, 연금·아동 수당, 전후 보상 등에서 차별을 받고 있습니다. 이에 앞서 1970년에는 한국 국적을 이유로 내정되었던 채용이 취소된 재일 동포 2세 청년이 기업을 상대로 취직 차별 철회를 요구하는 재판을 청구했습니다. 일본 각지에서 이 소송을 지원하는 운동이 일어나 1974년에 전면 승소했습니다(히타치 취직 차별 재판).

1980년대에는 재일 동포를 중심으로 한 여러 국적의 재일 외국인이 의무화되어 있는 외국인 등록증의 지문 등록을 거부하는 운동을 펼쳤습니다. 이 제도는 2000년에 철폐되었습니다(지문 등록 거부 운동). 많은 일본인이 일본의 차별적인 제도와 의식을 '일본인의 문제'로 여겨 이 운동에 적극적으로 참가하여 공동으로 운동을 벌였습니다.

그러나 문제는 여전히 남아 있습니다. 대부분의 재일 한국(조선)인 2~5세들이 일본 학교에 다니고 있을 뿐 아니라 한국의 언어와 문화·역사를 배울 곳이 충분하지 않습니

재일 한국인 차별 | 재일 동포 2세인 정향균 씨는 관리직 승진 시험에서 국적 차별 철폐를 요구했으나 2005년 1월 26일 대법원에서 기각되었다.

다. 또한 조선 학교 졸업자는 일본 국립 대학의 입학 시험 자격에 제한이 있는 등 불리한 대우를 받고 있습니다. 외국인 등록증을 의무적으로 항상 휴대해야 하며 일본 국민과 마찬가지로 세금을 내고 있는데도 참정권이 없습니다. 그 때문에 민족 교육을 지키고 추진하기 위한 운동, 차별 제도 철폐(왼쪽 사진 참조), 지방 참정권 요구, 전후 보상 요구 운동이 지금도 계속되고 있습니다.

중국 귀환자 연락회

1949년에 수립된 중화 인민 공화국은 곧 푸순과 타이위안에 전범 관리소를 설치하여 총 1,109명의 일본군을 전쟁 범죄인(전범)으로 수용했습니다. 중국 정부는 이들 전범에 대해 당시 연합국의 전범 재판처럼 재판하고 처형했을 뿐만 아니라 일본군을 인도적으로 대우했습니다. 중국인 피해자의 고발, 규탄을 체험하게 하여 일본군이 자신들의 범죄 행위를 자각하고 반성할 수 있도록 장기간에 걸친 인성 교육을 했습니다.

1956년에 이들 전범은 대부분 석방되어 귀국할 수 있었습니다. 이들은 1957년에 중국 귀환자 연락회(중귀련)를 결성했습니다. 중귀련 회원들은 일본 각지를 돌며 자신들이 중국에서 행한 살육, 약탈, 강간, 방화, 파괴 등의

전범 재판 | 선양에서 열린 군사 법정에서 판결을 받는 전 일본 장병 전범들.

행위를 고백하고 증언하는 활동을 해 왔습니다. 이들은 왜 이러한 활동을 계속하고 있을까요? 이들의 증언을 수록한 비디오 「증언–침략 전쟁(인간에서 괴물로, 그리고 인간으로)」(일·중 우호 협회 제작)에서는 자신이 그런 신념을 가지게 된 이유에 대해 이렇게 말하고 있습니다.

> 어릴 적에는 벌레도 죽이지 못했던 인간이 전장에서는 괴물이 되었다. 온갖 잔학 행위를 저지른 우리는 아주 고통스러운 마음으로 체험을 돌이켜 본다. 중국 전범 관리소의 인도적인 대응으로 인간성을 되찾고 귀국 후 계속 스스로 가해 행위를 고백하며, 마음 깊은 곳에서 다시는 자신과 같은 잘못을 반복해서는 안 된다는 강한 신념이 흐르고 있다.

중귀련의 회원들은 회상록과 증언집을 편찬하고 영화와 비디오를 제작해서 시민 집회 등에서 증언하는 등 다양한 활동을 통해 자신이 일본군이었을 때 왜, 그리고 어떻게 중국인에게 비인간적인 잔학 행위를 했는지를 계속해서 증언하고 있습니다. 그들이 제공한 증언은 일본인들로 하여금 '삼광 작전'의 진상을 점차 이해하도록 해주고 있습니다.

● **재일 한국(조선)인** 전후 일본은 한국인 재일 동포를 외국인으로 취급하고, '조선'이라는 국적을 부여했다. 이후 많은 재일 동포는 한국 국적을 취득하거나 일본인으로 귀화했지만, 약 15만 명은 지금도 조선적을 유지하고 있다.

제4장에서는 제2차 세계 대전 후의 동아시아 역사에 대해 배웠습니다. 특히 다음의 세 가지 문제가 이 장의 주제였습니다.

일본, 조선, 중국은 제2차 세계 대전 후 어떻게 새로운 나라를 만들어 갔을까요?

일본의 전후 개혁, 조선의 분단, 중화 인민 공화국의 성립. 이렇게 삼국은 각각 다른 역사를 걸어갔습니다.

일본의 과거 청산과 극복은 어떻게 전개되었을까요?

도쿄 재판에서는 침략 전쟁의 전범을 심판했으며, 샌프란시스코 강화 조약에서는 일본과 연합국 사이에 강화가 맺어졌습니다. 그러나 중국 및 한국과의 관계, 피해자 개인에 대한 보상, 재일 한국(조선)인에 대한 차별·편견 등 여러 문제가 해결되지 않은 채 남아 있습니다.

일본, 한국, 중국은 전후 어떤 관계였을까요?

한국 전쟁을 비롯하여 동아시아에는 냉전으로 인한 대립이 날카로워졌습니다. 한국과 일본, 중국과 일본은 냉전을 배경으로, 한국과 중국은 냉전의 붕괴를 배경으로 국교를 맺게 되었습니다. 그러나 동아시아에는 여전히 대립 관계가 남아 있습니다.

이렇게 전후 동아시아에서는 냉전이 아주 큰 영향을 끼쳤습니다. 냉전이 한반도의 남북 분단과 중국과 타이완의 대립이라는 형태로만 나타난 것은 아닙니다. 일본의 식민지 지배와 침략 전쟁에 대한 책임 추궁 및 배상·보상이 불충분했던 것도 냉전의 영향이었습니다. 그러한 의미에서 제2차 세계 대전 이전과 대전 중에 생긴 문제 등은 오늘날까지 이어지고 있다고 할 수 있습니다.

세계적으로는 냉전은 끝났다고 이야기합니다. 하지만 동아시아에서는 아직 냉전의 구조가 강하게 남아 있으며, 전쟁이 끝날 때까지 지속되었던 식민지 지배와 침략 전쟁의 상흔도 생생하게 남아 있습니다. 전쟁이 끝난 후에 어떻게 문제가 해결되었는지, 아직 해결되지 않은 과제는 무엇인지, 진정한 화해와 평화를 위해 해야 할 일은 무엇인지, 다음 종장도 참조하여 생각해 봅시다.

동아시아의 평화로운 미래를 위하여

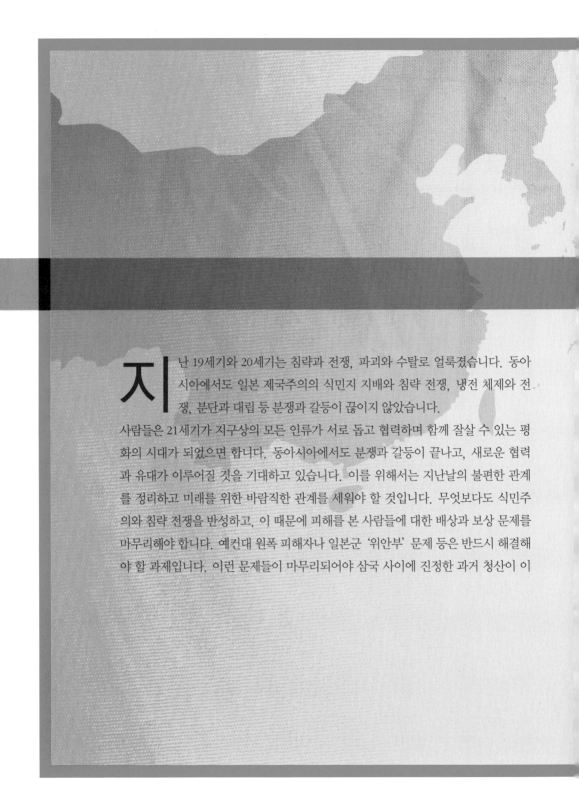

지난 19세기와 20세기는 침략과 전쟁, 파괴와 수탈로 얼룩졌습니다. 동아시아에서도 일본 제국주의의 식민지 지배와 침략 전쟁, 냉전 체제와 전쟁, 분단과 대립 등 분쟁과 갈등이 끊이지 않았습니다.

사람들은 21세기가 지구상의 모든 인류가 서로 돕고 협력하며 함께 잘살 수 있는 평화의 시대가 되었으면 합니다. 동아시아에서도 분쟁과 갈등이 끝나고, 새로운 협력과 유대가 이루어질 것을 기대하고 있습니다. 이를 위해서는 지난날의 불편한 관계를 정리하고 미래를 위한 바람직한 관계를 세워야 할 것입니다. 무엇보다도 식민주의와 침략 전쟁을 반성하고, 이 때문에 피해를 본 사람들에 대한 배상과 보상 문제를 마무리해야 합니다. 예컨대 원폭 피해자나 일본군 '위안부' 문제 등은 반드시 해결해야 할 과제입니다. 이런 문제들이 마무리되어야 삼국 사이에 진정한 과거 청산이 이

종장 동아시아의 평화로운 미래를 위하여

루어질 것입니다.

과거 청산은 지난날의 역사에 대한 올바른 인식의 바탕 위에서 가능합니다. 그러나 최근 지난날 식민지 지배와 침략 전쟁을 합리화하려는 움직임이 오히려 강화되고 있습니다. 일본에서 일어나고 있는 야스쿠니 신사 참배나 역사 교과서 왜곡 움직임 등이 그러한 사례들입니다. 동아시아의 평화를 위해서는 이런 움직임의 문제점이 무엇인지 깨닫고, 이를 막아 내기 위해 노력해야 합니다.

무엇보다 중요한 것은 동아시아의 평화를 정착시키고, 이를 통해 세계 평화에 이바지해야 한다는 마음가짐입니다. 각국 정부는 물론, 평화를 뿌리내리기 위한 민간 단체들의 연대와 노력도 중요합니다. 이와 같은 희망의 미래를 만드는 것은 궁극적으로 이 책을 읽는 청소년 여러분들의 몫입니다.

1. 남아 있는 개인 보상과 배상 문제 ●

제2차 세계 대전 후, 일본은 한국·중국 정부와 식민 지배 및 침략 전쟁에 대한 배상 문제를 협의하여 국가 간의 배상 문제를 기본적으로 해결했습니다. 그러나 피해자 개인에 대한 배상 문제는 여전히 해결되지 않았습니다. 왜 그랬을까요?

최초의 대일 민간 소송

1972년 한국인 원폭 피해자로서 손진두는 일본 정부에 전쟁 배상을 요구했습니다. 손진두는 히로시마 원폭의 피해자로 후유증을 치료하기 위해 일본으로 밀항했다가 출입국 관리법 위반으로 적발되기도 했으나 일본 정부에 소송을 제기하여 1978년 승소했습니다. (그러나 귀국하면 권리를 잃는 것이었습니다. 귀국 후에도 수당 등이 지급되게 되었던 것은 2003년입니다.) 손진두의 소송은 민간의 대일 배상 요구의 발단이 되었습니다. 이후 중국과 한국 그리고 여러 나라의 전쟁 피해자가 잇따라 일본 정부와 기업을 대상으로 전쟁 배상을 요구했습니다. 현재 각국의 전쟁 피해자들이 일본 법정에 낸 전쟁 배상 소송은 거의 80여 건에 이르고 있으며, 그 밖에 자기 나라 법정에 소송을 제기하고 있는 경우도 상당수 됩니다. 전쟁 피해자들이 개인적 차원에서 전쟁 배상을 요구하는 것은 전후 국제 관계가 발전하고 피해 생존자의 인권 의식이 향상되어 국제 사회가 전반적으로 인권 문제를 중시하게 된 결과입니다. 민간 배상의 의의는 과거에 대한 경제적 청산 뿐 아니라 소송을 통해 일본 국가와 기업의 전쟁 책임을 명확히 하고, 전쟁 피해자들이 법정에서 그들의 존엄성을 회복해 달라는 요구를 함으로써 아시아의 젊은 세대가 역사의 교훈을 진지하게 생각하고 받아들여 미래를 향해 나아가도록 하는 데 있습니다.

피해 보상 | 2003년 처음으로 한국에서도 일본 정부로부터 수당을 계속 지급받게 된 한국인 피폭자.

소송을 가로막는 벽

지금까지 일본에 전쟁 배상 소송을 제기한 피해자에는 아시아 각국, 각 지역의 군 위안부와 그 밖의 성폭력 피해자, 세균전과 일본군이 버린 화학 무기의 피해자, 강제로 끌려간 노동자와 무차별 폭격의 피해자 등이 포함되어 있습니다. 이들은 일본 정부에 전쟁의 가해자라는 역사적 사실을 인정하고 전쟁의 책임을 인정하며 배상할 것을 요구하고 있습니다. 홍콩 주민들도 군표 문제를 가지고 일본 정부에 소송을 냈습니다.

대다수의 민간 배상 소송의 원고들은 지금도 여전히 만족스러운 판결 결과를 얻지 못했으며, 겨우 몇몇 소송에서만 화해를 이루었습니다. 일본 법원이 다수의 소송에서 원고 패소 판결을 내린 '이유'는 다음 두 가지입니다. 하나는 이른바 '시효'입니다. 일본 민법에 규정한 손해 배상 청구권의 기한은 길어야 20년으로 이 기한을 넘겼으므로 청구권이 자연히 소멸되었다는 것입니다. 둘째는 '국가 면책권'입니다. 이것은 공무원이 국가 권력의 아래에서(예를 들어 전쟁에서 군인 등이) 불법으로 시민에게 손해를 끼쳤어도 국가는 배상할 책임을 지지 않는다는 것입니다.

그러나 최근 들어 일부 지방, 고등 재판소에서는 중대한 인권 침해에 해당하는 피해에 대해서 시효나 국가 면책권을 기계적으로 끼워 맞추는 것은 명백한 정의, 공평 원칙에 반한다며 이를 부정하는 판결이 나오고 있습니다. 그러나 최고 재판소는 여전히 전쟁 피해자의 배상 요구를 받아들이지 않습니다. 노령 피해자의 인권 회복을 위해 이런 개인 배상 문제가 하루빨리 해결될 것이 요구됩니다. 이것은 일본이 국제 사회에서 신뢰를 얻기 위해서는 필요한 일입니다.

전 쟁 배 상 문 제 를 해 결 하 기 위 한 노 력

1990년대 들어 여러 민간 단체들이 만들어져 전쟁 피해자의 배상 소송을 지원했습니다. 일본에서는 '중국 전쟁 피해자 소송 지지회' 등과 같이 전쟁 피해자의 소송을 지원하는 시민 단체가 설립되었으며, 변호사들로 구성된 변호인단도 만들어졌습니다. 중국과 일본, 한국의 학자·법률가·시민 들은 역사의 진상을 밝히기 위해 광범위한 조사와 연구를 함으로써 전쟁 피해자들이 소송을 하는 데 필요한 자료를 제공했습니다. 2001년 헤이그에서 열린 민간 법정은 전쟁 중 일본군 '위안부'에 대해 일본의 국가 책임을 인정하는 판결을 내렸습니다.

> 류롄런은 1944년 침략 일본군에게 사로잡혀 일본 홋카이도 산속에서 노예 노동을 강요받은 중국 노동자로서, 학대를 견디다 못해 1945년 홋카이도 산속으로 도망쳤다. 이후 13년 동안 산속에서 야만인 같은 생활을 하다가 1958년 그 지역의 사냥꾼에게 발견된 후 귀국하였다. 1990년대에 그는 다섯 차례 일본으로 건너가 일본 군국주의의 죄악을 폭로했으며, 1996년 일본 정부를 상대로 소송을 제기했다. 2000년 사망했으나 그 뜻은 아들 류환신(劉煥新)이 계승하였다. 2001년 도쿄 지방 법원은 일본 정부가 류롄런에게 2,000만 엔을 배상하라는 판결을 내렸다. 그러나 일본 정부는 도쿄 고등 법원에 항소했다. 2005년 동경 고등 재판소는 류롄런에게 역전 패소 판결을 내렸다. 지금은 최고 재판소에서 소송이 진행되고 있다.
> — 류롄런 소송 사건

● 보상과 배상 보상은 어떤 행동이나 잘못으로 인한 손실을 물어주는 것이다. 이것은 권리 침해나 위법 행위로 발생한 것이 아니다. 반면 배상은 권리 침해·채무 불이행 등에 기인한 것이다. 최근 배상 요구에 대해 일본은 '전후 보상'이라 부르지만, 중국에서는 일본 법원에 민간인이 제기한 전쟁 소송에 대해 '배상'이라는 용어를 쓰고 있다.

2. 일본군 '위안부' 문제와 여성 인권 운동

한·중·일 세 나라 사이에는 아직 해결되지 않은 지난날의 여러 가지 문제가 있습니다. 그중에서 도 일본군 '위안부'는 갈등과 대립의 20세기를 극복하고 평화의 21세기를 맞이하기 위해 해결 해야 할 상징적인 문제입니다. 이 문제를 해결하기 위해 어떠한 노력들이 있었으며, 동아시아 삼 국의 평화를 위해 어떠한 방향으로 해결되어야 할지 생각해 봅시다.

수요 시위, 일본 정부의 사죄와 배상을 요구하다

매주 수요일이면 한국에 있는 일본 대사관 앞에서는 아래 사진에서 보는 것 과 같은 일본군 '위안부' 문제의 해결을 요구하는 시위가 열립니다. 흔히 '수요 시위'라고 불리는 이 시위는 1992년 1월 8일 시작되어 지금까지 계속되고 있습니 다. 이 시위는 왜 10년을 훨씬 넘게 계속되고 있을까요?

수요 시위에서 일본군 '위안부' 문제의 해결을 위해 피해자와 지원 단체 들 은 일본 정부에 다음과 같은 요구를 하고 있습니다.

- 강제 연행 사실 인정
- 국가 배상 실시
- 공식적 사죄
- 역사 교과서 기록과 교육
- 진상 규명, 책임자 처벌
- 사료관 건립

수요 시위는 피해자는 물론, 시민 단체, 일반 시민 및 학생 들도 참여하는 교 육의 장소가 되었습니다. 나아가 일본을 비롯한 다른 나라 사람들도 참여하여 국 제적 연대의 계기가 되고 있습니다.

일본군 '위안부' 문제의 사회화

일본군 '위안부' 문제가 세상에 알려진 것은 1970년대였습니다. 그러나 커다 란 사회적 관심사로 발전하지는 못했습니다. 1980년대 중반 한국에서 국가 공권 력에 의한 여성들의 성추행, 성폭력이 사회 문제가 되면서, 일본군 '위안부' 문제 에 대한 관심도 크게 높아졌습니다. 이후 1990년대 들어 여성 단체들은 일본 정부

558차 수요 시위(2003년 5 월 14일)(왼쪽) | 일본 대사관 앞에서 '위안부' 출신 할머니 들과 시민들이 함께 시위를 하고 있다.
김학순 할머니(오른쪽) | 1992 년 1월 일본 수상의 방한을 앞 두고 '위안부' 피해 보상을 요 구하는 시위를 하는 도중 눈물 을 흘리고 있다.

에 진상 규명을 요구하는 등 본격적인 활동을 시작했습니다. 이러한 움직임은 한국뿐 아니라 일본, 북한, 필리핀, 타이완, 중국 등 아시아 전역으로 확대되었습니다. 그러나 일본 정부는 '위안부' 모집은 민간 업자가 한 일로, 정부나 군은 관계가 없다고 주장했습니다.

침묵에서 증언으로

일본 정부가 책임이 없다는 말을 계속하자, 분노한 김학순[*] 할머니가 1991년 8월, 자신이 일본군 '위안부' 였음을 증언한 역사적 사건이 일어났습니다. 이를 계기로 50년간 사회적 무관심과 냉대로 자신의 존재를 숨기고 살아왔던 피해자들의 증언이 잇따랐습니다. 일본군이 위안소를 설치하고 통제했다는 자료도 발견되어, 일본 정부는 더 이상 책임을 회피할 수 없게 되었습니다. 일본 정부의 공식 사죄, 법적 배상을 요구하는 국제 연대 집회와 심포지엄이 계속되었습니다. 유엔 인권 위원회 등 국제 인권 기구는 일본군 '위안부' 문제가 전쟁 범죄이며, 일본 정부가 국가적 책임을 인정해야 한다고 결의했습니다.

> **라디카 쿠마라스와미 보고서(유엔 인권 위원회, 1996, 발췌 요약)**
> • 일본 정부는 위안부 피해자들에 대해 서면에 의한 공식적인 사죄를 해야 한다.
> • 위안소 등과 관련된 배상 활동에 대해 일본 정부가 가지고 있는 모든 문서와 자료를 완전히 공개해야 한다.
> • 일본 정부는 위안부 제도에 관여한 범죄자를 확인해서 처벌해야 한다.

전쟁과 전쟁 범죄를 없애기 위해

이처럼 사실이 밝혀지고 국제적인 압력이 거세지자, 1993년 고노 요헤이 관방 장관은 담화에서 "('위안부')모집, 이송, 관리 등도…… 본인들의 의사에 반하여 이루어졌고", "당시의 군 관여하에 다수 여성의 명예와 존엄을 깊이 훼손한 문제"라고 강제성을 인정했고, "마음으로부터 사죄와 반성"을 표했습니다. 그러나 일본 정부는 국제 기구의 결의를 무시하고 '여성을 위한 아시아 평화 국민 기금'을 만들어 법적 배상이 아닌 위로금 차원에서 문제를 해결하려고 하였습니다. 이에 대해 피해자 중 다수는 위로금 명목으로 돈을 받는 것을 거부했습니다.

일본 정부의 조치에 맞서 아시아 여성 단체와 시민 단체 들은 일본 정부의 배상을 요구하는 소송을 일본, 필리핀, 미국 등지에 냈습니다. 또 히로히토 천황을 비롯한 일본군 고위 관료와 일본 정부의 책임을 밝힌 민간 법정을 2000년 일본 도쿄에서 개최했습니다. 이 같은 노력이 국제적으로 꾸준히 지속될 수 있는 것은 무력 갈등하의 여성에 대한 전쟁 범죄가 현재에도 계속되고 있으며, 다시는 이런 전쟁 범죄가 없어야 한다는 전 세계인의 염원 때문입니다.

● 김학순 1924년에 태어나서, 1940년 17세 때 일본군 '위안부' 로 끌려갔다가 5개월 만에 탈출했다. 일본 정부가 일본군 '위안부' 의 존재를 계속해서 부인하자, 1991년 7월 처음으로 자신이 일본군 '위안부' 출신임을 밝혔다. 1997년 12월에 사망했다.

3. 역사 교과서 문제

제2차 세계 대전이 끝나고 60년이라는 세월이 흘렀습니다. 지난날에 일어났던 식민지 지배와 침략 전쟁을 기억하는 사람들도 줄어들고 있습니다. 이런 일을 되풀이하지 않기 위해, 우리는 지난날의 역사를 배워야 합니다. 그 길잡이가 되는 것이 역사 교과서입니다.

전쟁의 기술

다음은 각각 ① 한국의 국정 국사 교과서, ② 중국의 중학교 역사 교과서, ③ 검정을 통과한 일본의 중학교 역사 교과서 중 1권에서 제2차 세계 대전에 관계된 부분을 일부 인용한 것입니다.

아주 다른 이미지입니다. ③만 왠지 일본이 전쟁을 통해 좋은 일을 한 것처럼 그리고 있어서 ①, ②와 같이 전쟁 피해에 역점을 둔 기술과는 크게 다른 내용입

■ 한중일 역사 교과서에서 다뤄지는 제2차 세계 대전에 관한 부분

일제 침략 전쟁에 의해, 우리 나라는 일본의 전쟁 물자를 공급하는 병참 기지로 변했다. …… 일제는 이렇게 물적 침탈뿐만 아니라 한국인을 강제 징용하여 광산과 공장에서 고통스런 노동을 강요하거나 강제 징용제와 학도 지원병 제도를 실시했다. …… 이렇게 일제는 우리의 물적·인적 자원을 약탈하는 한편, 우리 민족과 민족 문화를 말살하려는 정책을 실시했다.

① 한국의 국정 교과서(2002)

점령 지역에서 일본의 침략자는 총검을 써서 식민 통치를 유지했다. 그들은 헌병, 경찰, 재판소, 감옥 등 중국 인민을 탄압하는 기구를 설립했다. 군인, 경찰, 스파이가 도처에서 온갖 나쁜 일은 다 하고 중국인 주민을 마음대로 체포하여 잔혹한 고문을 하고 살해까지 했다.

② 중국의 인민 교육 출판사 교과서(1995)

이것(일본군이 여러 전쟁에서 승리한 것)은 수백 년에 걸쳐 백인의 식민지 지배에 시달리던 현지 사람들의 협력이 있었기에 가능한 승리였다. 일본이 여러 전쟁에서 승리하여 동남아시아와 인도의 대부분 사람들에게 독립이라는 꿈과 용기를 주었다. 일본 정부는 이 전쟁을 대동아 전쟁이라고 이름 붙였다. 일본의 전쟁 목적은 자존 자위와 아시아를 서양의 지배에서 해방시키고 '대동아 공영권'을 건설하는 것에 있다고 선언했다.

③ 일본의 후소샤 교과서(2001)

니다. ③의 교과서에도 ①과 같은 사실이 나타나 있지만, "이렇게 힘들 때에 많은 국민은 열심히 일하고 잘 싸웠다. 그것은 전쟁 승리를 원해서 한 행동이었다"고 전쟁에 이기기 위해 어쩔 수 없었다는 듯이 기술하고 있습니다. 이런 방식으로 기억하는 것이 동아시아 우호와 평화라는 관점에서 바람직할까요?

일본 역사 교과서는 검정 제도●로 민간 출판사가 교과서를 편집하고 그것이 정부가 실시하는 검정을 통과하면 학교에서 쓸 수 있습니다. ③의 교과서는 2001년에 검정을 통과한 『새로운 역사 교과서』라는 교과서입니다. 일본 교과서 중에서 이렇게 기술하고 있는 것은 이 책뿐입니다. 그래서 이 교과서가 검정을 통과한 것에 대해 일본 국내와 한국, 중국에서 큰 반발이 일어났습니다. 그러나 이 교과서는 2005년 현재 일본 학교에서는 거의 채택되지 않았습니다.

일 본 역 사 교 과 서 와 한 국 · 중 국

일본 역사 교과서가 국제적인 문제가 된 것은 어제오늘의 일이 아닙니다. 1950년대 후반 무렵부터 일본 정부는 검정 제도를 통해서, 침략 전쟁 사실과 '침략'이라는 단어를 교과서에 쓰지 못하게 했습니다. 1982년의 검정에서는 식민지 지배, 침략 전쟁 및 난징 대학살 등 지난날 저지른 일들에 대한 책임을 덮어 버리려고 했습니다. 이에 대해 한국과 중국에서는 거세게 항의했습니다. 일본 근현대사는 한국과 중국의 근현대사와 깊게 관계되며 일본에서 과거를 어떻게 기억하는가는 한국과 중국에게도 중요한 문제입니다. 일본 정부는 그 후 검정 기준에 "근린 아시아 여러 나라와 근현대의 역사적 사건이나 현상을 취급할 때, 국제 이해와 국제 협조의 견지에서 필요한 배려가 있을 것"이라는 조건을 추가했습니다.

그런데 1990년대 중반 이후 일본 정부는 다시 조선에 대한 식민지 지배와 제2차 세계 대전의 책임 문제 등의 기술을 축소, 삭제하는 방향으로 바꾸기 시작했습니다. 그것이 2001년 역사 교과서 문제로 나타났습니다.

과거의 가해와 피해의 역사를 정면에서 바라보는 것은 매우 괴로운 일입니다. 싫은 일이나 부끄러운 일에는 눈을 돌리고 싶기도 할 겁니다. 그러나 사실과 마주하지 않고는 미래의 평화를 만들 수 없습니다. 우리가 과거를 어떻게 기억하는 것이 바람직할지 생각해 봅시다.

●교과서 검정 제도 일본의 교과서 발행 제도. 민간 출판사에서 교과서를 만들고, 문부성의 심사를 거쳐 사용하는 제도. 이 과정에서 문부성은 교과서 내용의 수정을 요구할 수 있다.

4. 야스쿠니(靖國) 신사 문제

일본 정치가가 야스쿠니 신사를 참배할 때마다 국제 사회에 논란이 일고 있습니다. 그렇다면 야스쿠니 신사란 도대체 어떠한 곳일까요? 그리고 왜 그렇게 많은 논란이 일어나는 것일까요?

야 스 쿠 니   신 사 란   무 엇 인 가 ?

야스쿠니 신사는 메이지 유신 이듬해인 1869년에 도쿄 쿠단자카에 창건된 초혼(招魂) 신사에서 시작되었습니다. 천황의 이름하에 싸웠던 전몰자들은 야스쿠니 신사에 '호국의 영령', 즉 신으로 모셔짐으로써 천황과 국가에 대한 충성의 모범으로 최고의 영예를 부여받고, 동시에 국민을 전쟁에 몰아가는 데에 있어 절대적인 교육 효과를 불러일으켰습니다.

제2차 세계 대전에서 일본이 패전을 맞이하기까지 야스쿠니 신사는 일반 신사들과는 달리 육군성, 해군성의 관할하에 놓였으며 신사의 최고 직책인 궁사(宮司) 자리에는 신관이 아니라 대대로 육군 대장이 취임했습니다. 경호도 헌병이 담당했습니다. 명실공히 군대의 종교 시설이었던 것입니다.

메이지 유신의 내전 [무진(戊辰)전쟁]에서 아시아 태평양 전쟁에 이르기까지 전쟁에서 목숨을 잃고 '영령'으로 합사된 자들은 246만여 명에 달합니다.

제2차 세계 대전 후 점령군의 '신도(神道) 지령'에 의해 야스쿠니 신사는 국가에서 분리되어 하나의 종교 법인이 되었습니다. 정치와 종교의 분리를 정한 일본국 헌법에서는 국가의 종교적인 활동은 금지되어 있습니다. 그러나 샌프란시스코 강화 조약이 발효된 이후 일본 사회에 침략 전쟁의 책임을 부정하는 풍조가 나타나면서, 보수 정치가와 유족회가 야스쿠니 신사를 국가가 수호하라고 요구하는 운동을 활발히 전개했습니다. 그러나 야스쿠니 신사의 '국영화'를 내용으로 하는 야스쿠니 신사 법안은 국민들의 반대로 4번에 걸쳐 국회에서 부결되었습니다. 그

도쿄 쿠단자카의 야스쿠니 신사

러자 보수파 정치가들은 수상과 각료들의 공식 참배를 실현한다는 방침으로 전환하여 야스쿠니 신사를 국가가 수호한다는 것을 기정사실화하여 추진하게 되었습니다.

야스쿠니 신사는 1978년에 새로이 도조 히데키 등 14명의 A급 전범을 합동으로 제사했습니다. 그중에는 만주 사변의 주모자였던 이타가키 세이시로와 1937년 난징 대학살 때의 최고 사령관이었던 마쓰이 이와네 등도 포

함되어 있습니다. 침략 전쟁을
계획하고 수행한 최고 책임자
들을 '신'으로 모신다는 것은
침략 전쟁 자체를 긍정하는 입
장임을 재확인한 것을 의미합
니다.

일본 시민이 도쿄 거리에서 벌
이는 신사 참배 반대 시위

일본 정부와 야스쿠니 신사

1985년 나카소네 야스히로 수상이 야스쿠니 신사를 공식 참배하자 중국, 한
국을 비롯한 아시아 각국과 민중들로부터 강한 비난의 목소리가 높아지고 일본
국내의 여론으로부터도 강한 비판을 받았습니다. 이후 일본 수상은 야스쿠니를
공식 참배하지 않았습니다.

그런데 2001년 8월 13일 고이즈미 준이치로 수상은 야스쿠니 신사를 공식적
으로 참배했습니다. 중국 정부와 한국 정부는 이를 엄중히 비판하고 항의했습니
다. 그러나 고이즈미 수상은 그러한 반대와 비판을 무릅쓰고 2005년까지 해마다
날짜를 바꿔 가며 이미 5번째 야스쿠니 신사 공식 참배를 하고 있습니다.

왜 이제 와서 옛날 "일본 군국주의의 정신적 지주"이자 군 시설이었던 야스
쿠니 신사를 참배할 필요가 있는 것인지, 왜 일본에게 침략당한 나라들의 국민 감
정에 다시 상처를 주려는 것인지, 왜 일본의 국제적 이미지에 흠집을 내면서 일본
과 아시아 여러 나라들과의 우호 관계를 훼손시키는 것인지, 또한 왜 일본 국내에
서도 수상의 야스쿠니 신사 공식 참배를 위헌으로 보는 판결이 나오고 있는지 일
본 정치가들은 생각해 볼 필요가 있을 것입니다.

역사 책임과 어떻게 마주할 것인가

인류가 전쟁의 역사를 기억하는 것은, 거기에서 교훈을 얻어 비참한 과거를
반복하지 않기 위해서입니다. 일본 정부는 1972년 '중·일 공동 성명'(219쪽)에서
'과거에 일본국이 전쟁을 통해 중국 국민에게 막대한 손해를 끼친 것에 대해 책임
을 통감하고 깊이 반성한다'고 서약했습니다. 침략 전쟁과 마찬가지로 '공동 성
명'도 역사에 깊이 새겨질 것입니다.

야스쿠니 신사 문제는 일본 정부와 일본 사회가 과거 침략 전쟁의 책임 문제
와 어떻게 마주해야만 하는지, 중국과 한국의 비판이라는 형태로 질문을 던지고
있는 것입니다.

교과서 재판과 이에나가 사부로

이에나가 사부로(1913~2002)

일본 문부성이 교과서 내용을 통제하는 것에 대해 학자, 교사, 시민의 투쟁이 계속되는 가운데, 이에나가 사부로(당시 도쿄 교육 대학 교수)는 1963년 일본의 침략 전쟁 사실이 포함된 고교 일본사 교과서를 집필하여 검정을 신청했습니다. 이에 대해 문부성은 '무모한 전쟁'과 '전쟁의 비참한 측면' 등을 수정하거나 삭제할 것을 요구했으며, 이에나가 사부로가 이를 거부하자 교과서를 불합격시켰습니다.

이에나가는 1965년 6월 교과서 검정은 헌법이 보장하는 학문의 자유, 언론·출판·표현의 자유에 위배되며, 아이들이 교육받을 권리를 침해하는, 교육 기본법이 금지하고 있는 교육 내용에 대한 개입 행위라며 국가를 상대로 교과서 재판을 청구했습니다.

> 전쟁 중에 한 사람의 사회인이었던 나는 지금 생각하니 전쟁을 찬미하지 않은 것을 자랑스럽게 여기지만 전쟁을 막지 못한 것을 참회합니다. 지금 전쟁의 싹이 있다면 그것은 반드시 없애야만 합니다. 전쟁으로 우리 세대는 커다란 피해를 입었습니다. 많은 동료들이 죽어 갔습니다. 이 막대한 희생을 바탕으로 헌법이 만들어졌습니다. 평화주의, 민주주의라는 두 기둥은 그들의 숭고한 생명이 남긴 유일한 유산입니다. 이것을 헛되이 해서는 안 됩니다.
>
> – 재판을 청구할 당시의 「이에나가 사부로의 호소문」

이에나가 사부로는 그 후 1967년과 1984년에도 재판을 청구하며 32년간이나 싸웠습니다. 교사·시민 등 2만 7,000명이 넘는 사람들과 단체가 지원 조직을 만들어 소송을 뒷받침했습니다. 1997년 8월 대법원이 난징 대학살과 731부대 등 일본의 침략 전쟁 사실을 교과서에서 없애려고 했던 교과서 검정의 위법성을 인정하면서 긴 재판 투쟁은 끝났습니다. 이에나가 교과서 재판에 큰 힘을 입어 80년대 이후 일본의 역사 교과서는 전쟁의 진실, 사실을 전하는 방향으로 개선되었습니다.

2001년 세계 각국의 대학 교수와 국회 의원 176명이 이에나가 사부로를 노벨 평화상 후보로 추천했지만, 아쉽게도 이에나가는 수상하지 못했습니다. 이에나가 사부로는 일생을 걸고 평화와 인권, 민주주의를 위해 싸워 온 역사학자였습니다.

민간 법정 – 여성 국제 전범 법정

2000년 12월 일본 도쿄에서 '일본군 성노예제에 대한 여성 국제 전범 법정'이 열렸습니다. 법정은 책임자를 처벌해 달라는 피해 여성의 호소에 답하여, 일본 군·정부의 가해 책임을 밝히려 한 것이었습니다.

그때까지 피해 여성은 계속 무시당해 왔습니다. 군 '위안부' 제도는 도쿄 재판에서도 다루어지지 않았습니다. 피해 여성들은 1990년대에 들어와 군 '위안부' 제도가 여성에 대한 전쟁 범죄이자 중대한 인권 침해라며 일본 정부를 상대로 재판을 제기했습니다. 하지만 일본의 법원은 사실 해명을 회피했고 일본 정부의 배상 책임도 인정하지 않았습니다. 이 법정은 국가가 재판을 제대로 하지 않을 경우, 민중에게 재판할 권리와 책임이 있음을 선언한 민중 법정이었습니다. 또한 가해국 일본과 6개 피해국(한국, 북한, 중국, 타이완, 필리핀, 인도네시아)의 여성들이 주체가 되어 국경을 초월한 협력과 연대로 개최한 국제 법정이기도 했습니다.

법정에는 네덜란드와 동티모르를 포함한 8개국 64명의 피해 여성이 참가했습니다. 법정은 법정 헌장을 기초하고, 국제적으로 활약하는 재판관과 검사단, 피해 여성, 가해 군인, 전문 연구원 등의 증인을 초청하고, 제출된 증거를 바탕으로 심리를 하여, 국제법에 비추어 재판관이 판결을 내리는 실제 재판 방식으로 진행되었습니다. 법정에서는 전후 처음으로 히로히토 천황의 전쟁 책임과 책임자 처벌 문제를 다루었습니다. 피해 여성 중 한 사람은 "10년간 추구해 온 정의를 드디어 이 법정이 나에게 주었습니다"라며 기쁨을 감추지 않았습니다.

다음 해 12월 재개된 네덜란드 헤이그 법정에서는 '천황을 비롯한 전쟁 지도자의 유죄', '일본 국가의 책임'이라는 최종 판결을 내렸습니다. 법정은 모든 전시 성폭력을 처벌하는 국제법 틀을 만드는 데 기여했으며, 국제적 여성 인권 운동으로서도 커다란 의의가 있습니다.

일본군 성노예 전범 국제 법정

박물관 전시와 전쟁

일본, 중국, 한국에는 각각 전쟁 관련 박물관과 기념관이 많이 있습니다. 나라에 따라 전시 내용과 메시지가 다릅니다. 전형적인 기념관을 예를 들어 비교해 봅시다.

중국 – 인민 항일 전쟁 기념관

중국에서는 1982년 일본 문부성(당시)이 교과서 검정을 통해 역사 교과서에 침략과 가해 사실을 기술하지 못하게 한 교과서 문제가 발생하자, 이에 대해 경계심을 품게 됩니다. 이후 일본의 침략 전쟁과 중국의 항일 전쟁의 역사를 기록, 전시하는 기념관을 전국적으로 여러 군데 건설했습니다.

중국 인민 항일 전쟁 기념관은 중국 최대 규모의 항일 전쟁 기념관으로, 1987년에 7·7 사변(루거우차오 사건) 50돌을 기념하여 세워졌습니다. 관내에는 '전사불망 후사지사(前事不忘 後事之師, 과거의 역사를 잊지 않고 미래의 교훈으로 한다)' 라는 말이 새겨져 있습니다.

전시 내용은 크게 난징 대학살과 삼광 작전, 731부대, 세균전, 독가스전 등 일본군이 저질렀던 잔학 행위의 역사를 기록·전시한 부문과, 팔로군·신사군을 중심으로 한 중국 군민의 항일 전쟁의 역사를 전시한 부문으로 나뉘어 있습니다.

'과거 일본의 침략 전쟁으로 중국 민중이 입은 재난과 피해를 잊지 않고 역사의 교훈으로 미래에 되살리자', '희생을 두려워하지 않고 항일 전쟁에서 용감하게 싸워 오늘날의 중국을 세운 공산당 지도자와 병사, 인민의 고난의 역사를 잊어서는 안 된다' 등의 메시지가 풍부한 전시물에서 느껴집니다.

한국 – 독립 기념관

1982년 일본 정부가 교과서 문제를 일으켜 식민지 지배와 조선 민중의 독립 운동사를 왜곡한 데 반발한 국내외 한국인의 운동과 기부로 건립되어 1987년 8월 15일 광복절에 개관했습니다.

중국의 인민 항일 전쟁 기념관(왼쪽)과
한국의 독립 기념관(오른쪽)

7개의 전시실 중에서 주 전시실이 '일제 침략관'으로서, 일본의 침략과 수탈, 무력에 의한 탄압, 박해의 자료가 집중적으로 전시되어 있습니다. 그중에서도 일본의 헌병과 경찰에 의한 고문, 학대 장면을 밀랍 인형으로 재현한 전시는 충격적입니다. '3·1 운동관'은 일제 식민지하에서의 최대의 독립 투쟁이었던 3·1 운동의 자료가 일본의 탄압에 의해 학살된 사람들의 유품 등과 함께 전시되어 있습니다.

일본의 침략과 지배에 저항하고 독립을 위해 싸운 역사를 상기하며 민족 의식과 애국심을 고양하자는, 차세대를 향한 메시지를 전달하는 기념관입니다.

일본 – 히로시마 평화 기념 자료관

히로시마에 원자 폭탄이 투하된 지 10년 후인 1955년 8월 히로시마 시에 의해 건설되었습니다. 원자 폭탄에 의한 피해의 실상을 여러 나라 사람들에게 전하고 핵무기 폐지와 항구적인 세계 평화의 실현을 염원해서 세웠다고 설치 목적에 적혀 있습니다.

원폭 피해의 생생한 자료가 많은 유품과 함께 전시되어 있습니다. 원폭의 열선, 폭풍, 방사능, 고열 화재에 의한

히로시마 평화 기념 자료관 | 원폭 돔(앞)과 히로시마 평화 기념 자료관(뒤의 기다란 건물, □ 표시). 원폭 돔은 1945년 8월 9일 원자 폭탄 투하로 건물의 뼈대만 남아 있다.

피해, 원폭병이라는 피폭 후의 피해 자료가 전시되고 원폭 하나가 얼마나 비참한 피해를 입혔는지 알 수 있도록 했습니다.

평화를 위한 전쟁 기억

중국, 한국, 일본의 기념관을 비교해 보면 전쟁 기억의 방법, 전달 방식이 각각 다르다는 것을 알 수 있습니다. 박물관을 견학한 삼국의 젊은이들, 아이들은 어떻게 전쟁을 기억하게 될까요? 동아시아 젊은이들이 평화로운 동아시아를 만들어 가기 위해서 전쟁을 어떻게 기억해야 좋을지 생각해 봅시다.

5. 동아시아 삼국 청소년의 교류

근래 동아시아 청소년들 사이에 교류가 활발해지고 있습니다. 맑은 청소년의 눈으로 보는 세상은 아름답니다. 푸른 하늘은 그들이 그리는 미래처럼 높고 끝없어 보입니다. 그들이 생각하는 이웃 나라와 그곳에 사는 친구들의 이야기를 보며 그들에게 무엇이 필요한지 생각해 볼까요.

정감과 배려가 가득한 청소년의 대화

교토에 사는 일본 중학생이 한국의 중학생에게 편지를 보냈습니다.

한국에는 벚꽃이 피었다면서요? 일본은 벌써 여름처럼 덥고 우중충한 날씨가 계속되고 있습니다.

한글을 본격적으로 공부한 적은 없는데, 작년에 한국과 조선에 대해 학습하고 싶다고 생각하면서 조금씩 공부했습니다. 일본 사람들에게 이미 친숙한 음식이 된 부침개나 한국의 전통 음식인 떡을 전부 먹어 보기도 했습니다. 특히 한국의 김은 너무 맛있어서 모든 사람들에게 대인기랍니다. 한국의 음식은 정말 맛있다고 생각합니다.

그런데 여러분은 일본 음식을 먹어 본 적이 있습니까? 일본에도 한국 음식 못지않게 맛있는 음식이 많이 있습니다.

청소년들의 대화에는 정감과 상대에 대한 배려가 가득합니다. 보이지 않는 곳에 있는 친구에 대한 생각, 맛을 통한 한국에 대한 이미지화, 그리고 일본 음식에 대한 자랑을 덧붙이는 것도 빠뜨리지 않습니다.

한중일 3개국의 역사 캠프

21세기 들어 삼국의 청소년들은 서로 만날 기회가 많아지고 있습니다. 학교와 학교 간의 자매 결연이 많아지고 수학여행도 이루어지고 있습니다. 이처럼 청소년의 교류가 많아지면 어른들에 의해 벌어졌던 틈이 점차 메꾸어질 수 있을 것입니다. 어느 시민 단체가 주관하는 2004년 한중일 역사 캠프에 참여한 중국 학생은 삼국의 미래에 대해 다음과 같이 말하고 있습니다.

한중일 삼국은 역사 속에서 많은 갈등과 충돌이 있었어요. 그러나 현재 삼국 국민들은 우호적인 관계를 유지하고 있지요. 이러한 캠프를 통해서 우의를 돈독히 하고 문화 등 각 방면의 교류가 진행되기를 희망합니다. 그래서 공동으로 평화적인 발전을 추진하면 좋겠어요.

이처럼 상대를 받아들이려는 마음을 가지고 있으면 과거의 잘못에 대해서도 잘 알 수 있습니다.

이 학생이 한 말처럼 어른들이 저지른 잘못을 되풀이하지 않기 위해 자라나는 청소년들 간의 교류는 필수적입니다. 상대를 이해하려는 마음을 갖고 있으면 과거의 잘못이 어떻게 된 것인지 이해할 수 있습니다. 진정한 사죄는 입으로 하는 것이 아니라 마음으로 하는 것입니다. 그 마음을 여는 첫 단추가 청소년 교류에 있습니다.

제3회 한중일 역사 체험 캠프 (2004년 8월) | 동아시아의 새로운 미래를 열어 가는 것은 청소년들의 몫이다.

청소년 교류가 미래의 희망

미래의 모습은 어떠했으면 하는가에 대한 그림을 2001년 일본 역사 교과서 왜곡 사건을 계기로 다음과 같이 한국의 학생이 그려주었습니다.

여러 나라가 같이 연결된 역사는 그 나라들 모두가 함께 연구하여 진실을 밝혀야 합니다. 기본적으로 이러한 점들이 해결되었을 때, 일본과 한국은 아무 거리낌 없이 서로 도울 수 있을 것이고 같이 미래를 만들어 나가야 할 동반자로서 서로 이익을 도모할 수 있을 것입니다. 그리고 바람이 있다면 빠르게는 2002년 월드컵에서 멀게는 그 후라도 한국 측에서 일본에게, 일본 측에서 한국에게 서로 응원을 해주고 용기를 불어 넣어 주는 관계까지 발전했으면 하는 바람입니다.

청소년들이 그리고 있는 바람직한 미래의 모습은 어떤 것일까요?

청소년들은 미래를 만들어 가는 동반자로서 서로 돕고 함께하기를 바라고 있습니다. 2002년 월드컵에서 한국과 일본의 청소년들은 서로를 위해 소리 높여 응원했습니다. 2008년 베이징 올림픽에서도 한중일 3국이 서로 응원하는 그런 모습을 그리고 있을 것입니다.

각국의 청소년은 상대방의 문화에 대하여 많은 관심을 갖고 있습니다. 청소년 사이에 공감대가 확대되는 것이야말로 전쟁과 폭력 그리고 비이성이 판치던 20세기를 극복하는 길입니다. 청소년은 새로운 동아시아를 만드는 꿈이요, 희망이기 때문입니다.

6. 반전 평화 운동과 시민 운동

21세기가 되어서도 인류는 여전히 전쟁과 무관하지 않습니다. 그러나 오늘날에는 전쟁이 아닌 평화를, 독재가 아닌 민주주의를 추구하는 시민의 목소리가 세계 각지에서 일어나고 서로 연결되면서 영향을 주고받고 있습니다. 평화 운동은 어떻게 발전하고 있을까요?

제2차 세계 대전 후의 반핵 운동

제2차 세계 대전이 끝나고 얼마 지나지 않은 1950년, 스웨덴 스톡홀름에서 열린 평화 옹호 세계 대회 상임 위원회는 핵무기의 금지를 촉구하는 '스톡홀름 호소'를 발표하고 전 세계에 서명을 요구했습니다. 이에 호응하여 1953년까지 중국의 2억 2,000만 명을 비롯하여 세계에서 5억 명이 넘는 사람들이 서명했습니다. 이것이 하나의 계기가 되어 일본에서는 1955년 원·수폭 금지 세계 대회가 시작되어 2005년 제51회를 맞이합니다. 핵무기를 반대하는 끈기 있는 운동이 핵의 선제 사용(핵무기로 먼저 공격하는 행위)을 막고 있습니다.

동아시아 미군 기지와 반기지 운동

제2차 세계 대전 후 동아시아에서는 미국이 한국과 일본에 많은 군사 기지를 설치하고, 베트남 전쟁과 이라크 전쟁에서는 후방 기지, 출격 기지로 이용해 왔습니다. 특히 일본 내 미군 기지의 75%가 집중된 오키나와와 한국에서 심각한 피해가 일어나고 있습니다. 오키나와에서는 1950년대 중반, 섬 전체에서 반기지 운동이 일어났습니다. 그러나 피해는 계속되고, 1995년 세 미군에 의한 소녀 폭행 사건*이 일어났습니다. 한국에서는 2002년 미군 장갑차에 두 여중생이 깔려 죽는 사건**이 일어났습니다. 그러나 미군에게 유리한 협정으로 인해 경미한 처벌로 사건은 마무리되었습니다. 하지만 비참한 사건이 반복되는 현실에 분노가 폭발하여 대규모 항의 운동이 오키나와와 한국 전체로 확대되었습니다. 평화와 기지 철거를 요구하며 한국과 오키나와 사람들 사이에 교류와 제휴가 진행되고 있습니다.

세계적인 반전 평화 운동의 흐름

1955년 인도네시아 반둥에서 열린, 중국·인도를 비롯한 29개국이 참가한 아시아·아프리카 회의는 강대국의 식민지 지배에 반대하고 민족 독립, 평화 공존, 인종 평등 등 평화 10원칙을 선언했습니다. 그러나 프랑스와 미국은 차례로 베트남에 많은 병력을 보냈으며, 네이팜탄, 고엽제 등으로 큰 피해를 입혔습니다. 이에 대해 끈질기게 싸우던 베트남으로 세계 각국과 시민들의 지원이 이어지고 미국 국내에서도 반전 운동이 거세지자 미국은 철수했습니다. 1976년 베트남은 강요된 남북 분단을 극복하고 한 나라로서 완전한 독립을 달성했습니다.

한국이 1980년대에 민중의 힘으로 군사 독재 정권을 타도하고 정치를 민주화한 것은 동아시아 평화에 매우 큰 의미를 지닙니다. 일본에서는 '전쟁 포기, 전쟁 능력의 보유 금지'를 정한 헌법을 정부가 바꾸려고 하는 움직임에 대해 '헌법을 지켜라!'라는 운동이 펼쳐졌습니다. 이로 인해 자위대가 전쟁터에 나가는 것이 줄곧 금지되어 왔습니다. 그런데 2004년 자위대는 '인도적 지원'이라는 명목 아래 게릴라전이 끊이지 않는 이라크에 파견되었습니다.

세계 각지에서는 지금도 분쟁이 이어지고 평화는 달성되지 못했습니다. 그러나 2003년 3월 미국과 영국에 의한 이라크 공격*** 직전에 세계 각 도시를 잇는 방식으로 약 1,000만 명이 참가한 대대적인 반전 운동이 일어났습니다. 평화를 사랑하고 평화의 소중함을 확신하는 시민이 늘어나 이것이 국가를 초월하여 확대되어 가는 것이라면, 이것이야말로 세계에 평화를 가져다 주는 열쇠가 아닐까요?

평화롭게 산다는 것은 전쟁이 없는 사회에서 산다는 것만을 의미하지 않습니다. 인간으로서 정의와 존엄이 지켜지고 인권이 보장되며 빈곤에서도 해방되어 모두가 행복한 생활을 누릴 수 있어야 합니다. 많은 사람들이 노력한다면 이를 실현하는 것은 결코 꿈이 아닙니다.

오키나와 현민 총궐기 대회 | 1995년 10월 21일, 미군 3명에 의한 소녀 폭행 사건을 계기로 기지 피해 문제로 고생하는 오키나와 사람들의 분노가 폭발해 경영자 단체를 포함하여 여러 계층, 단체에서 8만 5,000명이 모였다.

● 오키나와 소녀 폭행 사건 1995년 9월에 오키나와 초등학생 소녀가 미군 해병대원 3인에게 폭행당한 사건. 항의의 물결이 거세지면서 미군 3인은 체포, 기소되어 1996년 10월까지 징역 7년부터 6년 6개월의 실형이 확정되었다. 오키나와의 미군 기지 축소와 미·일 지위 협정의 재검토를 주장하는 목소리가 높아지는 계기가 되었다.
●● 한국 여중생 장갑차 사건 2002년 6월 서울 근교에서 여중생 두 명이 미군 전차에 치여 죽은 사건. 한·미 행정 협정에 기초하여 한국에는 재판권이 없고 범인에 대한 국외 퇴거 처분만으로 끝났다. 전국적으로 분노가 퍼져 미군 기지의 철거, 한·미 행정 협정의 재검토 목소리가 높아지는 계기가 되었다.
●●● 이라크 공격 2003년 3월, 영·미군이 이라크가 대량 파괴 무기를 가지고 있다며 공격을 시작한 전쟁. 그러나 대량 파괴 무기가 발견되지 않아 전쟁의 근거가 의심을 받고 있으며, 전쟁의 종결을 선언했지만 영·미군에 대한 이라크 국민의 저항이 이어지고 있다.

7. 동아시아의 화해와 평화

제2차 세계 대전이 끝난 후 동아시아에 살고 있는 사람들은 항구적인 평화를 바랐습니다. 그러나 아쉽게도 지금까지도 갈등과 대립을 극복하지 못하고 있습니다. 어떻게 하면 동아시아의 밝은 미래를 만들 수 있을까요?

대립과 화해의 갈림길에 선 동아시아

전 세계적으로 냉전이 끝났다고 하지만, 동아시아에서는 갈등이 반복되고 군사력도 확대되고 있습니다. 그러나 지난날의 잘못을 반성하고, 화해와 평화를 실현하려는 노력도 활발히 전개되고 있습니다. 타이완의 2·28 사건*(1947년), 한국

NHK 「겨울연가」 포스터 | 일본에 욘사마 열풍을 몰고 왔다.

의 제주 4·3 사건(1948년) 등 민간인 학살 사건에 대한 진상을 조사하고 희생자의 명예를 회복하는 조치가 이루어지고 있습니다. 2000년에는 대한민국의 김대중 대통령과 조선 민주주의 인민 공화국 김정일 국방 위원장의 남북 정상 회담으로, 남북한 사이에 화해와 협력의 길이 열렸습니다. 동아시아 국가들의 경제 협력은 강화되고 있으며, 왼쪽 사진에서 보는 바와 같이, 일반인들 사이에 문화 교류가 날로 증가하고 친밀한 관계가 이루어지고 있습니다.

유럽의 경험

제2차 세계 대전 이후 연합국은 전쟁을 일으킨 독일에 과거를 청산하고 철저히 반성할 것을 요구했습니다. 독일은 이를 받아들여 민주주의와 평화를 추구하는 나라로 거듭났습니다.

프랑스와 독일, 독일과 폴란드는 협의 기구를 만들어, 역사 인식의 차이 때문에 일어나는 갈등을 줄이고, 역사, 지리 교과서의 내용을 함께 바로잡는 노력**을 기울였습니다. 이러한 활동은 민간을 중심으로 벌어졌지만, 각국 정부도 그 성과를 적극 수용했습니다. 이와 같은 노력은 유럽을 하나로 묶는 데 커다란 도움을

주었습니다.

동아시아는 정치, 경제적으로 유럽과는 다른 경험을 가지고 있으며, 관점도 각국이 서로 다릅니다. 그러나 하나의 공동체(EU)를 이룬 유럽의 경험을 참고하면서 동아시아의 국가와 시민 들도 평화 공동체 건설을 위해 노력할 필요가 있습니다.

반성과 화해, 평화를 소망하며

우리는 침략과 전쟁의 역사를 반성하고 다시는 그러한 일이 되풀이되지 않도록 노력해야 합니다. 일본 정부는 먼저 과거의 잘못에 대해 명백히 사죄하고, 피해자들에게 배상해야 합니다. 그러면 한국과 중국 등 이웃 나라와 시민 들도 이를 허심탄회하게 받아들일 것입니다.

평화와 인권, 민주주의는 동아시아와 세계의 바람직한 미래를 위해 필요한 중요한 보편적 가치입니다. 이를 실현하기 위해서는 일본만이 아니라 아시아의

한중일 공동 역사 교재 개발 | 2003년 11월 서울에서 열린 제5차 교재 개발 회의 모습이다.

각국 정부도 지나친 자국 중심의 정책에서 벗어나고, 시민들도 자기 중심적인 생각을 넘어서 이웃 나라와 함께 살아갈 수 있는 지혜를 모아야 합니다. 시민 운동의 국제적 연대와 협력은 이를 이룰 수 있는 하나의 길이 될 것입니다. 역사에서 배우고, 진정한 화해와 평화를 이루는 것이 오늘날 동아시아에서 살아가는 우리 한 사람 한 사람의 과제입니다.

●2·28 사건 2차 세계 대전 종전 후 타이완을 지배한 국민당 정부의 폭정에 저항해 일어난 민중 봉기. 이 과정에서 수많은 사람들이 희생되었으며 장제스는 사태 수습을 위해 타이완 인에 대한 차별 철폐를 기조로 하는 정책들을 발표하게 된다.
●●독일과 폴란드의 역사 교과서 회담 1956년부터 양국 간에 역사 교과서 문제가 논의되기 시작했다. 특히 1972년부터 1976년까지 독일·폴란드 교과서 협의회가 열렸다. 여기서 양국 사이에 일어났던 역사적 사건을 교과서에 어떻게 서술할 것인지에 대하여 26개 항목에 걸친 권고안을 마련했다.

한중일 및 세계 근현대사 연표

시 기	한 국	중 국	일 본	세 계
1840년대		아편 전쟁, 난징 조약 체결		
1850년대		태평 천국 운동, 제2차 아편 전쟁	미국 페리 함대 일본 상륙, 개국	
1860년대	병인양요	양무 운동 시작 영·불과 베이징 조약 체결	에도 막부 무너짐 메이지 유신 시작	러시아 농노제 개혁 미국 남북 전쟁
1870년대	신미양요, 강화도 조약 체결		자유 민권 운동 시작, 타이완 침공 강화도 사건, 조·일 수호 조약 체결	프랑스 제3공화국 건립 독일 제국 건립
1880년대	임오군란, 갑신정변	청·불 전쟁	대일본 제국 헌법 발표	독일·오스트리아·이탈리아 동맹 체결
1890년대	갑오 농민 전쟁, 대한 제국 수립	청·일 전쟁, 무술변법	시모노세키 조약 체결	미국·스페인 전쟁
1904년			러·일 전쟁	
1910년	한일 합방 조약 강제 체결		한국 합병 강행	
1912년		중화 민국 건립		
1915년			중국에 21개조 요구	제1차 세계 대전(1914~1918)
1919년	3·1 운동, 대한민국 임시 정부 수립	5·4 운동		파리 강화 회의 개최
1921년		중국 공산당 창립		워싱턴 회의
1923년			간토 대지진, 한국인 학살 사건	
1931년		일본이 만주 사변 일으킴(9·18 사변)	중국 침략 전쟁 시작(9·18 사변)	
1937년	총독부 「황국 신민 서사」 제정	항일 전쟁 전면화	난징 대학살을 일으킴 중·일 전쟁 시작	
1941년	대한민국 건국 강령 발표	중국, 대일 선전 포고	진주만 습격, 아시아 태평양 전쟁 시작	독일·소련 전쟁 시작
1945년	8·15 해방, 38도선 분할	항일 전쟁 승리, 타이완 수복	히로시마·나가사키에 피폭 소련 대일 참전, 패전	얄타 회담, 독일 항복, 유엔 성립
1948년	대한민국 수립 조선 민주주의 인민 공화국 수립		극동 국제 군사 재판의 종결	이스라엘 공화국 건국
1949년		중화 인민 공화국 수립		북대서양 조약 기구 결성
1950년	한국 전쟁(1950~1953)	중국 인민 지원군, 한국 전쟁 출동	경찰 예비대 발족 (재군비 강화 움직임 시작)	
1951년			샌프란시스코 강화 조약 조인 일·미 안전 보장 조약 체결	
1955년		저우언라이 반둥 회의 출석	제1회 원·수폭 금지 세계 대회	바르샤바 조약 기구 결성
1965년	한·일 국교 수립		일·한 국교 수립	
1972년	박정희 대통령 유신 체제 발족	닉슨 방중, 중·미 관계 정상화 다나카 가쿠에이 방중	오키나와 일본에 복귀 중·일 국교 정상화	
1978년		일 중 평화 우호 조약 체결	중·일 평화 우호 조약 체결	
1982년	일본 역사 교과서 왜곡에 항의	일본 역사 교과서 왜곡에 항의		교과서 문제 국제 비판 고조
1989년				베를린 장벽 붕괴
1991년	한국과 북한 국제 연합 동시 가입			걸프전
1992년	한·중 국교 수립	중·한 국교 수립 일본 아키히토 천황 방중		
1997년		홍콩의 주권 회복	일·미 방위 협력을 위한 지침 (신가이드 라인) 결정	지구 온난화 방지 교토 회의
1998년	김대중 대통령 방일 한·일 공동 선언	장쩌민 국가 주석 방일 중·일 공동 선언	일·한 공동 선언 일·중 공동 선언	
1999년		샤먼·마카오에 대한 주권 회복	주변 사태법, 국기·국가법 성립	나토의 유고슬라비아 연합 공화국 폭격
2000년	6·15 남북 공동 선언			

찾아보기

편집 후기 • 한중일

동아시아에 평화로운 공동체를 만들기 위해서는 그 전제로 역사 인식을 공유하지 않으면 안 됩니다. 그것은 물론 어린 학생들만의 과제가 아닙니다. 역사 인식을 공유할 수 있다는 전망은 동아시아의 어린이·청소년과 시민 들이 침략 전쟁과 식민지 지배 역사를 사실에 근거해 배우고 과거를 극복하기 위한 대화와 토론을 거듭함으로써 확실해질 것입니다.

2002년 3월 이후 이러한 생각을 품은 일본과 중국, 한국 세 나라의 연구자와 교사·시민 들은 역사 인식에 관한 지속적인 대화인 '역사 인식과 동아시아 평화 포럼'을 개최해 왔습니다. 그 계기가 된 것은 일본의 '새로운 역사 교과서를 만드는 모임'의 등장이었습니다. 제1회 포럼은 중국 난징에서, 제2회는 2003년 2월에 일본 도쿄에서, 제3회는 2004년 8월에 한국 서울에서 개최되었습니다. 이 책은 이러한 움직임 속에서 태어났습니다.

제1회 포럼에서는 동아시아의 어린이·청소년 들이 역사 인식을 공유하기 위해 삼국 공동으로 공통 역사 교재를 작성하자는 계획이 논의되었고, 이어서 각국에서는 역사 교재를 개발, 작성하기 위한 위원회가 조직되었습니다. 교재의 개발과 편집을 위해 제1회 국제 회의는 2002년 8월에 서울에서 개최되었고, 그 후 일본에서 네 번, 중국에서 네 번, 한국에서 두 번의 회의가 열렸습니다. 그렇게 진행되는 동안 각국에서는 담당한 원고를 썼고 이를 국제 회의에서 검토하여 서로 의견과 요구를 내놓았으며, 그에 기초하여 원고를 수정하고 다시 가지고 모여 검토하는 작업을 몇 번이고 지속했습니다. 이렇게 하여 드디어 이 책을 간행하기에 이른 것입니다.

우리는 '새로운 역사 교과서를 만드는 모임'의 역사 교과서를 일본의 과거 침략 전쟁과 식민지 지배를 정당화하고 역사적 사실을 왜곡하는 교과서이며, 자국 중심의 배타주의로 아시아를 멸시하고 편협한 내셔널리즘을 선동하는 교과서라고 비판해 왔습니다. 그러나 그냥 단순히 비판만 해서는 역사 인식을 공유하기 위한 길이 제시되지는 않을 것입니다.

이 책은 어떤 역사를 전달하면 좋을 것인가 하는 물음에 대한 하나의 대답이 되리라 생각합니다. 지금까지 일본과 한국, 일본과 중국 등 두 나라 사이에서 역사에 대한 대화를 하거나 역사 교재를 만들었던 적은 있습니다. 그러나 삼국 공통의 역사 교재를 만든다는 것은 역사적으로도 처음 있는 일입니다. 두 나라 간에만 이루어져도 힘든 작업을 세 나라가 함께 해 나간다는 것은 예상을 초월한 어려운 일이었습니다. 각각의 역사 연구나 역사 교육 및 교과서의 차이로 인해 개개의 역사적 사건을 보는 관점이나 파악하는 방식 등이 저마다 상당히 다르다는 것이 밝혀졌고, 그 인식의 차이를 극복하는 것이 중요한 과제였습니다. 그러나 우리는 대등과 평등의 원칙을 전제로 서로의 입장을 존중하면서 끈질긴 논의를 통해 의견을 조정하여 같은 내용을 삼국의 언어로 동시에 발간하기에 이르렀습니다. 물론 첫 번째 시도이기에 아직 개선의 여지가 있습니다. 독자 여러분들의 솔직한 의견을 기다리겠습니다.

국경을 초월한 공동 작업을 통해 우리는 많은 것을 배웠습니다. 많은 새 친구들을 만나고 우정과 신뢰를 다질 수 있었습니다. 대화와 토론, 그리고 미래를 향한 연대만이 스스로를 풍요롭게 하고 새로운 역사의 가능성을 열어 줍니다. 이것이 바로 이 역사 교재를 만들면서 우리가 얻은 확신입니다.

한중일3국공동역사편찬위원회

편집 후기 • 한국

이렇게 한중일이 함께 만든 대안 교과서가 세상에 얼굴을 내밀 것이라고는 생각하지
못했습니다. 2002년 3월 '역사 인식과 동아시아 평화 포럼 난징 대회'에서 한국이
처음으로 한중일 청소년들이 사용할 공동 교재를 만들자는 이야기를 꺼냈을 때만 해도,
그때 그 자리에 있던 사람들은 속으로 '과연 될까?' 라는 생각을 가졌던 것이 사실입니다.
그러나 우리는 해냈습니다. 4년이 지나는 동안 우리의 의구심이 한낱 기우에 지나지
않았다는 것이 드러났습니다.

이 일을 위해 우리는 오랜 시간 모이고 또 모였습니다. 한국의 12명 편집 위원들은 40여
차례의 회의를 통해 문장 한 줄, 단어 하나를 바로 쓰기 위해 머리를 맞대고
이야기했습니다. 한중일 삼국의 필자 54명은 11번의 국제 회의를 통해 서로 생각의
차이를 극복하고 하나의 교과서를 만들어 내기 위해 노력했습니다. 그 사이에 셀 수 없는
메일과 전화가 우리의 의사 소통을 이어 주었습니다.

우리는 지난 4년 동안 어려움도 많았지만 많은 것을 배웠습니다. 한중일 삼국은 서로를
이해하게 되었고, 서로의 단점이나 장점을 충분히 알 수 있었습니다. 이제 우리에게 남아
있는 일은 그동안의 신뢰를 바탕으로 이러한 활동을 계속하는 것입니다. 또 심혈을
기울여 만든 이 교과서가 한중일 청소년들의 역사 인식의 차이를 좁히고 평화와 인권을
향한 좋은 길라잡이가 되도록 하는 일만이 남아 있습니다.

이 일을 위해 애써 주신 많은 분들이 있습니다. 이 대안 교과서는 발로 뛰면서 만든 땀의
결과입니다. 이 일의 시작부터 마무리까지 총괄 진행을 하신 김성보 교수와 양미강
위원장, 그리고 각 장별 책임자인 왕현종, 문주영, 이인석, 신주백, 김정인, 윤휘탁,
김한종, 박중현, 하종문, 이분들의 노고를 잊을 수 없습니다. 또 이외에도 집필자로,
원고 검토와 자문 위원으로, 번역과 감수로 도와주신 여러분들의 노고를 잊지 못할
겁니다.

또한 이 역사적인 출판에 선뜻 응해 주신 한겨레출판 여러분에게도 감사드립니다. 시민
단체의 어려운 경제 사정을 이해하고, 한중일의 역사 인식 공유를 위한 국제 회의를
물질로 도와주신 한국학중앙연구원 한국문화교류센터에 감사드립니다. 그리고 오랜
시간 힘든 일을 마다하지 않고 밤을 새워 가며 실무 지원을 한 이은화 총무국장에게도
감사드립니다. 이 교과서를 만들기 위해 묵묵히 노력해 준 많은 분들이 있었기에 이 책이
세상에 얼굴을 내놓을 수 있었음을 우리는 기억합니다.

다시 한 번 감사드립니다.

2005. 5. 18
아시아평화와역사교육연대
상임 공동 대표 서중석, 이용득, 이수호, 이수일, 구치도

이 책을 쓴 사람들

한국 집필진

김성보 • 연세대학교 사학과 교수
김정인 • 춘천교육대학교 사회과교육과 교수
김한종 • 한국교원대학교 역사교육과 교수
문주영 • 신도봉중학교 교사
박중현 • 양재고등학교 교사
서중석 • 성균관대학교 사학과 교수
신주백 • 연세대학교 국학연구원 HK 연구 교수
양미강 • 아시아평화와역사교육연대 상임공동운영위원장
왕현종 • 연세대학교 역사문화학과 교수
윤휘탁 • 한경대학교 교양학부 교수
이인석 • 경기여자고등학교 교사
하종문 • 한신대학교 일본지역학과 교수
(이상 한중일공동역사교재개발특별위원회 위원)

곽건홍 • 국가기록원 학예연구관
김창록 • 경북대학교 법학전문대학원 교수
김태웅 • 서울대학교 역사교육과 교수
배우성 • 서울시립대학교 국사학과 교수
배항섭 • 성균관대학교 동아시아학술원 연구교수
이송순 • 한국국가기록연구원 책임연구원
이연식 • 서울시립대학교 강사
정혜경 • 일제강점하강제동원피해진상규명위원회 조사1과장
조동근 • 서울대학교 사범대학 부설 고등학교 교사
하원호 • 성균관대학교 동아시아학술원 연구교수
한철호 • 동국대학교 역사교육과 교수

중국 집필진

가오판부(高凡夫) • 상하이사범대학 역사학과 박사과정
다이스솽(戴世雙) • 베이징대학교 동북아연구소 연구원
룽웨이무(榮維木) • 중국사회과학원 근대사연구소 항일전쟁연구 주필
류옌쥔(劉燕軍) • 침화일군난징대학살우난동포기념관 연구원
리쭝밍(李仲明) • 중국사회과학원 근대사연구소 항일전쟁연구 편집
리쭝위안(李宗遠) • 중국인민항일전쟁기념관 주임
볜슈위에(卞修躍) • 중국사회과학원 근대사연구소 근대사자료 부편집
부핑(步平) • 중국사회과학원 근대사연구소 소장
쑤즈량(蘇智良) • 상하이사범대학 역사학과 교수
왕시량(王希亮) • 헤이룽장성사회과학원 역사연구소 연구원
왕즈신(王智新) • 일본 미야자키대학 교수
우광이(吳廣義) • 중국사회과학원 세계경제정치연구소 연구원
원춘메이(文春美) • 중국사회과학원 세계사연구소 부연구원
장롄훙(張連紅) • 난징사범대학 난징대학살문제연구센터 교수
주청산(朱成山) • 침화일군난징대학살우난동포기념관 연구원
차이량(蔡亮) • 상하이사범대학 역사학과 박사과정
천리페이(陳麗菲) • 상하이사범대학 역사학과 박사과정

일본 집필진

가사하라 도쿠시(笠原十九司) • 쓰루문과대학교 문학부 교수
고지야 요코(糀谷陽子) • 중학교 교사,
　　　　　　어린이와교과서전국네트워크21 상임운영위원
김부자(金富子) • 오차노미즈 여자대학 COE 연구원
다나카 유키요시(田中行義) • 고교 교사,
　　　　　　어린이와교과서전국네트워크21 상임운영위원
다와라 요시후미(俵義文) • 릿쇼대학교 강사,
　　　　　　어린이와교과서전국네트워크21 사무국장
마루하마 에리코(丸浜江里子) • 전 중학교 교사,
　　　　　　역사교육아시아네트워크재팬 운영위원
마쓰모토 다케노리(松本武祝) • 도쿄대학교 농학생명과학연구과 교수
사이토 가즈하루(齊藤一晴) • 메이지대학 대학원 박사후과정, 고교 강사
송연옥(宋連玉) • 아오야마학원대학 경영학부 교수
시바타 다케시(柴田健) • 고교 교사,
　　　　　　다카시마교과서소송을지원하는모임 사무국장
쓰보카와 히로코(坪川宏子) • 전 고교 교사,
　　　　　　역사교육아시아네트워크재팬 운영위원
오비나타 스미오(大日方純夫) • 와세다대학교 문학학술원 교수
우에스키 사토시(上杉聰) • 간사이대학교 문학부 강사
이타가키 류타(板垣龍太) • 도시샤대학교 사회학부 교수

도움 주신 분들

총괄 실무

이은화 • 아시아평화와역사교육연대 총무국장

원고 검토

강진아 • 경북대학교 사학과 교수
김진숙 • 대안여자중학교 교사
송요후 • 서울북공업고등학교 교사
원지연 • 전남대학교 여수캠퍼스 역사문화학부 교수
윤혜영 • 한성대학교 역사문화학부 교수
이은정 • 원묵중학교 교사

번역 · 감수

지아진잉 • 한국학중앙연구원 한국학대학원 교육학 박사과정
엄인경 • 고려사이버대학교 실용외국어학과 교수
이영옥 • 성신여자대학교 사학과 교수
이혜원 • 고려대학교 일어일문학과 박사과정 수료
정재경 • 서강대학교 사학과 박사과정 수료

2012년 개정판 작업 참여

신주백, 김정인, 박삼헌, 김성보, 하종문

사 진 제 공

미래를 여는 역사

초판 1쇄 발행 2005년 5월 26일
4판 1쇄 발행 2012년 10월 19일
5판 1쇄 발행 2022년 8월 25일

지은이 한중일3국공동역사편찬위원회
펴낸이 이상훈
편집인 김수영
본부장 정진항
인문사회팀 권순범 김경훈
마케팅 김한성 조재성 박신영 김효진 김애린 임은비
사업지원 정혜진 엄세영

펴낸곳 (주)한겨레엔 www.hanibook.co.kr
등록 2006년 1월 4일 제313-2006-00003호
주소 서울시 마포구 창전로 70 (신수동) 화수목빌딩 5층
전화 02-6383-1602~3
팩스 02-6383-1610
대표메일 book@hanien.co.kr

ISBN 979-11-6040-895-9 03900